让 我 们 一 起 追 寻

WATERLOO

滑铁卢：四天、三支大军和三场战役的历史

〔英〕伯纳德·康沃尔（Bernard Cornwell）著

陆大鹏 译

The History of Four Days,
Three Armies, and Three Battles

社会科学文献出版社
SOCIAL SCIENCES ACADEMIC PRESS (CHINA)

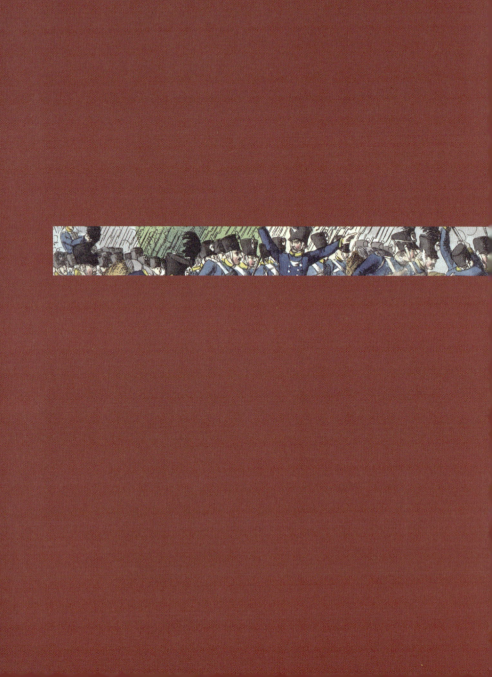

本书获誉

在《滑铁卢》的末尾，读者会感到，仿佛他们自己也能指挥一个营。历史书写得这么精彩，谁还需要读小说去寻求刺激？

——《华尔街日报》

滑铁卢战役或许是一个已经被挖掘很多的话题，但这部新书一定会让军事历史迷心满意足……康沃尔给这部详尽而可读性极强的叙述注入了人性的因素。

——《出版商周刊》

任何人，甚至伟大的军事历史学家约翰·基根爵士，都不能比康沃尔更精彩地描述或解释一场战役……康沃尔的记述非常清晰，而且节奏感极强，让这一系列混乱而令人迷惑的战役也变得清晰可辨，容易理解和欣赏。

——《图书馆期刊》，星级评论

《滑铁卢》是一个无与伦比的故事，登峰造极的讲述……不可能有比康沃尔更美妙的了。

——马克斯·黑斯廷斯，《星期日泰晤士报》（伦敦）

既生动又专业……对于不了解滑铁卢战役的读者，没有比这更精彩的介绍了。已经熟悉的人，可以找到新鲜的洞见。

　　　　　　　　　　　　　　　　　——《独立报》

一个伟大而恐怖的故事，讲得精彩纷呈而清晰晓畅，作者对战斗中的人，以及他们为什么那样做，有着深刻理解。

　　　　　　　　　　　　　　　　　——《经济学人》

滑铁卢战役的故事，由一位叙述大师讲述。

　　　　　　　　　　　　　　　　　——《书架意识》

著名历史小说家康沃尔在自己的首部非虚构作品中，运用他叙述故事的高超技巧，将教科书中的军事历史讲得引人入胜……这是一部令人心醉神迷、详尽而配有大量精美插图的叙述史，讲述的是那场改变 19 世纪欧洲命运的战役。

　　　　　　　　　　　　　　　　　——《科克斯书评》

伯纳德·康沃尔的文笔节奏轻快，他对战斗的描摹就像他的"沙普"系列小说一样扣人心弦。

　　　　　　　　　　　　　　　　　——《泰晤士报》（伦敦）

许多历史学家应当能从康沃尔的手法里学到一些东西。他巧妙地设置场景，让主要人物形象有血有肉，把故事发展到戏剧性极强的结尾。这是他的第一部非虚构作品，非常成功。

　　　　　　　　　　　　　　　　　——《标准晚报》（伦敦）

将一位精明的军事历史学家的头脑用于他的主题……读之令人心潮澎湃……康沃尔的这本书从头至尾是一部扣人心弦的杰作……鲜血淋漓。可以一边读，一边品尝够味的勃艮第葡萄酒。

——《观察家报》

伯纳德·康沃尔对滑铁卢战役的生动叙述……非常清晰……康沃尔是一位优秀的故事大师……若想对滑铁卢战役有一个了解，他的作品是非常可靠、吸引力极大的指南。本书的插图非常精美。

——《新政治家》

作者是公认的拿破仑战争专家，他的作品在细节和大局方面都非常精彩。

——《每日邮报》（伦敦）

康沃尔的"沙普"系列小说以拿破仑战争为背景，是非常遵从史实的历史小说。这是他第一次将他激情澎湃的小说家的技巧运用于非虚构作品，去讲述那场伟大战役……令人血脉偾张，如同畅销小说。

——《文学评论》

真正引人入胜的书……康沃尔对滑铁卢战役具有真正的洞见。

——《BBC 历史杂志》

这是故事大师的娓娓道来。值得向新接触这种体裁的读者和熟悉滑铁卢战役的军事迷强烈推荐。

——《士兵杂志》（英国陆军的官方月刊）

目　录

《从皮克顿树的角度看滑铁卢战场》，J. M. W. Turner 作，约 1833 年。这幅画严重夸大了山坡的陡峭程度，但的确表现出这是一个相当小的战场。

Turner Worldwide/Sotheby's

前　言

关于滑铁卢战役，为何要写一本新书？这是很好的问题。
对滑铁卢战役的叙述已然汗牛充栋，它其实是史上被研究最多、
著作最多的战役之一。1815 年 6 月那个恐怖之日结束之际，所
有参战者都认识到，自己从中得以幸存的，是一个重大事件。
成百上千的回忆录和书信应运而生，描述了他们的体验。但威
灵顿公爵的那句名言肯定是正确的。他说，撰写一场战役的故
事，仿佛讲述一场舞会的历史。参加舞会的每一个人都对它有
迥然不同的记忆，有的是愉快回忆，有的人则感到失望。在歌
舞升平、美艳华服和打情骂俏之间，如何写出一份连贯有序的记
述，去准确记录究竟发生了什么、何时发生以及当事人是谁呢？
但滑铁卢战役是 19 世纪开端决定历史走向的大事件，自此以后有
许多男男女女尝试写出这样一份连贯有序的记述。

对于大致的情节，大家已经有了共识。拿破仑攻击威灵顿
的右翼，企图将公爵的预备队吸引到战场的那个地段，然后向
公爵的左翼发动全面进攻。拿破仑的这个企图失败了。这场大
戏的第二幕是法军向威灵顿中路和右翼发动迅猛的骑兵冲锋。
第三幕是随着普军抵达战场左侧，"战无不胜"的法兰西帝国
近卫军在绝望之下发动了最后的猛攻。在这些主线情节之外还

有袭击乌古蒙（Hougoumont）和拉艾圣（La Haie Sainte）陷落的支线情节。作为一个框架，上述的概括自有优点，但这场战役比这些简单的故事复杂得多。对在场的将士来说，此役并不简单，也难以解释。我创作本书的缘由之一，是尝试让读者感受一下，在那个混乱的日子身处火线是什么感觉。

有人认为，滑铁卢战役其实没有那么重要，即便拿破仑打赢了这场战役，仍然会被实力远远强于他的敌人压倒，最终一败涂地。滑铁卢战役的幸存者听到这种理论，一定会嗤之以鼻。这种理论也许是正确的，但绝非板上钉钉。如果皇帝突破了圣约翰山①，迫使威灵顿仓皇撤退，他仍然需要对付正在进军法国的强大的奥地利和俄国军队。但历史不是这样的。拿破仑受阻于滑铁卢，这就赋予了滑铁卢战役重大意义。此役是历史的一个转折点，如果我们说就算拿破仑打赢了滑铁卢战役，历史仍然会转向不利于他的方向，滑铁卢战役本身的重要性也不会减少一分。有些战役什么都改变不了。滑铁卢战役却几乎改变了一切。

军事史可能会让人一头雾水。以罗马字母命名的单位（如第 IV 军）②迎战以阿拉伯数字命名的单位（如第 3 师），这样的标签可能会让不熟悉军事的人糊涂。我努力做到清楚明晰，不过我可能也增加了混乱程度，因为我把"营"和"团"混为一谈，而这两个概念显然不是一回事。团是英国陆军的一个行政单位。有的团只有一个营，大多数团有两个营，有些团

---

① 圣约翰山（Mont St Jean）在中文语境常被误译为"圣让山"。Jean 这个法文名字一般译为"让"，但它其实相当于英文的"约翰"。法语中的 St Jean 就是英文和中文语境的圣约翰。圣约翰山得名自圣约翰医院骑士团。（本书脚注皆为译者注）

② 在本书中，军的番号用汉字代替罗马字母，如第四军。

有三个甚至更多营。英军某个团下属的两个营极少在同一场战役中并肩作战。[①] 在滑铁卢战场，只有两个团享有这样的殊荣。第 1 近卫步兵团的第 2、第 3 营都参加了此役，而第 95 来复枪兵团有三个营在场。其他各营都是其所在团唯一参加此役的营，所以我说第 52 团的时候，其实指的是第 52 团第 1 营。有时为了表达清晰，我使用"近卫军战士"这种说法，但在 1815 年英国近卫军的列兵仍然被称为"列兵"。

在滑铁卢厮杀的三支军队都编组为若干个军。英国 – 荷兰联军和普军都分成三个军[②]。法军有四个军，因为帝国近卫军虽然不被称为一个军，但事实上相当于一个军[③]。一个军的兵力在 1 万到 3 万人不等，或者更多，被当作一支独立的部队，有能力部署骑兵、步兵和炮兵。一个军又编若干个师，所以法军的第一步兵军分为 4 个步兵师，每个师 4000~5000 人，还有一个只有 1000 多人的骑兵师。每个师有自己的支援炮兵。每个师分为若干个旅，如第一步兵军第 2 步兵师下辖两个旅，其中一个旅下辖七个营，另一个旅下辖六个营[④]。营分为若干个连。法军的一个营下辖六个连，英军的一个营下辖十个连。本书中最常见的单位是营（有时称为团）。滑铁卢战役中英军最大的步兵营有 1000 多人，但三支军队里营级的平均兵力为 500 人左右。所以，简单地讲，军

7

---

① 如果一个团有两个营，往往是第 1 营在海外服役，第 2 营在国内负责征兵、训练等工作。第 1 营更资深，会从第 2 营吸收人员以补充兵力。

② 普军实际上一共有四个军，但其中第三军（冯·蒂尔曼）因为担任后卫，在瓦夫尔被格鲁希咬住，没有参加滑铁卢战役。

③ 原文有误，法军有五个步兵军、四个预备骑兵军，外加帝国近卫军。但由于部分部队在格鲁希指挥下被调走，所以实际参加滑铁卢战役的是四个军。

④ 原文有误，第一步兵军第 2 步兵师第 1 旅有五个营，第 2 旅有四个营。

队架构从高到低是：军团、军、师、旅、营、连。

我使用了"英格兰军队"这样的说法，而事实上它显然指的是"英国军队"，有些读者可能会因此生气。我使用"英格兰军队"的地方，全都是在引用原始文献，我没有将法语"Anglais"（英格兰）翻译为"英国"。当然根本不存在"英格兰军队"，只有"英国军队"，但在19世纪早期这种说法还是很常见的。

1815年6月16日和18日的两场战役是一个精彩纷呈的故事。历史绝少对历史小说家客气，为他们提供清楚明晰的情节，让伟大人物在限定时间内活动。所以我们历史小说家不得不扭曲一点历史，才能让自己的故事情节发展下去。但我在写《沙普的滑铁卢》①时，我的情节几乎完全消失了，被战役本身的伟大故事所取代。因为这是一个伟大的故事，不仅参战者是英雄好汉，战役的形态也非常威武雄壮。不管我读过多少次滑铁卢战役的故事，它的结尾仍然充满悬念。不败的法兰西帝国近卫军攀登山岭，逼近几乎处于崩溃边缘的威灵顿残兵。在东方，普军撕咬拿破仑的右翼，但假如近卫军能够突破威灵顿的战线，那么拿破仑还有时间转身去对付正在抵达的布吕歇尔（Blücher）的军队。这一天差不多是一年中白昼时间最长的日子，此时还有两个小时的白昼时间，足够拿破仑歼灭一支，甚至两支敌军。我们已经知道滑铁卢战役的结局，但就像所有的精彩故事一样，这个故事也常读常新。

那么，就这样开始吧，这场战役的故事。

---

① 本书作者伯纳德·康沃尔著有"沙普"系列小说，共24部作品，讲述拿破仑战争时期一名英国军人理查德·沙普的故事。同名电视剧（共16集）中，主角沙普的扮演者是肖恩·宾，他还扮演过《魔戒》里的博罗米尔和《权力的游戏》里的奈德·史塔克公爵。

序　章

　　1814 年夏季，威灵顿公爵阁下从伦敦前往巴黎，担任英　　8
国驻路易十八新政权的大使。他原本可以选择从多佛（Dover）
到加来（Calais）的较短路线，却登上了英国皇家海军的一艘
双桅横帆船"狮鹫"号（HMS *Griffon*），渡过北海，来到贝亨
奥普佐姆（Bergen-op-Ioom）。他访问了新近建立的荷兰王国。
这是个非常尴尬的新发明：半是法兰西人，半是荷兰人；半是
天主教徒，半是新教徒；位于法国以北。英国在这个新国家派
驻军队，以保障它能继续存在。公爵奉命去视察荷法边境的防
御工事。陪伴在他身旁的是"苗条的比利"，或称"小青蛙"，
他是荷兰王储，23 岁的威廉王子。他曾在公爵麾下参加半岛
战争①，所以自信拥有军事才华。公爵花了两周时间巡视边境
地带，提议修复一些城镇的防御工事，但他应当没有想到，近

---

　　①　半岛战争（1807～1814 年）是拿破仑的法兰西帝国与英国、西班牙和葡
　　　　萄牙三国联盟争夺伊比利亚半岛的战争。起初法国与西班牙联合入侵葡
　　　　萄牙，但 1808 年法国开始攻击旧盟友西班牙。西班牙人虽然屡战屡败，
　　　　但以游击战牵制住大量法军，同时威灵顿公爵指挥下的英国和葡萄牙联
　　　　军逐渐取得胜利。1812 年拿破仑远征俄国惨败后，在西班牙的法军无法
　　　　得到更多支援，于 1813～1814 年冬季撤回法国。

期会爆发一场新的对法战争。

拿破仑毕竟已经被打败，并流亡到地中海的小岛厄尔巴了。法国又一次成为王国。战争结束了，外交官们正在维也纳缔结新条约，重新划定欧洲各国的疆界，以确保不会有一场新的战争摧残欧洲大陆。

欧洲在之前的战争中已经遍体鳞伤。拿破仑的退位结束了自法国大革命以来长达 21 年的战争[①]。欧洲旧的君主制政权为法国大革命而心惊胆寒，并因路易十六及其王后玛丽·安托瓦内特被处决而震惊不已。各君主国害怕革命思潮会蔓延到自己的国土，于是投入了战争。

他们原以为能够迅速击败衣衫褴褛的法国革命军队，不料却引发了一场世界大战，在此期间华盛顿[②]和莫斯科均遭焚毁。印度、巴勒斯坦、西印度群岛、埃及和南美洲均燃起战火，但欧洲遭受的苦难最为深重。法国抵挡住敌人起初的猛攻，生存了下来。在革命的混乱中，崛起了一位天才、一位军阀、一位皇帝。拿破仑的大军击溃了普鲁士、奥地利和俄国的军队，从波罗的海之滨杀到西班牙南岸。拿破仑皇帝庸碌无能的兄弟们被扶植到半个欧洲的王座上。数百万人在战火中丧生，但在二十多年之后，战争终于落幕了。军阀成了笼中困兽。

拿破仑曾主宰欧洲，但有一个敌人，他还未曾与之交手，那就是威灵顿公爵。威灵顿的军事声望仅次于拿破仑。他原名

---

①　法国大革命始于 1789 年。1792 年，欧洲列强开始武力干预法兰西共和国，即所谓第一次反法同盟战争。从这时算起，到 1814 年，为 22 年。

②　1812 年英美战争（1812~1815，常被认为是拿破仑战争的一部分）期间，1814 年 8 月 24 日，英军占领美国首都华盛顿，烧毁了部分政府建筑，包括白宫和国会大厦。

为阿瑟·韦斯利（Arthur Wesley），是莫宁顿伯爵夫妇（the Earl and Countess of Mornington）的第四个儿子。韦斯利家族是盎格鲁-爱尔兰贵族，阿瑟的大部分青少年时光都是在他的出生国爱尔兰度过的。后来他到伊顿公学接受教育，不过在那里过得不是很愉快。他的母亲安妮对他颇为绝望。"我这笨儿子阿瑟，我该拿他怎么办才好！"她这样抱怨。答案是，为他在军中安排一个职位，这是许多贵族次子的相同经历。一段非同寻常的职业生涯就这样开始了，笨拙的阿瑟发现了自己的军事天赋。军队认可他的才干，对他予以奖掖提携。他起初在印度指挥一支军队，赢得了一系列惊人的胜利，后来被召回英国本土，接受了一支小规模远征军的指挥权，奉命去阻止法军占领葡萄牙。这支小小的军队发展壮大，成为一支强大力量，最终解放了葡萄牙和西班牙，并入侵法国南部。它屡战屡胜。阿瑟·韦尔斯利（他的家族将姓氏从韦斯利改为韦尔斯利）受封为威灵顿公爵，被认可为当时最伟大的两位军事家之一。俄国沙皇亚历山大一世称他为"世界征服者的征服者"，这里的世界征服者指的当然是拿破仑。而在 21 年的战争中，公爵和皇帝从未交锋。

10

常有人将公爵与拿破仑相提并论，但在 1814 年有人问他是否因为未曾与皇帝交手而遗憾时，他答道："不遗憾，我还为此高兴。"他鄙视拿破仑这个人，但仰慕拿破仑这位军事家，曾说拿破仑在战场上的价值相当于 4 万大军。威灵顿公爵和拿破仑一样，从未输掉一场战役，但如果与皇帝对战，他就很可能要失去这个非同一般的纪录了。

但在 1814 年夏季，公爵认为自己的戎马生涯已经告终。他这么想也是情有可原。他知道自己擅长军事，但和拿破仑不

同，他从不喜爱打仗。在威灵顿看来，战争是令人遗憾但必须
去做的事情。如果非打仗不可，就应当打得高效而精彩，但战
争的目标应当是和平。他现在是外交官，不是将军，但旧的习
惯根深蒂固。公爵一行人穿过荷兰王国时，公爵发现了许多
（用他自己的话说）"适合排兵布阵"的地方。其中一个地点
是一座山谷，在大多数人眼里仅仅是一块普普通通的农田。他
素来目光敏锐，擅长观察地形，判断斜坡、山谷、溪流和树林
如何能帮助或妨碍指挥军队。而布鲁塞尔以南这座山谷的某些
特点吸引了他的注意。

　　这是一座宽阔的山谷，山坡较平缓。山谷南侧的山岭上有
一座小小的路边客栈"佳姻庄"（La Belle Alliance）①。南岭大
体比北岭要高，北岭的最高峰比谷底高约 30 米，不过山坡都
不陡峭。南北两座山岭并非完全平行。在有些地方，它们靠得
很近，不过在连接南岭与北岭的公路处，南北两岭之间距离为
1000 米，也就是半英里多一点。这是半英里的良田，公爵在
1814 年夏季看到这座山谷的时候，看到的应当是公路两侧正
在生长的高高的黑麦。公路上有很多运煤车，从沙勒罗瓦
（Charleroi）周边煤矿运煤到布鲁塞尔的千家万户。

　　公爵看到的远不止这些。这条公路是从法国通往布鲁塞尔
的主干道之一，所以假如爆发战争，这就可能是入侵路线。沿
着这条公路北上的法军会从客栈旁经过南侧山峰，看到前方的
广阔山谷，以及北岭。说"山岭"太夸张了，他们看到的是
笔直的公路略微下降，进入山谷，然后同样微微上升，延伸到

11

---

①　据说得名自 18 世纪下半叶此地的女主人芭尔贝 - 玛丽·托德尔，她结过
　　三次婚。但"佳姻"可能是讽刺。

一大片农田，也就是北岭。我们可以设想北岭是一堵墙，它有三座堡垒。东端是帕普洛特村（Papelote），有一些石屋，围绕在一座教堂周围。如果敌人占领了这些房屋和村庄的外围农场，就很难将其逐出。在这些石屋远方，土地变得更崎岖不平，山峦更险峻，山谷更深，地形不适合部队运动，所以村庄就像是北岭东端的一座要塞。在山岭中段，在北面山坡的半途有一座名叫拉艾圣的农庄。这是一个建筑规模相当大的农庄，石制结构，其房舍、谷仓和院子周围环绕着高高的石墙。拉艾圣能够阻挡沿着公路的径直攻势。而在西端是一座附带有围墙花园的大宅子，称为乌古蒙农庄。所以北岭是一道屏障，有三个外围堡垒，即帕普洛特村、拉艾圣农庄和乌古蒙农庄。假如法军从法国北上，企图攻克布鲁塞尔，那么这座山岭及其三座堡垒就阻挡了他们的去路。法军要么占领这些堡垒，要么置之不理。但如果他们对其不予理睬，在进攻北岭时就会被挤在三座堡垒之间，遭到交叉火力的扫射。

入侵者能够看到山岭及其三座堡垒，但同样重要的是，有些东西是他们看不见的——北岭以北的更远方。他们可以看得见远方乡村的树梢，但看不到更北方的地形地貌。假如法军决定攻击北岭上的守军，就没有办法知道被遮掩起来的远方山坡上发生了什么事情。守军在从一翼向另一翼调动援兵吗？那里在准备进攻吗？视线之外有骑兵在待命吗？北岭尽管不高，山坡也很缓和，却具有欺骗性。它能给守军带来极大的优势。当然，敌人可能不会这么自投罗网地发动正面进攻。敌人可能尝试绕过山岭西翼（那里的地形比较平坦），但公爵还是在心里牢记了这个地点。为什么？据他所知，事实上是全欧洲人都知道，战争已经结束了。拿破仑被放逐了，外交官们正在维也纳

12

缔结和约，但公爵还是刻意记下了这个要地，假如法军从法国北上进军布鲁塞尔，会在这里撞得头破血流。这不是入侵法军可能走的唯一路线，也不是公爵在两周的视察中记录的唯一一个可供防御的地点，但山岭及其堡垒毕竟位于法军可能的入侵路线之上。

公爵继续前进，经过拉艾圣，在山顶发现了一个十字路口，附近还有一个小村庄。如果公爵询问此地的名字，人们会告诉他，这是圣约翰山。这有点好笑，因为拥有如此宏伟名字的山其实只是广阔的黑麦、小麦和大麦田里的一个小山包。在圣约翰山以北，公路被苏瓦涅大森林（the great forest of Soignes）吞没。沿着公路往北走几英里，有一座小镇，这也是个默默无闻的小地方，不过有一座教堂，穹顶很美，还有许多客栈，可供风尘仆仆、口干舌燥的旅人歇脚。1814 年，这座小镇的居民不到 2000 人，但已经有至少 20 名青年死于漫长的战争，全都是为法国效力而牺牲的，因为这个地区是比利时省的法语区。

我们不知道，1814 年夏季的这一天，公爵有没有在这座城镇落脚。我们知道他注意到了圣约翰山，但有没有注意到邻近拥有美丽教堂和豪华客栈的小镇呢？他还记得这个地方吗？

后来，他永远不会忘记它。

它的名字是滑铁卢。

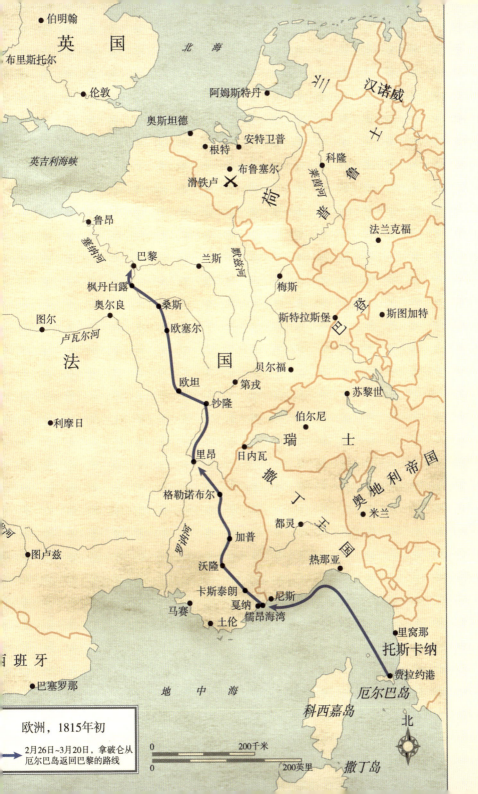

伯明翰

英 国
布里斯托尔

伦敦

北 海

阿姆斯特丹

奥斯坦德

根特 安特卫普

布鲁塞尔

滑铁卢 ✕

汉诺威

科隆

莱茵河

法兰克福

英吉利海峡

鲁昂

塞纳河

巴黎 兰斯

默兹河

梅斯

斯特拉斯堡

斯图加特

枫丹白露

桑斯

奥尔良

欧塞尔

图尔

卢瓦尔河

法

欧坦

第戎

贝尔福

利摩日

沙隆

苏黎世

伯尔尼

瑞

里昂

日内瓦

格勒诺布尔

士

撒

都灵

米兰

奥地利帝国

罗讷河

加普

丁

沃隆

卡斯泰朗

夏纳

尼斯

热那亚

王

马赛

土伦

儒昂海湾

里窝那

国

托斯卡纳

班牙

费拉约港

巴塞罗那

地 中 海

厄尔巴岛

科西嘉岛

北

欧洲，1815年初

➤ 2月26日~3月20日，拿破仑从
厄尔巴岛返回巴黎的路线

0   200千米

0   200英里

撒丁岛

第一章

天大喜讯！拿破仑再次
登陆法国！万岁！

"我的岛太小了！"拿破仑被迫成为厄尔巴岛（科西嘉岛
和意大利之间的一个小岛）统治者时宣称。此前他是法国皇帝，统治着4400万人民。而如今，1814年，他仅仅统治86平方英里和1.1万臣民。但他决心做一位贤君。刚刚抵达厄尔巴岛，他就开始发布一连串命令，改良岛上的采矿业和农业，事无巨细、身体力行。"请通知地方行政长官，我对街道的肮脏状况非常不满。"

他的计划远不止于改善市容。他打算建造一座新医院、一些新学校和新公路，但资金总是不够。复辟的法国王室同意支付拿破仑每年200万法郎的补助金，但局势很快就明朗起来：王室永远不会付钱。没有资金，就没有办法建造新医院、学校或公路。挫折之下，皇帝闷闷不乐，每天与侍从打牌以消遣时光。与此同时，他清醒地知道，英国和法国战舰守卫着厄尔巴岛海岸，以确保他无法离开自己的微型王国。

皇帝感到沉闷无聊。他思念妻儿。他也想念约瑟芬，她的
死讯传到厄尔巴岛之后，他悲痛不已。可怜的约瑟芬，她那黑漆漆的牙齿、慵懒的仪态和柔软优雅的身躯，所有遇见她的男

人都拜倒在她的石榴裙下。她对拿破仑不忠，但总能得到他的原谅。虽然为了给皇朝传宗接代，他与她离了婚，但仍然爱她。"我没有一天不爱你，"他在她死后还给她写信，仿佛她还在人间，"没有一夜，我不是拥抱你入眠……没有一个女人曾得到这样的挚爱！"

他既百无聊赖，又满腔怒火。他对不肯如约支付补助金的路易十八愤愤不平，又对塔列朗（Charles-Maurice de Talleyrand）暴跳如雷，因为塔列朗曾是拿破仑的外交大臣，如今却代表法国王室参加维也纳会议。塔列朗精明、机智而奸诈，正在警示欧洲各国使节，厄尔巴岛这样一个地中海岛屿离法国太近，把拿破仑关押在那里不安全。他希望把皇帝送到遥远的地方，比如亚速群岛（Azores），或者更好的选择是西印度某个黄热病肆虐的小岛，或者是遥远大洋中的某个小岛，比如圣赫勒拿岛（Saint Helena）。

塔列朗猜得不错，而被派到厄尔巴岛、负责监视皇帝的英国官员错了。尼尔·坎贝尔爵士（Sir Neil Campbell）相信拿破仑已经听天由命，并在给英国外交大臣卡斯尔雷勋爵（Lord Castlereagh）的信中写道："我开始觉得，他已经认命了。"

但皇帝绝没有屈服于命运。他密切关注来自法国的消息，注意到人民对复辟王室不满。普遍失业，粮价飙升，曾经将皇帝退位当作喜讯的人如今开始怀念他的统治。于是，他开始谋划。他被允许维持一支微型海军，规模很小，不足以威胁负责监视他的英法战舰。1815 年 2 月中旬，他命令他麾下最大的一艘双桅横帆船"无常号"（the Inconstant）入港。他下令："彻底检修其铜质船底，堵漏……涂装成英国双桅横帆船的样

子。令其进入海湾，于本月 24 日或 25 日准备就绪。"他命令　17
租赁另外两艘大船。之前他被允许带领 1000 名士兵到厄尔巴
岛，包括 400 名老近卫军的老兵和一个营的波兰轻骑兵。他打
算率领这些部队尝试重返法国。

尼尔·坎贝尔爵士毫无察觉。尼尔爵士是个正直的人，
1815 年时 39 岁，有着成绩优异的军旅生涯。1814 年，他被任
命为英军驻俄军（正在入侵法国）的军事参赞，险些丧命。
他参加过西班牙的多次战役，但在费尔尚普努瓦斯（Fère-
Champenoise）① 被一名斗志过于激昂的哥萨克误以为是法国军
官，遭到攻击而身负重伤。

他活了下来，被任命为英国派驻厄尔巴岛的统治者拿破
仑陛下身边的专员。卡斯尔雷勋爵强调说，尼尔爵士不是皇
帝的狱卒，但他的职责显然包括严密监视拿破仑。然而，尼
尔爵士被欺骗得松懈下来。1815 年 2 月，"无常号"被伪装
成英国船只的时候，尼尔爵士却告诉皇帝，他需要乘船去意
大利看医生。他可能真的是去看病的，但他的情妇巴尔托利
（Signora Bartoli）住在里窝那（Leghorn）②，他此行的目的地
就是那里。

皇帝祝尼尔爵士身体健康，并表示希望他到月底能回来，
因为博尔盖塞亲王夫人（Princess Borghese）要举办一场舞会。
尼尔爵士答应尽量参加舞会。博尔盖塞亲王夫人就是拿破仑美
艳非凡的妹妹波利娜（Pauline），她和兄长一起流亡厄尔巴
岛。因为经济拮据，她不得不卖掉自己在巴黎的奢华豪宅。英

---

① 费尔尚普努瓦斯是法国东北部马恩省一市镇。
② 里窝那是意大利西部托斯卡纳地区一港口城市，位于利古里亚海之滨。

国政府买下了这座宅邸，用作大使馆。也就是说，一连五个月里，威灵顿公爵就住在波利娜的旧宅中。他被任命为英国驻路易十八宫廷的大使。这座宅邸位于圣奥诺雷市郊路，堪称瑰宝，至今仍然是英国大使馆。

尼尔爵士乘坐英国皇家海军的双桅横帆船"鹦鹉"号前往里窝那。这艘船通常负责封锁厄尔巴岛的主要港口。鹦鹉飞走了，皇帝得以实施他的计划。2 月 26 日，他的小舰队仅仅载着 1026 名士兵、40 匹马和两门火炮，驶向法国。此次航行耗时两天。2 月 28 日，皇帝又一次在法国登陆。他手中的兵力微不足道，但拿破仑是个极其自信的人。他告诉士兵们："我不发一枪，就能到巴黎。"雷霆之下，和平破产。

* * *

1814 ~ 1815 年冬季，巴黎的许多女人穿着紫罗兰色的衣服。这不仅仅是时尚，还是一种暗号，意味着紫罗兰将在春天回归。紫罗兰象征拿破仑。他挚爱的约瑟芬在他们的婚礼上手捧紫罗兰，他在每个结婚纪念日都给她送一束紫罗兰。在流亡厄尔巴岛之前，他曾说，他要像紫罗兰一样谦逊。巴黎的所有人都知道紫罗兰的含义。在皇帝被推翻之初，法国人或许长舒了一口气，觉得漫长而残酷的战争终于结束了。但他们很快就开始憎恶取代皇帝的那个人。复辟的君主，极其肥胖的路易十八，贪得无厌又不得民心。

紫罗兰回来了。大多数人以为，王家军队能够迅速击溃拿破仑滑稽可笑的微弱军队，但国王的军队却成群结队地投奔皇帝。几天内，法国报纸就幽默地描写了他的胜利旅程。版本很多，下面是最典型的一种：

恶虎已离开巢穴。

食人妖在海上已航行三天。

流氓在弗雷瑞斯（Frèjus）① 登陆。

兀鹰抵达昂蒂布（Antibes）②。

入侵者抵达格勒诺布尔。

暴君进入里昂。

有人在距离巴黎 50 英里处发现篡位者踪迹。

拿破仑明天抵达我们城下！

皇帝将于今日进入杜伊勒里宫（the Tuileries）。

皇帝陛下将于明日向其忠实臣民讲话。

  拿破仑·波拿巴皇帝陛下重返巴黎的杜伊勒里宫时 46 岁。热情洋溢的群众在杜伊勒里宫恭候他驾临。他们已经等候了几个钟头。肥胖的路易十八国王已经逃离巴黎，逃往荷兰王国的根特。他抛弃的御座厅的地毯上点缀着王冠的刺绣图案。等候的人群中有人鄙夷地踢了其中一顶王冠，把它弄得松动了，露出了被它遮住的编织的蜜蜂图案。蜜蜂是拿破仑的象征符号之一。激动万分的群众跪下来，撕扯掉地毯上的王冠，将地毯恢复成旧有的帝国光辉。

  拿破仑抵达杜伊勒里宫时，夜色已经降临。等候的群众可以听见越来越近的欢呼声，然后前院传来了马蹄声，最后皇帝终于来了。人们将他抬在肩膀上，送到接见厅的楼梯处。一位亲历者称："他闭着眼睛，双手向前伸，就像盲人一样。只有

---

① 弗雷瑞斯为法国东南部城镇。

② 昂蒂布为法国东南部城镇，旅游胜地。

他的微笑，才显露出他的喜悦。"

这是怎样的一段旅程啊！不仅是从厄尔巴岛来的旅程，还有拿破仑自 1769 年（威灵顿公爵也是这一年出生的）默默无闻地出生以来走过的路！他原名为拿布里昂·波拿巴（Nabulion Buonaparte）①，这个名字表露出他的科西嘉背景。他的家庭自称有贵族血脉，但家道中落，拿破仑年轻时曾与那些主张科西嘉脱离法国而独立的阴谋集团有联系，甚至曾想加入法国最可怕的敌人——英国皇家海军。但后来他移民法国，把自己的名字改为法语形式，并报名参军。1792 年，他是中尉。一年后，24 岁时，他已经成为少将。

有一幅著名的油画，描绘年轻的拿破仑在前往意大利作战（就是这些战役让他扬名立威）时翻越圣伯纳德山口（St Bernard Pass）。路易·大卫（Louis David）② 的油画上，拿破仑骑着一匹正在扬起前蹄的骏马，整个画面的动感极强：骏马扬蹄，张开大口，瞪圆眼睛，马鬃被风吹得飞扬起来，天空乌云密布，将军的斗篷也在劲风中飘荡，显得奢华而威武。但在这狂乱画面的正中央，是拿破仑镇静自若的面庞。他看上去闷闷不乐，没有笑容，但最突出的特点还是冷静。他向画家提出的要求就是这样，而大卫创作的画描摹的就是这样一个在混乱中仍然稳重自持的人。

被抬到杜伊勒里宫楼梯的那个人，与油画中摇滚明星般英俊潇洒的年轻英雄相比，已经发生了很大变化。到 1814 年，

---

① 因为在那个时代，拼写还没有固定下来，所以拿破仑的原名有 Nabulione、Nabulio、Napolionne 和 Napulione 等多种写法。

② 雅克－路易·大卫（1748～1825 年），法国当时最有影响的画家之一，支持法国大革命和拿破仑，发展出所谓的"帝国风格"。

那个俊美瘦削的青年已经消失了，取而代之的是一个腹部圆滚　20
滚、短发、面色发黄、手脚都很小的中年人。他个子不高，五
英尺七英寸①多一点，但他仍然有着催眠术一般感染人心的力
量。就是这样一个人，曾崛起成为整个欧洲的主宰，他曾征服
又丧失一个帝国，他重新划定了法国的国界，改造了法国的政
体，重写了法国的法律。他极其聪明、敏锐机智，很容易失去
耐心、感到无聊，但很少会睚眦必报。在 20 世纪之前，世界
上不再会有他这样的人。但与希特勒或斯大林不同的是，拿破
仑不是草菅人命的暴君；不过和他们一样，他也是个改变历史
的人。

　　他是一位极其优秀的行政管理者，但这不是他希望在人们
心中留下的形象。最重要的是，他是一位军阀。他的偶像是亚
历山大大帝。19 世纪中叶，在美国南北战争期间，南方邦联
的伟大将领罗伯特·E. 李（Robert E. Lee）观看他的部队以
非常精彩的机动战术赢得一场战役时，说了一句名言："幸亏
战争这么可怕，否则我们会过于喜欢它。"拿破仑就是过于喜
欢战争。他酷爱战争。或许战争才是他的初恋，因为它融合了
极高风险所带来的刺激和胜利的喜悦。他拥有伟大战略家极其
敏锐的头脑，但即便在行军结束、敌人侧翼被包抄之后，他仍
然要求自己的士兵做出巨大牺牲。在奥斯特利茨战役
（Austerlitz）之后，他的一位将领哀叹法军阵亡将士躺在冰冻
的战场上，皇帝却说："巴黎的女人一夜之间就能生出新人来
替代那些死者。"1813 年，奥地利外交大臣，即聪明的梅特
涅，向拿破仑开出体面的和平条件，并提醒皇帝，若他拒绝，

---

① 　原文有误，应为五英尺六英寸，约合 1. 68 米，在当时算中等身材。

将造成极大的生命损失。拿破仑讥讽地答道，他为了达成自己的雄心壮志，甘愿牺牲 100 万人。拿破仑视自己士兵的生命如草芥，但士兵们非常崇拜爱戴他，因为他平易近人。他知道如何与士兵们交谈，如何与他们逗乐打趣，如何激励鼓动他们。他的士兵或许爱戴他，但将军们畏惧他。奥热罗元帅（Marshal Augereau）是一个满口粗话、严格执行纪律的人，曾说："我还真怕这个当将军的小混蛋！"铁石心肠的旺达姆将军（General Vandamme）也说，他接近拿破仑时，"像个孩子一样浑身战栗"。但拿破仑率领他们所有人赢得了无上光荣。

21　光荣！那就是他的迷药。为了追逐光荣，他一次又一次违背和约，他的军队在鹰旗下从马德里打到莫斯科，从波罗的海杀到红海。他的胜利，如奥斯特利茨大捷和弗里德兰大捷，令欧洲震惊，但他率领大军在俄国的皑皑白雪中迎头撞上了灾难。就连他的失败，也是规模宏大的。

现在他必须再一次出征，他对此心知肚明。他向其他欧洲国家伸出和平触角，试探它们的情绪，声称自己是为了服从民意才返回法国的，他没有对外侵略的意图，如果它们接受他的回归，他会与大家和平共处。但他知道，这些和平建议一定会被拒绝。

于是，雄鹰将再一次翱翔。

* * *

威灵顿公爵的生命处于危险之中。任命他为驻法大使，或许不是英国政府做出的最有策略的决策。巴黎到处是流言蜚语，说有人要暗杀威灵顿公爵。英国政府希望公爵离开巴黎，但他拒绝了，因为若是离开，会让人觉得他怯懦。这时出现了完美的借口。外交大臣卡斯尔雷勋爵也是英国在维也纳会议的主要谈判代表。他急需返回伦敦，于是公爵受命接替他的岗位。没有人会说威灵顿公爵离开巴黎去维也纳是因为胆怯而逃跑，因为这显然是一次升职。于是，公爵成为那些正在辛勤地重新划定欧洲地图的外交官中的一员。

他们在谈判的同时，拿破仑逃离了厄尔巴岛。

奥地利那位冷酷、精明而英俊的外交大臣梅特涅侯爵①或许是在维也纳的最有影响力的外交官。1815 年 3 月 6 日夜，他很晚才就寝，因为最重要的全权代表们会议一直开到凌晨 3 点。他很疲惫，于是指示自己的贴身男仆，不要打扰他休息。但早上 6 点，男仆还是唤醒了侯爵，因为一名信使送来了一份标注"紧急"的快件。信封上标有"发自驻热那亚的帝国领事馆"字样。侯爵可能觉得，一个小小的领事馆不可能有什么要紧的信息，于是将信放到床头桌上，尝试继续睡觉。最后，早上 7 点半左右，他打开了信封的封印，读了这封快件。内容很短：

> 英国专员坎贝尔刚刚进入港口，询问是否有人在热那亚见到拿破仑，因为他已从厄尔巴岛消失。得到否定的回答后，英国巡航舰旋即出海。

尼尔·坎贝尔爵士去意大利，而不是去法国寻找失踪的拿破仑，似乎有些奇怪，但当时人们普遍相信，如果拿破仑在法国登陆，会立刻被保王党军队擒获。威灵顿公爵回忆道："没

---

①　原文为伯爵，梅特涅于 1813 年获得了侯爵头衔。

有人想到他会去法国。所有人都坚信不疑，如果他去法国，一
到那里就会被人民屠戮。我对塔列朗的话记忆犹新：'他去法
国？不会！'"他更有可能在意大利登陆，尤其因为他的妹夫
若阿基姆·缪拉（Joachim Murat）是那不勒斯国王。缪拉的王
位是拿破仑慷慨赏赐的，他却与奥地利人媾和。但他认识到，
维也纳会议几乎一定会剥夺他的小小王国。他得知拿破仑逃脱
的消息后，又一次改换阵营，攻击奥地利人，但一败涂地，最
后被枪决。

当然，拿破仑实际上去了法国，但一连好多天，在维也纳
的外交官们都不知道他身在何方，只知道他已经逍遥法外。参
加维也纳和会的人们之前一直在优柔寡断、闲荡嬉戏、莺歌燕
舞、互相辩论，突然间变得果断起来。梅特涅写道："不到一
个小时内，我们就决定开战。"之所以能够这么快做出决策，
是因为几乎所有的重要人物、所有的决策者，都在维也纳。普
鲁士国王、奥地利皇帝和俄国沙皇都在维也纳，拿破仑的浮出
水面极大地刺激了他们。他们没有向法国宣战，因为对聚集于
维也纳的各国政要来说，法国仍然是由路易十八统治的那个王
国。他们宣战的目标只有一个人：拿破仑。

23　　　　四个国家——俄国、普鲁士、奥地利和英国，都同意出兵
15 万人。四国军队将集中到法国。英国没有能力组建这样庞
大的军队，于是同意向其他三国提供资金支持。到此时，信使
在欧洲各地穿梭来往，其中一名信使将卡斯尔雷勋爵的一封信
送到威灵顿公爵手中："阁下可自行判断，阁下身处何地对公
众最为有益……可以留在维也纳，亦可亲自指挥目前在佛兰德
的军队。"

俄国沙皇亚历山大一世清楚地知道，公爵会做出何种选

择。他对公爵说："现在全指望阁下再次拯救世界了。"

公爵听到这样的恭维无疑很高兴，但或许对这样高昂的情绪产生了怀疑。他对自己身处何地对公众最为有益，是没有任何疑问的。他给伦敦政府的回复是："我要去低地国家掌管军队。"他于 3 月底离开维也纳，4 月 6 日抵达布鲁塞尔。

史上很少有这样惊人的对抗。当时最伟大的两位军人，两位从未交手的统帅，在相隔仅 160 英里的地方各自集结大军。世界征服者在巴黎，而世界征服者的征服者在布鲁塞尔。

拿破仑是否知道，有人说威灵顿将要征服他？外交官们对这些事情很少保持低调，所以皇帝有可能得知了这种嘲弄的说法。他一定会大发雷霆。他必须证明自己。

大军就这样开始云集。

＊　＊　＊

拿破仑返回法国后，国内出现了一些混乱。如今是谁统治国家？谁应当统治？一连几天，没有人说得清究竟在发生什么事情。吉罗德·德·兰恩上校（Colonel Girod de l'Ain）是一个典型的曾为拿破仑效力的军官。君主制复辟后，他被迫退役，只能领取原先军饷的一半。他尽管新婚宴尔，还是打算尽快投奔到皇帝麾下。他住在法国的阿尔卑斯山区，但决定赶往巴黎：

> 全国风起云涌。我旅行时穿着军服，但小心地准备了 24
> 两个帽徽，一个是白色的，一个是蓝白红三色的。我经过
> 某座城镇或村庄时，根据自己看到当地钟楼上飘扬的是哪
> 一种旗帜，迅速更换相应的帽徽。

德·兰恩上校抵达了巴黎，发现自己曾经的团长已经宣布支持拿破仑，保王党军队的绝大部分士兵也都倒戈，尽管他们曾向路易十八宣誓效忠。军官们也许会忠于自己的誓言，但士兵们的想法不同。阿尔弗雷德·阿尔芒·德·圣沙芒伯爵（Count Alfred-Armand de Saint-Chamans）指挥着第 7 猎兵团，他得知拿破仑回国的消息后立刻命令全团做好战斗准备，"因为我相信，我们要去攻击这位前任皇帝"。他麾下的官兵却有不同的打算：

> 有人告诉我，好几名军官聚在咖啡馆里，决心带领他们的部队加入近卫军轻步兵部队，支持皇帝；还有些人制作了三色旗，打算交给士兵们，以煽动哗变……我开始看清真相，感到自己的处境非常尴尬。我该怎么办？我原希望给国王一个精锐而忠诚的团，捍卫王室。在这命运攸关的时刻，我的希望破碎了。

法军对路易十八的忠诚瞬间就烟消云散，拿破仑得到了 20 万军队。成千上万的老兵，像德·兰恩上校那样，自愿参军。但拿破仑知道，为了抵挡注定要降临的攻击，他还需要更多的军队。路易十八少数得民心的措施之一就是废除义务兵役制，而拿破仑犹豫是否要恢复此制度，他知道很多人憎恨义务兵役制。但他别无选择，因为那样他就能征募到 10 万新兵，尽管这些新兵需要训练和装备，才能形成战斗力。于是，皇帝下令让国民自卫军（各地的民兵）为他提供 15 万人。但这还不够。他知道，反法联军将会投入超过 50 万人来攻击他。

在这最初几周内，法国疯狂地做着战备工作。当局征收了马匹，制作军服，维修武器。拿破仑的行政管理天才得到了淋漓尽致的发挥。到初夏，他已经拥有了一支处于战备状态的军队，还有其他部队部署在法国边境。但他的兵力还是不足以抵挡必然到来的猛攻，他还需要更多军队去镇压旺代（Vendée）（法国西部一地区，素来笃信天主教和支持国王）的保王党骚乱。但到初夏，拿破仑共拥有 36 万训练有素的军队，其中最精锐的部分将要集结在法国北部。在那里，12.5 万有作战经验的士兵将组成北方军团。

在这个夏季，拿破仑可以保持守势，将大部分士兵部署在强大坚固的防御工事之后，并寄希望于联军在防御工事前自取灭亡。这种策略不是很有吸引力。这样的战争将会在法国领土上进行，而拿破仑从来不是一位消极被动的统帅。他的特长是机动作战。1814 年，普、奥、俄三国军队从北方和东方进逼巴黎，兵力远远超过拿破仑，但他还是凭借神速的行军和突然袭击，打得敌人晕头转向。在职业军人看来，那场战役是拿破仑最精彩的一场，尽管最后他被击败。威灵顿公爵非常认真地研究了那场战役。拿破仑本人则曾宣称：

> 战争艺术并不需要复杂的机动；最简单的就是最好的，常识是最根本的。大家也许会问，既然如此，将军们为何还会犯错误？那是因为他们努力表现自己聪明。猜测敌人的意图、从所有情报中找到真相，是最困难的事情。其他方面仅仅需要常识。这就像拳击赛，你挥拳越多，就越好。

皇帝这么说，不是很诚实。战争从来不是简单的，但他的　　26

策略在根本上是很简单的：分割敌人，牵制住敌人一部，同时猛击其他敌人；就像拳击赛，拳头越狠，战役就越快结束。消灭了一个敌人之后，再转身去对付另一个。1815 年，对拿破仑来说，最好的防御就是进攻。最显而易见的敌人就是离他最近的。

庞大的俄军要横跨欧洲、抵达法国边境，需要很长时间，而奥军在 5 月尚未准备就绪。但就在法国以北、旧的比利时省（如今是荷兰王国的一部分），两支军队正在集结：英军和普军。拿破仑推断，如果他能打败这两支敌军，反法同盟的其他成员就会灰心丧胆。如果他打败了威灵顿，将英军驱逐到海边，那甚至能导致伦敦政府发生更迭，倾向于允许他继续当法国皇帝的辉格党也许能上台。那么，反法同盟就会土崩瓦解。当然，这是一场赌博。不过，所有战争都是赌博。他也可以按兵不动，继续征募和训练新兵，直到法军总兵力差不多与联军相当。但边境以北的两支敌军太有诱惑力了。如果能将两支敌军分隔开，就能各个击破；如果能打败他们，那么反法同盟就可能解散。这种事情以前也发生过，如今为什么不行？

他带领北上的那支军队素质极佳，拥有很多久经沙场的老兵。如果说它有弱点，也是在高级指挥层。拿破仑一直很依赖他的元帅们，但仍然在世的 20 名元帅中，有 4 人忠于路易十八；4 人投奔了联军；还有 2 人保持低调、不肯出山，其中之一是贝尔蒂埃元帅（Marshal Berthier），他曾是拿破仑的参谋长，颇具组织工作的天赋。他逃往巴伐利亚，6 月 1 日从班贝格城堡（Bamberg Castle）三楼窗户坠楼身亡。有人怀疑他是被谋杀的，但最有可能的解释是，他在观看楼下广场经过的一些俄国骑兵时，探出身子，不慎坠落。拿破仑任命了尼古拉·

让·德·迪乌·苏尔特（Nicolas Jean de Dieu Soult）接替贝尔蒂埃担任参谋长，此人是从基层晋升上来的，经验极其丰富。拿破仑曾说，他是"欧洲最伟大的机动作战专家"，但苏尔特在西班牙指挥作战时，多次被威灵顿巧妙地打败。苏尔特是个不易相处的人，焦躁易怒又傲慢自负，而且他没有贝尔蒂埃那样的行政才华。他表现如何，大家还要拭目以待。

皇帝最优秀的两位元帅——达武（Davout）和絮歇（Suchet）没有随同北方军团出征。达武是一位严峻坚韧而冷酷无情的军人，被任命为陆军大臣，留守巴黎。而絮歇被任命为阿尔卑斯军团总司令，这支部队的名号冠冕堂皇，其实兵力薄弱，且装备很差。曾有人问拿破仑，谁是他最了不起的将军。他说是安德烈·马塞纳（André Masséna）和路易·加布里埃尔·絮歇（Louis-Gabriel Suchet），但如今前者卧病在床，而后者被留在国内，负责保卫法国东部边境，抵御奥军的进攻。

拿破仑为即将展开的战役封了一位新元帅：格鲁希侯爵埃马纽埃尔（Marquis de Grouchy，Emmanuel）。达武反对这项任命，但拿破仑固执己见。格鲁希是出身旧制度时期的贵族，幸运地在法国大革命的腥风血雨中保住性命。他凭借骑兵作战闻名遐迩，如今拿破仑将北方军团的1/3兵力交给了他。

然后还有被称为"勇士中的勇士"的那位元帅，喜怒无常而令人畏惧的米歇尔·奈伊（Michel Ney），他和苏尔特一样，也是从下级岗位擢升起来的。他是一个箍桶匠的儿子，性情如火，满头红发，激情澎湃。1815年，他46岁，与拿破仑和威灵顿年龄相仿，在漫长战争的一些最为血腥的战场上扬名立威。没有人质疑他的勇气。他是一位亲近普通士兵的军官。拿破仑从厄尔巴岛回国的时候，奈伊曾向路易十八承诺，要把

27

皇帝关在铁笼子里带回巴黎。但后来他率军投奔了拿破仑。他凭借超乎寻常的英勇和振奋人心的领导才华而闻名，但不是个头脑冷静的人。而且，非常不吉利的是，苏尔特憎恶奈伊，而奈伊讨厌苏尔特。然而他们在这个命运攸关的夏季，却不得不合作。

元帅们很重要，其中最重要的是参谋长，因为他的职责是将皇帝的意愿转换为凡俗的行军指令。贝尔蒂埃曾是卓越的行政管理者，能够预见问题并高效地予以解决。苏尔特元帅是否有同样的才干去组织超过 10 万人的大军，为其提供粮草给养，并遵照皇帝的御旨调动部队作战，还要等实战检验。其他元帅则将承担独立指挥作战的重大职责。如果皇帝的策略是牵制住一个敌人，令其动弹不得，同时歼灭另一个敌人，那么负责牵制的就是一位元帅。在战役初期，奈伊元帅的任务就是牵制住威灵顿，拿破仑亲自去对付普军。两天后，格鲁希元帅要转而去牵制住普军，拿破仑去歼灭威灵顿的军队。要完成牵制敌军的任务，仅仅服从命令是不够的，还需要丰富的想象力和运筹帷幄。一位元帅应当能够做出艰难的抉择，拿破仑把这样的重任交给了格鲁希（他刚刚获得这样高的军衔，很紧张，害怕失败）和奈伊（他只懂得像魔鬼一样疯狂冲杀）。

北方军团在比利时将面对两支敌军，其中规模较大的是普军。普军总司令是 72 岁的格布哈德·莱贝雷希特·冯·布吕歇尔侯爵（Prince Gebhard Leberecht von Blücher）①，他曾为瑞典效力、反对普鲁士，被腓特烈大帝俘虏后加入了普军。他久经战阵，作为骑兵享有"前进元帅"的绰号，因为他惯于呼

---

① 布吕歇尔生于 1742 年，所以 1815 年时应当是 73 岁。

喊着鼓动部下冲锋。他很受将士的欢迎和爱戴，但他患有精神病，时常发作。犯病的时候，他幻想自己怀孕了，腹中是一头大象，大象的父亲是一名法国步兵①。1815 年夏季，他的疯病没有任何迹象；布吕歇尔以狂热的坚定信念，率军去迎战拿破仑。他粗犷豪爽、英勇无畏，虽然不是最聪明的将领，却能明智地任用才华横溢的参谋军官。1815 年，他的参谋长是奥古斯特·冯·格奈森瑙（August von Gneisenau），此人极其精明强干而经验丰富，曾在美国独立战争期间为英军效力，汲取了不少经验。不过这段经历让他对英军的评价很低，对英国人的能力和意图抱有极大疑虑。冯·穆弗林男爵（Baron von Müffling）被任命为普军派驻威灵顿身边的联络官时，格奈森瑙把他唤来，告诫道：

> 务必对威灵顿公爵保持高度警惕，因为他在印度待过很长时间，和奸诈阴险的印度富豪打过很多交道，所以这位名将自己也惯于偷奸耍滑，最终成为欺骗艺术的大师，能够骗倒印度富豪。

我们无法想象，格奈森瑙为何会有这样奇怪的看法，但考虑到格奈森瑙的重大职责和布吕歇尔对其辅佐的高度重视，英军和普军的未来关系堪忧。由于普鲁士企图吞并萨克森，而英国坚决反对，两国之间原本就互相猜忌。英普两国的分歧给维也纳会议制造了不愉快的气氛。在维也纳会议上，英国、法国

---

① 他还曾幻想自己房间的地板被法国人烧热了，所以必须用脚尖走路。不过他是有精神病，还是因为酗酒产生幻觉，至今不明。

和奥地利都坚决反对普鲁士的这轮扩张，以至于同意联合起来向普鲁士开战，不允许它占领萨克森。俄国对整个波兰抱有同样的野心，所以一时间欧洲似乎要爆发新的战争：普鲁士和俄国为一方，其他国家为另一方。这场危机最终得以避免，但英普之间的关系没有得到改善。

　　现在，普军驻扎在比利时省。这是一支未经考验的军队。普鲁士曾被拿破仑击败、占领、重组，拿破仑于 1814 年退位后普鲁士又解散了军队。布吕歇尔麾下有一些军事素质高、有作战经验的士兵，但远远不够，所以要用志愿兵和民兵来填补空缺。1815 年，普鲁士的征兵得到了热烈响应。弗朗茨·利伯（Franz Lieber）得知征兵消息时只有 17 岁，和兄弟一起去了柏林，在那里看到：

> 一座广场中央摆放了一张桌子……几名军官在登记那些志愿报名的人。人山人海，我们从上午十点一直等到下午一点，才轮到我们报名。

30　　5 月初，他向自己的团报到，接受了一个月的训练，然后随军前往低地国家，加入布吕歇尔的军队。利伯兴致盎然地发现，其团里的一名中士其实是个女人，她在战斗中表现极佳，获得了三枚英勇勋章的嘉奖。到 1815 年夏季，布吕歇尔麾下有至少 1 个女人和 12.1 万个男人，这在纸面上是一支强大的军队，但正如彼得·霍夫施勒尔（Peter Hofschröer）（他是一位非常同情普鲁士人的历史学家）所说："布吕歇尔军队的很大一部分是严重缺乏经验的新兵，他们只会两种动作：一哄而上、一哄而散。"这话很幽默，后来的事实证明，这些新兵也是有战斗力的，不过格奈森瑙能否克服自己对英国人的敌意，并与正在普军右侧集结的英荷联军通力合作，我们还要拭目以待。

英荷联军的总司令就是威灵顿公爵。他有一句名言，描述自己的部下为"一支声名狼藉的军队"。他刚刚抵达布鲁塞尔的时候，军队的状态确实很糟糕。它兵力不足，很多荷兰人组成的团来自法语区的比利时省，公爵对这些部队很谨慎，因为其中很多人是拿破仑军队的老兵。说法语的比利时人看到自己的土地被交给了荷兰王国，非常不满。皇帝也知道他们的这种情绪。小册子被偷运过法国边境，送到比利时，分发给威灵顿公爵军中的比利时士兵。小册子上写道："勇敢的士兵们，你们曾在法国的鹰旗下赢得胜利。引领我们屡战屡胜的鹰旗又一次出现了！它们的呼声没有变：光荣和自由！"公爵对这些团的可靠性表示怀疑，于是采取了预防措施，将它们分隔开，与那些忠诚可靠的营一起编成旅。

忠诚可靠的营要么是英军，要么是"英王德意志军团"的6000人。这个军团在漫长的半岛战争期间曾赤胆忠心地为公爵效力。该军团是在汉诺威组建的，汉诺威和英国拥有同一位国王[①]。1815年，汉诺威又派遣1.6万人加入威灵顿的军队。这1.6万人也不曾受过战火洗礼，所以和荷兰部队一样被 31

---

① 1714年，汉诺威选帝侯乔治被推举为英国国王，开创英国的汉诺威王朝，从此英国和汉诺威拥有同一位君主。拿破仑战争期间，汉诺威被法国占领。拿破仑第一次退位后，1814年的维也纳会议将汉诺威提升为一个王国，由英王兼任汉诺威国王。从此英国和汉诺威拥有同一位国王，直到1837年，维多利亚女王成为英王，因为汉诺威奉行萨利克法，不准女性继承王位，所以英王不再兼任汉诺威国王。汉诺威王国于1866年被普鲁士吞并。

拆散，与英国或英王德意志军团的营一同编成旅。士兵们不欢迎这项决定。"这对我们的士气是一个沉重打击，"第 1 汉诺威旅的卡尔·雅各比（上尉抱怨道），

> 英国将军对汉诺威人的传统一无所知……在他们眼里，我们的一切，若是不符合英国规矩和体制，都不完美，会受到批评。联军士兵之间没有同志情谊，甚至军官之间也没有。两国人语言不通，军饷差距很大，生活方式也差别很大，所以无法构建亲密的战友情。就连英王德意志军团的德意志人，虽然是我们的同胞，也不和我们交往；系着红腰带的 15 岁掌旗官也瞧不起年纪较长的汉诺威军官。

到夏季，战争开始的时候，威灵顿拥有 1.6 万汉诺威人和英王德意志军团的不到 6000 人。荷兰部队构成了他"声名狼藉的军队"的一部分，有近 4 万人，其中一半在说法语的团里，因此可靠性值得怀疑。他的军队的其余部分，约 3 万人，是英国人，公爵希望自己能有更多的英国兵。

但英国刚和美国打了一场战争①，英军很多最精锐的团，威灵顿往昔胜利的老兵，都还在大西洋彼岸。他们正在返回欧洲，有些团从美国径直开赴荷兰。公爵若是掌握着自己的半岛军队（英国军旗下曾有过的最优秀部队之一），一定会更自信。滑铁卢战役几周前，他与英国议员托马斯·克里维

---

① 即 1812 年英美战争（1812 ~ 1815 年），常被认为是拿破仑战争的一部分。

（Thomas Greevey）一起在布鲁塞尔的一座公园散步。克里维颇为焦虑地向公爵问起即将开始的战役。一名身穿红色军服的英国步兵正在盯着公园内的雕像看。公爵指了指那名士兵。他说：“看那里。我们能不能成功，完全取决于那种材料。给我充足的那种材料，我就能确定了。”

最后，英国士兵的兵力算是刚刚好。参加滑铁卢战役的英国步兵有 2 万多一点，他们将承受皇帝猛攻的大部分冲击力。拿破仑的将军们告诫他要当心那些英国兵，因为他们极其顽强。雷耶将军（General Reille）说，英国步兵是不可撼动、不可战胜的，这让拿破仑很恼火。而苏尔特告诉皇帝：“在正面对垒中，英国步兵就是魔鬼。”的确如此。皇帝从来没有和英国步兵交过手，因此对这些警示不以为然，但威灵顿深知英国步兵以及英王德意志军团的价值。滑铁卢战役四年后，公爵故地重游时说：“当时我能够完全依赖的只有大约 3.5 万人，其他人极有可能临阵脱逃。”

公爵麾下有 22 个英国营，其中 15 个曾在他的指挥下在西班牙或葡萄牙作战。这只能勉强够用。但即便这些有作战经验的营也和普鲁士各团一样，夹杂着许多新兵。参加滑铁卢战役的兵力最强的英国营，同时也是素质最高的营之一，是第 52 团，即牛津郡轻步兵营，该营自 1806 年以来就连续不断地南征北战，一直到拿破仑第一次退位。在滑铁卢，该营有 1079 人[1]，但其中 558 人是在该营上一次战役之后才入伍的。近卫师[2]也是这种情况。第 1 近卫步兵团的掌旗官罗伯特·巴蒂

---

[1]　也有资料说是 1061 人。
[2]　指的是第一军第 1 师，该师的四个步兵营全是近卫军。

（Robert Batty）说，近卫师满是"年轻士兵和来自民兵的志愿者，从未受过枪火洗礼"。

但老兵们满怀信心、斗志昂扬。弗雷德里克·梅因沃林（Frederick Mainwaring）是第 51 团（来自约克郡）的一名中尉，曾在拉科鲁尼亚、丰特斯德奥尼奥罗（Fuentes d'Onoro）、萨拉曼卡、维多利亚、比利牛斯山脉和法国南部作战。拿破仑返回法国的消息传到英国的时候，该团驻扎在朴次茅斯。梅因沃林回忆道：

33
　　　　我和另外两三人一起坐在食堂吃早饭，这时号兵长拿着报纸走了进来，和往常一样把报纸放在餐桌上。有人翻开了报纸，漫不经心地浏览。这时，他突然容光焕发，疯子一样把报纸抛到空中，喊道："天大喜讯！拿破仑再次登陆法国！万岁！"一瞬间，我们全都疯狂起来……"拿破仑回到法国"的消息如野火般在军营内扩散……人们跑了出来，欢呼庆祝……我们的喜悦没有极限！

消息传来时，卡瓦利埃·默瑟上尉（Captain Cavaliè Mercer）指挥一队皇家骑炮兵，驻扎在科尔切斯特。他讲的故事和梅因沃林中尉一模一样。出动的命令"让官兵欣喜若狂，全都热切希望投入危险和流血厮杀，全都渴望赢得光辉与荣誉"。

法军和普军同样沉浸在喜悦气氛中。热情如火的志愿者潮水般涌向普鲁士军旗。在法国，大多数士兵都为皇帝的归来而欢呼雀跃。其中很多人曾作为战俘被关押在可怕的英国监狱（要么在达特穆尔，要么在被拆除桅杆、永久停泊的监狱船上，那里疫病肆虐）中，现在渴望复仇。他们渴望荣耀。步兵上尉皮埃尔·卡德龙（Pierre Cardron）记录了一个在法国全境不断重现的场景。他所在的团曾向国王宣誓效忠，但拿破仑回国后，上校召集了所有军官。他们站成两排，"互相询问发生了什么事情？怎么回事？最后我们都满腹担忧"，卡德龙回忆道。但这时上校来了：

> 他手里拿的是什么？给你一百年时间你也猜不出来……我们的鹰旗，在它的引领下我们曾多少次走向胜利！勇敢的上校之前将鹰旗藏在他的床垫内……看到心爱的鹰旗，大家高呼："皇帝万岁！"士兵和军官全都被深深震动，不仅要看鹰旗，还要拥抱和抚摸它；所有人都流下了感动的泪水……我们曾发誓为了祖国，为了拿破仑，在鹰旗下牺牲。

难怪有一位法国将军在家信中写道，他的部下"疯狂"地爱戴皇帝。就在这种狂热气氛中，拿破仑决定向英军和普军发动一场先发制人的打击。他要在奥军和俄军抵达法国边境之前攻击英军和普军。为了这场攻势，他集结了 12.5 万人和 350 门大炮。面对他的是布吕歇尔的 12 万人和 312 门大炮，以及威灵顿的 9.2 万人和 120 门大炮。皇帝的兵力不如敌人，但这对他不是新鲜事，而且他是一位机动作战的大师。他眼下的任务是将联军分割开，然后各个击破。他曾宣称，战争是很简单的。"就像拳击赛，你挥拳越多，就越好。"

1815 年 6 月，他出征了。他的目标是用一轮猛拳，彻底打垮布吕歇尔和威灵顿。

弗朗茨·利伯得知普鲁士军队的征兵消息时只有十七岁,和兄弟一起自愿去柏林报名参军。5月初,他向自己的团报到,接受了一个月的训练,然后随军前往低地国家,加入布吕歇尔元帅的军队。他于1827年移民美国,出人头地,成为南卡罗来纳学院的政治经济学教授。南北战争之前,他搬到了北方,在哥伦比亚大学教书,后来编纂了《利伯法典》,这被誉为史上首次编纂战争法则的努力。他一直活到1870年。

《威灵顿公爵》，弗朗西斯科·戈雅作。1814 年有人问威灵顿公爵，是否因为未曾与皇帝交手而遗憾，他答道："不遗憾，我还为此高兴。"他鄙夷拿破仑这个人，但仰慕拿破仑这位军事家。

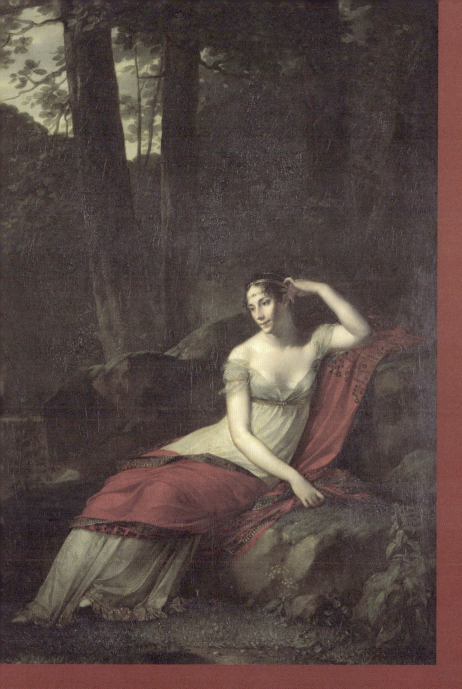

约瑟芬皇后肖像，Pierre-Paul Prud' hon 作。

Louvre, Paris, France / Giraudon

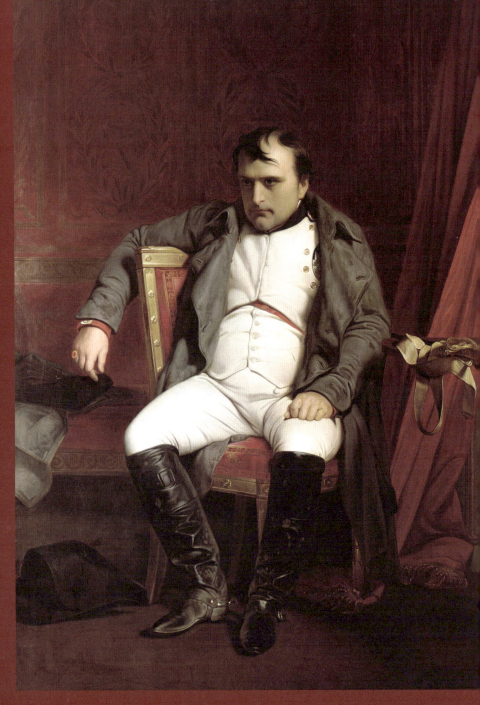

《拿破仑，枫丹白露，1814年3月31日》，Paul Delaroche 作。瘦削的英俊青年已经没有了踪影，取而代之的是挺着啤酒肚、短发和皮肤蜡黄的中年人。

Musee de l' Armee, Paris, France / Giraudon

《克莱门斯·洛塔尔·文策尔·梅特涅侯爵，1815 年》，Sir Thomas Lawrence 作。
梅特涅回忆："不到一个小时，我们就决定开战。"

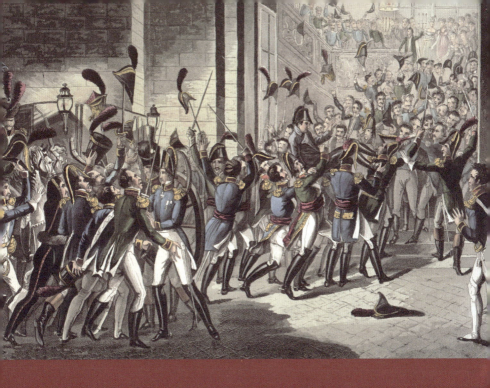

▲ 《拿破仑抵达杜伊勒里宫》。拿破仑到达时，夜色已经降临。等候的群众可以听见越来越近的欢呼声，接着前院传来了马蹄声，皇帝终于来了。

Musee de l' Armee, Brussels, Belgium

◄ 俄国沙皇亚历山大一世，1814 年，Baron François Gérard 作。他对威灵顿公爵说：“现在全指望阁下再次拯救世界了。”

Musee National du Chateau de Malmaison, Rueil-Malmaison, France / Giraudon

法国国王路易十八肖像，身披加冕礼服，Pierre-Narcisse Guérin 作。

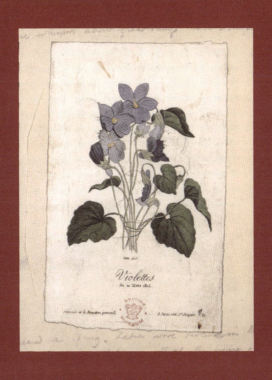

拿破仑1815年返回巴黎的纪念品。紫罗兰象征拿破仑。他挚爱的约瑟芬在他们的婚礼上手捧紫罗兰，他在每个结婚纪念日都会送她一束紫罗兰。

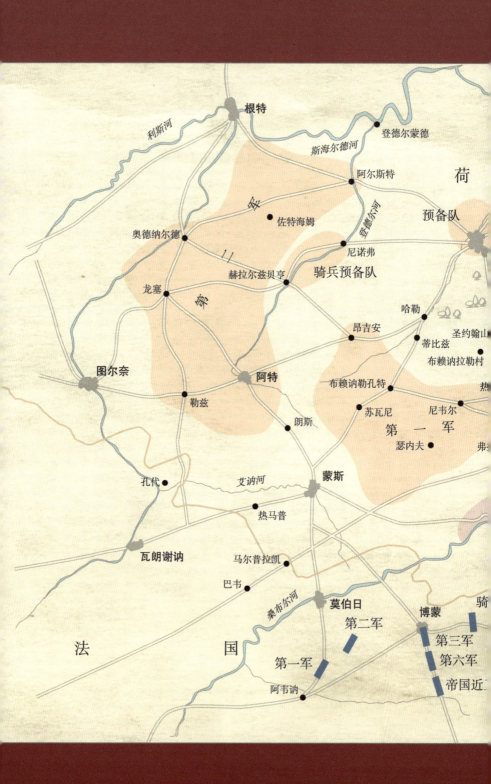

根特

利斯河

登德尔蒙德

斯海尔德河

阿尔斯特

荷

预备队

第

军

佐特海姆

登德尔河

奥德纳尔德

尼诺弗

骑兵预备队

赫拉尔兹贝亨

第

哈勒

龙塞

圣约翰山

昂吉安

蒂比兹

布赖讷拉勒村

图尔奈

阿特

布赖讷勒孔特

热

勒兹

苏瓦尼

尼韦尔

朗斯

第 一 军

瑟内夫

孔代

艾讷河

蒙斯

弗

热马普

瓦朗谢讷

马尔普拉凯

巴韦

桑布尔河

莫伯日

博蒙

骑

第二军

第三军

法

国

第一军

第六军

阿韦讷

帝国近

代默尔河

兰

鲁汶

迪尔河

蒂嫩

博尔赫隆

骑兵预备队

马斯特里赫特

通厄伦

瓦夫尔

图里讷

瓦雷姆

第 四 军

拉米伊

列日

瓦尔安

第
二
军

埃龙

于伊

马尔贝

让布卢

利尼

军

那慕尔

北

阿赛尔

第
三
军

罗瓦

四军

菲利普维尔

默兹河

西内

迪南

| 通往布鲁塞尔的道路 |
| 1815年6月14日 |

日韦

英荷军位置

普军位置

第二章

上帝啊，我上了拿破仑的当！

拿破仑曾说，战争中最困难的事情是"猜测敌人的意图"。这肯定是对的。布吕歇尔元帅和威灵顿公爵面对的，恰恰就是这样的困难。皇帝的计划是什么？

第一个问题是，皇帝是否会发动攻势。如果答案是肯定的，那么他们需要知道拿破仑将进攻何处，以及何时发动进攻。然而，就在战争爆发的仅仅三天前，威灵顿公爵却坚信拿破仑不会发动进攻。他打算于 6 月 21 日（他的维多利亚大捷的周年纪念日）在布鲁塞尔举办一场舞会。里士满公爵夫人（Duchess of Richmond）问他，如果她在 6 月 15 日办一场舞会，会不会有问题。他向她拍胸脯担保："您尽可以办舞会，绝对安全，不必担心受打扰。"6 月 13 日，星期二，他给一位在英格兰的朋友的信中写道：

> 此地没有新闻。我们得到情报，称波拿巴与其军队会合，将要进攻我们。但巴黎送来的报告称，10 日他还在巴黎；我根据他向立法会议的讲话判断，他在短期内不会离开巴黎。我认为我们实力太强，他不敢进攻。

40　　　　这封信是在星期二写的。前一天，即 6 月 12 日，星期一，拿破仑离开了巴黎，与位于佛兰德的北方军团会合。6 月 14 日，北方军团接近了边境，而联军仍然毫无察觉。布吕歇尔的意见与威灵顿一致。他在给妻子的信中写道："波拿巴不会攻击我们。"然而，波拿巴已经蓄势待发。他封锁了法国边境。他的命令是："不准放一辆马车过境。"而在边境以北的比利时省，英军和普军分散在 100 英里宽的大乡村。

　　　　这样分散兵力，原因有二。首先，联军处于守势。他们在拥有绝对优势兵力（也就是奥军和俄军抵达法国边境）之前，不会发动进攻。所以，目前威灵顿和布吕歇尔在等待。当然，他们知道皇帝可能在他们进攻之前抢先发难。威灵顿可能觉得这样的进攻不大可能发生，但他仍然需要有所防范，所以要监视法军有可能走的每一条路线。我们依后见之明来看，拿破仑显然会攻击英军和普军的连接处，以便将其分割，但当时的布吕歇尔和威灵顿并不会觉得这是显而易见的。威灵顿担心拿破仑会选择更偏西的路线，通过蒙斯（Mons），然后进军布鲁塞尔，或甚至开赴路易十八正在避难的根特（Ghent）。这样的进攻会将威灵顿与海岸的联系切断，也就是切断他的补给线。不管发生什么事情，威灵顿都希望确保自己的军队如果战败的话，还有安全的撤退路线。这样的安全撤退路线通往奥斯坦德（Ostend），可以从那里乘船撤回英国。布吕歇尔也有同样的担忧，只不过他的撤退是向东去普鲁士。

　　　　英军和普军分散得很广，因为他们需要防备法军所有可能的进攻路线。普军最东翼的部队是冯·比洛将军（General von Bülow）的军，位于威灵顿西翼以东 100 英里处。军队部署如此分散的另一个原因是为了维持给养。部队依赖在驻扎地收购补给物资，如果太多的人马聚集在一个地方，当地的物资很快就会耗尽。

所以联军分散在 100 英里宽的乡村，而拿破仑的军队集中在桑布尔河（the River Sambre）以南、从沙勒罗瓦通往布鲁塞尔的主路上。联军为什么没有发现拿破仑的动向？在西班牙，威灵顿公爵拥有极佳的情报部门；他的问题其实是收到的情报过多。而在 1815 年的佛兰德，他却几乎两眼一抹黑。在边境被封锁之前，他从法国来的北上旅客那里搜集到大量情报，但这些情报大多数是胡说八道，全都互相矛盾。他也无法动用自己最喜爱的情报搜集工具——他的侦察军官。

侦察军官是值得信赖的侦察员，负责窥探敌境，并依赖自己的快马良驹逃脱法军的追踪。他们行动时身穿军服，这样就不会被指控为间谍。他们的工作效率极高。其中最主要的军官是个苏格兰人，科洪·格兰特（Colquhoun Grant）。威灵顿要求格兰特来比利时，担任他的情报主管。格兰特于 5 月 12 日抵达布鲁塞尔，立刻着手在法国边境建立一个情报网。让他大失所望的是，当地居民全都是说法语的，要么同情拿破仑，要么闷闷不乐地表示漠然。格兰特也没有办法派遣侦察军官越境南下，因为从官方角度讲，联军并没有与法国交战，而是与波拿巴交战。

但格兰特在巴黎有极好的人脉。这也是偶然造成的，因为 1812 年格兰特不幸在西班牙被法军俘虏。法军知道他对威灵顿的价值，于是拒绝将他交换回去，也不肯给他假释，而是对他严加监视，押往法国。但显然监视还不够严密，因为过了边境、到达巴约讷（Bayonne）之后，这个苏格兰人就逃跑了。他得知约瑟夫·苏阿姆（Joseph Souham）将军（一名从基层

41

提拔起来的法国将领）住在巴约讷，打算前往巴黎。格兰特极其大胆地去拜见苏阿姆，自称是一名美国军官，请求乘坐将军的马车，一同旅行。他还穿着英军第 11 步兵团的红色军服，但没有人去质疑这一点。法国人对美军制服懂得什么？到了巴黎之后，勇敢的格兰特在陆军部找到了一个线人，成功地向身在西班牙的威灵顿公爵发送了报告。格兰特最终返回了英国，但他的线人还在巴黎。担任威灵顿情报部门的主管后，格兰特与线人重新取得了联系。线人向他提供了大量关于北方军团的珍贵情报，但没办法告诉格兰特最想知道的东西：拿破仑是否将发动进攻？如果是，进攻目标是哪里？法军的保密工作做得不错。英法两军最早的接触发生在通往蒙斯的道路上，法军骑兵巡逻队在那里与联军的岗哨发生了交火，说明拿破仑正在侦察通往布鲁塞尔的直接路径。

本章开始前的地图显示了联军的位置。普军占据了从沙勒罗瓦北上主路以东的一片地域，英军广阔地分散在这条路以西。英军司令部在布鲁塞尔，而布吕歇尔元帅的司令部在差不多 50 英里之外的那慕尔（Namur），守卫着普军撤退的最佳路线。这一点很重要。如果拿破仑逼得很紧，将两支敌军都击败，那么就能彻底粉碎他们合作的机会，因为普军会向东撤退，而英军向西撤，各自逃回自己祖国的安全怀抱。这基本上也就是拿破仑的计划，即将联军分割开，各个击破。为了达成此目标，他于 6 月 14 日将军队集中在沙勒罗瓦以南不远处。现在，他做好了准备，可以向部署分散的联军的心脏位置发起猛攻了。

6 月 15 日，星期四，拿破仑发动了进攻。他越过边境，率军开赴沙勒罗瓦。普军骑兵的外围掩护部队与法军骑兵发生了小规模交锋，普军信使狂奔北上，报告法军开进的消息。但

威灵顿收到这些消息时，并不相信。公爵担心法军在公路上的
进攻只是佯攻，目的是转移他的注意力，而真正的攻势将指向
他的右翼。以后见之明来看，公爵过于谨慎是错误的，拿破仑
不会向西进攻，因为那样的进攻会将威灵顿驱赶到布吕歇尔的
军队那里。但公爵知道，拿破仑用兵神出鬼没，可能会出其不
意。所以，公爵仍然很谨慎。布鲁塞尔流传着一个说法，称英
军将于 6 月 25 日出动，但这是众多传闻之一。爱德华·希利
（Edward Healey）是英军一位参谋军官的马夫助手，他在日记
中记录了这个传闻，并补充说，军官们把剑送到五金店去磨
快，还从亚麻布商那里买布料，准备用作绷带。他写道："不
过总的来讲，还是仿佛什么事情也没发生一样。"

　　6 月 14 日，皇帝逼近了边境。次日夜间，里士满公爵夫
人在布鲁塞尔举办了舞会。威灵顿公爵也参加了。

　　而在南方，一切都变得对联军不利。

＊　＊　＊

　　里士满公爵夫人夏洛特（Charlotte）是第四代里士满公爵
的妻子。这位公爵不是一位成功的军人，真正的爱好是板球。
他负责指挥驻扎在布鲁塞尔的一支小规模预备队。他的苏格兰
妻子本身也是一位公爵的千金，是上流社会的社交女主人之
一。1815 年，她 47 岁，已经生了 7 个儿子和 7 个女儿。威灵
顿公爵曾向公爵夫人保证，不会有坏消息打断她的舞会。不过
他也劝她不要在布鲁塞尔以南乡村举办一场奢华的野餐会。关
于法军骑兵巡逻队的报告太多了，所以公爵夫人最好还是在布
鲁塞尔城内招待客人。

　　里士满公爵及夫人租了一座配有宽敞车库的豪宅。车库被

改造为一个令人眼花缭乱的舞厅。原本卑微的车库如今装饰着大块的鲜红色、金色和黑色织物，而枝形吊灯悬挂在柱子之间。柱子上装饰着树叶、鲜花和更多织物。受邀宾客的名单也是熠熠生辉，最重要的贵客是奥兰治亲王，也叫"苗条的比利"，或称"小青蛙"。他 23 岁，是新建的荷兰王国的王储，对威灵顿公爵来说是个眼中钉。虽然公爵挺喜欢奥兰治亲王本人，但问题是小青蛙的父亲，威廉一世国王，坚持要让自己的长子在英荷军队中占据一个高级指挥职位。威灵顿必须答应国王的这个要求，否则就会失去荷兰军队的支持，这意味着公爵麾下军队的很大一部分被交给一个年轻人指挥，而这个年轻人除了王室血统之外，没有任何足以承担如此重任的资格。他指挥着第 1 军。由于威灵顿坚持将不可靠或无经验的营与忠诚且久经沙场的营混编，所以亲王也掌握着公爵一些最精锐的英国和汉诺威部队。

　　亲王在西班牙担任公爵的副官差不多有三年时间，这些经验让他对自己的军事才干有着过高的估计。他被称为"苗条的比利"，是因为他的脖子又长又细，显得很怪异。"小青蛙"的绰号则是因为他的发际线很高而且还在退缩，嘴巴很宽，眼睛圆鼓鼓的。他原本与英国摄政王①的独生女夏洛特公主订了婚，但她目睹苗条的比利在阿斯科特赛马会上酩酊大醉，于是取消了婚约。苗条的比利对此漫不经心，错误地相信她会回心转意。他对自己父亲说法语的臣民（比利时人）也不以为然，称其为"白痴"。因为他是在伊顿公学受教育，所以他在英国

---

① 即后来的英王乔治四世（1762～1830 年）。他的父亲乔治三世晚年患有精神病，1811～1820 年间由他摄政。

比和同胞在一起时更觉得轻松自在。随后几天，他将指挥威灵
顿全军的近 1/3，但好在小青蛙麾下的参谋军官们非常精明强
干。公爵一定祈祷这些军官能够压制住他的缺乏经验、傲慢自
负和过度热情。

　　参加舞会的客人都是布鲁塞尔的社交界精英，是一群身披
绶带的外交官、军人和贵族，其中有一位是堂米格尔·里卡
多·德·阿拉瓦·埃斯基韦尔（Don Miguel Ricardo de Álava
Esquivel）将军，他是一位军人，被任命为西班牙驻荷兰大使。
在他军事生涯的开端，他在西班牙海军服役，参加了特拉法尔
加海战，与纳尔逊的舰队为敌。但后来战局发生变化，西班牙
成了英国的盟友。阿拉瓦在特拉法尔加海战之后加入了西班牙
陆军，被任命为派驻威灵顿身边的联络官。英国和西班牙之间
的关系非常紧张，充满了嫉妒、摩擦和误会。若非有阿拉瓦的
冷静头脑和理智建议，两国关系还会糟糕得多。他和公爵之间
缔结了终生友谊，在随后几天内阿拉瓦将陪伴在公爵左右。他　　45
本不需要亲临滑铁卢战场，但他与公爵的友情促使他与公爵分
担危险。威灵顿对他很感激。阿拉瓦是极少数既参加过特拉法
尔加海战，也参加过滑铁卢战役的人之一。享有这项殊荣的还
有一些法军官兵，因为至少有一个营曾在维尔纳夫[①]毁于一旦

---

① 皮埃尔－夏尔·维尔纳夫（1763～1806 年），法国海军将领。1805 年，
拿破仑计划进军英国本土，为牵制住强大的英国海军，拿破仑派维尔纳
夫率领法国和西班牙联合舰队与英国海军周旋。1805 年 10 月 21 日，双
方舰队在西班牙特拉法尔加角外海相遇，战斗持续 5 小时。由于英军指
挥、战术及训练皆胜一筹，法西联合舰队遭受决定性打击，主帅维尔纳
夫以及 21 艘战舰被俘，但英军主帅霍雷肖·纳尔逊海军中将也在战斗中
阵亡。维尔纳夫获释回到法国，企图重返军界未果，后自杀。有人怀疑
他是被谋杀的。

的舰队中作为海军步兵参战，后来参加了滑铁卢战役。

托马斯·皮克顿爵士（Sir Thomas Picton）也参加了舞会。他刚刚抵达布鲁塞尔，前来指挥公爵的第二军①。他很受欢迎，因为他是一位在葡萄牙和西班牙长期效力、战绩辉煌的猛将。他率军进攻维多利亚时曾呼喊："冲啊，流氓们！冲啊，你们这些打仗的恶棍！"他是个脾气暴躁的威尔士人，魁梧而邋遢，但拥有无可置疑的勇气。"一个粗野、满嘴脏话的家伙。"这是威灵顿公爵对他的描述。但到 1814 年，这个粗野、满嘴脏话的家伙受到了我们今天所谓"战斗压力症"的困扰。他曾写信给公爵，请求公爵允许他回国："我必须放弃。我变得非常紧张，若是有什么任务需要完成，我脑子里就不停想着，夜里睡不着觉。我实在承受不了。"

威灵顿接管他的"声名狼藉的军队"后，便传唤皮克顿来辅佐他。威灵顿需要尽可能将半岛战争的每一名老兵都集合到自己麾下，而皮克顿是威灵顿可以信赖的领导和激励部队的人。皮克顿的心理疾病还没好。在离开英国之前，他躺进一座刚挖好的墓穴，病态地评论道："我觉得这个地方适合我。"虽然有这样不吉祥的预兆，他还是来到布鲁塞尔，但不知为什么他丢失了自己的行李（内有他的军服），所以他开赴战场时穿着一件破旧寒酸的大衣，戴着一顶发霉的棕色帽子。在舞会上风流倜傥、军服光鲜的人群中，在所有的蕾丝、金线、肩章和绶带之中，更不用说在莺莺燕燕、身穿低胸晚礼服的贵妇当中，他的形象一定很怪异。参加舞会的女士中有很多是年轻的英国女子，包括 22 岁的弗朗西斯·韦德伯恩－韦伯斯特夫人

---

① 原文有误，皮克顿为第 5 步兵师师长，属于威灵顿的预备队。

（Lady Frances Wedderburn-Webster），虽然她已经结婚并且身怀六甲，但几天前有人目睹她和威灵顿公爵一起出现在布鲁塞尔的一座公园。一名英国参谋军官看见公爵独自一人在公园散步，然后一辆敞篷马车停了下来，弗朗西斯夫人下了车。据这名军官说，随后两人"走进一块低洼地，那里的树木将他们完全遮蔽起来"。后来伦敦的一家报纸——《圣詹姆斯纪事报》（St James's Chronicle）声称他们之间有奸情，弗朗西斯女士的丈夫威胁要离婚。此事导致《圣詹姆斯纪事报》遭到诽谤罪的起诉，元气大伤。但有意思的是（不过或许这并不重要），在滑铁卢战役前夜和战役结束第二天，公爵都抽出时间给弗朗西斯夫人写了信。

　　威灵顿喜欢女性的陪伴，唯独讨厌自己的妻子。在对女性的立场上，他与拿破仑很不同。拿破仑曾说："我们对女性的待遇太好，结果毁了一切；我们把她们抬高到几乎和我们自己同等的地位，这是天大的错误。自然创造女性，是让她们做我们的奴隶。"威灵顿与女性（尤其是聪明的女性）相处，比与男性相处更如鱼得水。他最喜欢的是年轻貌美的贵族女性。布鲁塞尔有一些流言蜚语。卡罗琳·卡佩尔女士（Lady Caroline Capel）「威灵顿的副将阿克斯布里奇勋爵（Lord Uxbridge）[1]的妹妹，这位勋爵和威灵顿的弟媳私奔了」抱怨道，公爵"刻意邀请了所有水性杨花的女人"。有人专门告诫公爵，不要邀请约翰·坎贝尔夫人这样"生性放荡"的女人，因为她"品行非常可疑"。"真的吗，老天！"他答道："那我亲自去请她！"于

---

① 亨利·佩吉特（1768～1854年），此时的头衔是阿克斯布里奇伯爵，于1815年7月4日凭战功加封为第一代安格尔西侯爵。

是"他立刻拿了自己的帽子，去办这件事情了"。关于 17 岁的乔治亚娜·伦诺克斯（Georgiana Lennox，里士满公爵夫人的女儿，在她母亲举办的舞会上坐在威灵顿旁边用餐），倒是没有什么可疑的传闻。她问他，外界消息是真是假，法军是否在推进。他点点头，说道："消息是真的，我们明天出动。"

正是这种大战前夜的紧张气氛让里士满公爵夫人的舞会显得特别刺激。6 月 15 日夜，一群身着华美制服的军官在烛光映衬下翩翩起舞。不到 24 小时之后，他们中有些人将殒命沙场，并且死时还穿着丝袜和舞鞋。批评威灵顿的人当然会吹毛求疵，说他明知法军在前进，就不应当参加舞会。但公爵做事素来有自己的理由。

第一，他不希望表现出自己很惊恐。他的确是被打得出乎意料，他于晚上 10 点抵达舞会时，已经知道自己被拿破仑骗了，但这个时刻怎能慌手慌脚！他知道大家的目光都在观察他，所以必须表现出自信。第二个原因是非常务实的。公爵需要发布紧急命令，而他的军队里几乎所有高级军官都在舞会上，这样就比较容易找到他们，并向其发出指示。因此，舞会实际上是一个集合军官、发布命令的场所。若是丢掉这样的机会，那才是愚蠢呢。当晚有一段时间，汉密尔顿－达尔林普尔（Hamilton-Dalrymple）女士和公爵坐在一张沙发上。她回忆道："常常一句话说了一半，他突然停下来，召唤某位军官，向其做出指示。"

那么，发生了什么事，让舞会受到这样的威胁？

在从沙勒罗瓦往北的公路上，大祸已经临头。

*　*　*

拿破仑遇到的困难之一，是他自己造成的。他曾命令将越过法国边境向北延伸的公路尽数摧毁。这些公路是在一层碎石之上铺设一层紧密的砾石。国境线以南数英里内的公路都遭到破坏或被挖掘了沟渠，以便阻碍敌军向法国境内进军。但法军自己的北上也因此受到阻碍。破碎的公路对步兵或骑兵来说不是障碍，因为他们习惯于在公路两侧的田野行军，但对所有轮式车辆（运载补给物资的大车和炮车）来说很讨厌。

拿破仑决定进攻之后，就快速前进，将部队集中在桑布尔河以南不远处。公路得到了整修，以便帮助炮车和补给车北上，但步兵和骑兵必须从田野通过，而这些田野的大部分都种了黑麦。19世纪初的黑麦比今天长得要高一些，所以前进士兵面对的是茂盛、浓密、富含纤维、足有一人高的茎秆。庄稼被士兵们踩倒，但一名骑兵回忆说，马匹容易被脚下乱七八糟的庄稼绊倒。这些造成不便的黑麦将在随后事件中扮演一个小小的角色。

虽然马匹常被绊倒、公路需要维修，拿破仑的军队还是逼近了边境。6月14日（里士满公爵夫人舞会的前一天）黄昏，北方军团驻扎在沙勒罗瓦以南几英里处。皇帝命令部队驻扎在山丘之后，尽量掩蔽，但他们做晚饭的营火还是照亮了天空。天空中的火光应当是联军收到的第一个信号：边境以南在发生某种不祥的事情。联军虽然注意到了火光，却没有特别重视。

6月15日黎明，天气晴朗，法军拂晓便开始行军。他们的第一个任务是渡过桑布尔河（就在边境以北不远处）。三列纵队从南方接近了桑布尔河。中路纵队前进到沙勒罗瓦，那里的桥梁被敌人封锁了。等到足够的步兵抵达，才冲破封锁、占领了桥梁。普鲁士守军人数很少，其实顶多算是个前沿警戒哨。法军占领沙勒罗瓦时，这些普鲁士守军便向北撤退。这时已是下午，拿破仑的军队进入了比利时，派出强大的骑兵巡逻队，呈扇形分散，去搜索联军的位置。

这不是法军唯一的行动。在西方很远的地方，其他一些骑兵巡逻队在向北推进，试探蒙斯方向。这天上午，第 95 来复枪兵团第 2 营在靠近蒙斯的边境遭遇了法军枪骑兵巡逻队。理查德·考克斯·艾尔（Richard Cocks Eyre）少尉（来复枪部队的少尉相当于英国陆军其他单位的掌旗官）将此次遭遇描述为"儿戏"，但对威灵顿公爵来说，这些报告是极其严重的。这说明敌人的进军可能切断他与北海各港口的陆路联系。他还得知，沙勒罗瓦周边有法军在活动，但他的第一个本能是保护自己的右翼，于是他命令自己的预备队（由他亲自指挥）留在布鲁塞尔，其余部队则留在西面的宿营地。这样的决定可能造成灾难性后果。拿破仑将部队运过河，缓缓地击退普军，但威灵顿没有派兵到危险地段，而是观察着通往奥斯坦德的道路，因为他的大部分兵员、火炮和补给都要从英国经过奥斯坦德运来。这正中拿破仑的下怀。

6 月 15 日（著名舞会的那一天）的故事已经笼罩在迷雾中。"战争迷雾"的说法是陈词滥调，但适用于那一天。从黎明开始，拿破仑投入部队，越过桑布尔河发动攻势。普军缓缓撤退，打得很顽强。威灵顿虽然从盟友那里得到了消息，却没有采取任何决定性行动。他其实做了一件轻浮无聊的事情：参加舞会。有人指控他刻意对普军发来的消息置之不理，但他为什么要这么做，又是难解之谜。他大约在下午 3 点第一次得知法军进军。花了很长时间，消息才送到他手中。批评威灵顿公爵的人说，他得知消息后，理应立刻下令调动部队奔赴火线，然而他却等待起来。冯·穆弗林男爵是他的普鲁士联络官，就是他给威灵顿送去了开战的消息：

> 6月15日，在沙勒罗瓦前方，冯·齐滕将军遭到攻击，战争就这样爆发了。他派了一名军官到我这里。此人于下午3点抵达布鲁塞尔。我立刻向威灵顿公爵报告了消息。他没有从蒙斯的前沿阵地收到任何情报。

穆弗林的说法有两点很有意思。我们知道，拿破仑军队与普军最早的冲突发生在大约早上5点，但穆弗林却坚决地说，这消息直到下午3点，也就是整整10个小时之后，才送到布鲁塞尔。穆弗林是没有理由说谎的。沙勒罗瓦在布鲁塞尔以南32英里处，一名骑马的传令兵可以在4个小时之内轻松抵达布鲁塞尔。然而，却花了10个小时。我们不知道这是为什么，不过威灵顿有一次猜测，被选为信使的人是"普军最肥胖的军官"。

普鲁士人坚持说，冯·齐滕将军（General von Zieten，他的部队被法军打退）在这天清晨给威灵顿送了消息。但即便能证明这条消息的确发出了，也不能证明它被顺利接收了。为了这个争论，英普两国都发表了大量著作来互相攻击，双方都大发脾气，互相指责。格奈森瑙后来说公爵集结部队太慢，并阴险地补充道："我至今仍不明白这是为什么。"他当然知道为什么，但由于他讨厌公爵，所以不肯承认它是有合理解释的。格奈森瑙对威灵顿敌意的一大悲剧是，他俩其实有很多共同点：他们都非常聪明、勤奋、一丝不苟、纪律性强，对愚蠢或粗心持零容忍态度，并且致力于达成同一目标，即彻底消灭拿破仑的力量。但格奈森瑙坚持认为威灵顿不值得信任。对滑铁卢的故事来说，信任是非常重要的。联军的战略是建立在互信基础上的，布吕歇尔会援助威灵顿，威灵顿会支援布吕歇尔。因为两位统帅都知道，他们仅凭自己的力量不足以打败拿破仑的老兵。要想打赢，他们必须携手；如果他们不能形成合力，就不能作战。

那么，在这个命运攸关的星期四，威灵顿为什么没有集中兵力？因为他还不确定，战场将在何处。他得到报告，法军出现在蒂安（Thuin）附近，虽然那里离沙勒罗瓦也很近，但可能说明法军的总攻方向是蒙斯，何况英国来复枪兵和法国枪骑兵在通往蒙斯的公路上发生了冲突。威灵顿害怕拿破仑向西进攻，所以他需要等待从驻扎在蒙斯的部队那里得到更多情报。他对此非常明确。穆弗林催促他将部队集中到距离普军更近的地方时，威灵顿解释了他为什么不愿意这么做：

> 如果一切都像冯·齐滕将军说的那样，我会集中兵力到我的左翼……但如果部分敌军从蒙斯推进，我就必须主要集中在中路。为了这个原因，我必须等待蒙斯来的消息，随后才能确定集中地点。

51　　这已经足够清楚了。公爵绝对没有背叛自己的盟友，也没有对盟友发出的警示置之不理，而是在谨慎行事，因为此时他并没有决定性证据能证明法军穿过沙勒罗瓦的攻势是主攻。这完全可能是一个诡计，企图将他的部队向东吸引，同时真正的攻势将在他的右翼发动。所以，他需要等待。在战役之前，他曾说，"一个错误的瞬间"就可能让他遭到拿破仑的毁灭性打击，所以目前最好按兵不动。傍晚，布吕歇尔发来了更多消息，但公爵还在等待，因为他仍然害怕法军沿着通往蒙斯的公路进攻。直到深夜，身处花里胡哨的舞厅时，他才得到蒙斯的消息，那里一切正常；他才确信，布吕歇尔是正确的，法军的主攻方向就是沙勒罗瓦公路。当晚，消息如雪片般迅速飞来，有一条关键消息来自让 - 维克多·德·康斯坦 - 勒贝克男爵（Baron Jean-Victor Constant-Rebecque），他是苗条的比利的参谋长，是个很优秀的人。他报告说，法军从沙勒罗瓦北上，已经前进到一个叫四臂村（Quatre-Bras）的十字路口，他已经派兵去阻挡敌人。

随后发生的是，公爵一生中最有名的故事之一。午夜过后，公爵正离开舞厅，在护送下穿过大厅时，转向里士满公爵，小声说道："家里有好的地图吗？"

里士满公爵将威灵顿带进自己的书房，那里的桌子上摊着一张地图。威灵顿公爵在烛光下研读了地图，然后喊道："上帝啊，我上了拿破仑的当！他比我领先了 24 个小时！"

拿破仑的部队已经摆好阵势，要将联军分割开。皇帝的计划正在奏效。

* * *

名字非常美的亚森特 - 伊波利特·德·莫迪（Hyacinthe-Hippolyte de Mauduit）① 是拿破仑帝国近卫军的一名中士。他

---

① 亚森特（Hyacinthe）就是希腊神话的雅辛托斯（英语为 Hyacinth），是被阿波罗钟爱的美少年，被阿波罗误杀后，血泊中长出风信子花（风信子花因此得名 Hyacinth）。伊波利特（Hippolyte）为希腊神话中的阿玛宗女王希波吕忒（英语为 Hippolyta），拥有一条魔法腰带。英雄赫拉克勒斯的十项功业的第九项就是获得这条腰带。

是精锐中的精锐。他属于第 1 掷弹兵团第 2 营，该营是老近卫军的一部分。帝国近卫军是拿破仑最钟爱的单位，是法兰西帝国的精英突击部队。老近卫军的所有成员都是经验丰富的老兵，享有特权，身穿与众不同的制服，对他们负责守护的皇帝赤胆忠心。挥金如土的英国画家本杰明·海登（Benjamin Haydon）在拿破仑第一次退位不久之后有幸瞥见近卫军的威仪，写道：

52

> 我从未见过比拿破仑的近卫军更令人胆寒的家伙们。他们的仪表就像训练有素、久经沙场、纪律严明的匪徒。堕落、冷漠和嗜血镌刻在他们的脸庞上；黑色的髭须、硕大无朋的军帽、懒散的站姿和凶悍的表情，就是他们的特征。若是这样的家伙统治了世界，世界会变成什么样子？

伊波利特·德·莫迪中士就是这些"匪徒"之一。威灵顿公爵参加舞会的同时，伊波利特·德·莫迪正在沙勒罗瓦一家铁器制造商宅邸的庭院安顿下来。拿破仑的临时大本营就设在此处。

> 我们忙着做饭，这既是早饭也是晚饭，因为我们已经连续行军差不多 18 个小时，没有机会拿出我们的锅。一切迹象表明，明天还是这个样子……副官和参谋军官穿梭来往，他们跑来跑去的时候常常打翻我们成堆的滑膛枪。

近卫军士兵们并不知道究竟在发生什么事情。他们已行军一整天，听到枪声，继续前进，现在像所有老兵一样，在确保自己的背包里有足够食物。一名近卫军士兵有一幅旧的佛兰德地图，伊波利特回忆了他们如何围在地图前，希望从地图上研究出来，皇帝究竟是什么打算。

拿破仑曾有过计划吗？他常说，最佳计划就是与敌军接触，直到那时才做出最关键的决定。这一天，即 6 月 15 日，法军已经与普军发生接触。最初的战斗发生在沙勒罗瓦以南，但法军渡过桑布尔河向北推进后，敌人的抵抗就顽强起来。伊波利特·德·莫迪和他的伙伴在地图上能看到，通往布鲁塞尔的主路从沙勒罗瓦向北延伸。在沙勒罗瓦以外几英里处，主路与第二条公路交叉，后者是一条罗马时期的古老大道，普军似乎在利用第二条公路且战且退。普军在向东走，朝向遥远的普鲁士。北上去往布鲁塞尔的主路似乎无人把守。

滑铁卢战役中，公路至关重要。公路和十字路口都扮演了重要角色。军队需要公路。骑兵和步兵可以在没有公路的荒野前进，尽管那样他们的速度会慢如龟爬，但大炮和补给车只能依赖公路。理解了沙勒罗瓦以北的公路地图，就会明白三位统帅面临的问题是什么。在里士满公爵大人舞会这个夜晚，困难几乎全都在联军那边。拿破仑把握住了形势，他分割联军的策略在奏效。威灵顿的谨慎让皇帝更轻松了一些。

普军撤退得并不远。6 月 15～16 日夜间，皇帝在沙勒罗瓦，威灵顿公爵在跳舞，而普军停在了一个叫作松布雷夫（Sombreffe）的小村庄。他们将在那里坚守。为什么选择松布雷夫？因为那里也有一条重要的公路，它与罗马大道交叉，向西延伸，而英荷军就在西方。这条公路通常被称为尼韦尔公路（Nivelles road），在一个叫作四臂村的不出名小村附近与沙勒

53

罗瓦－布鲁塞尔公路交叉。所以如果普军继续往东撤，就可能与威灵顿的军队失去联系。尼韦尔公路是最后一条能够让英军前来援助普军的道路，所以布吕歇尔命令部队在那里停下。

但这样的话，就有一个问题：威灵顿公爵等得太久，英荷军集结得太晚。皇帝抢在他前面行动起来，而关键的四臂村十字路口几乎无人防守。如果英荷军要来支援布吕歇尔，就必须在四臂村十字路口集结。若法军占领了这个十字路口，威灵顿公爵的军队就无法援救普军。

6 月 16 日黎明，皇帝派遣奈伊元帅去占领四臂村。

这一天天气很热，是比利时一个赤日炎炎的夏日。帝国近卫军很晚（大约上午 9 点）才离开沙勒罗瓦，跟随皇帝的主力部队开赴松布雷夫。皇帝已经找到了敌人的位置，知道自己必须做什么。奈伊元帅的任务是夺取关键的四臂村十字路口，阻止威灵顿前来援救普军，以便让皇帝没有后顾之忧地在利尼村（Ligny）（离松布雷夫很近）与普军交战。这将是法军与普军之间的战斗。若是拿破仑取胜，就能将普军继续向东，也就是他们家园的方向驱赶，皇帝随后便可转身去对付英军。

伊波利特及其伙伴在他们的团旗下前进。前进路上他们看到了一些尚未埋葬的死尸，都是前一天普军后卫与法军前锋交战留下的。伊波利特回忆说，他在地图的帮助下大致理解了皇帝的计划，但其实理解这个计划不是伊波利特的事情。他只需要知道，他敬爱的皇帝已经决定作战，敌军阵脚大乱，如果战况太危急，帝国近卫军将投入战斗。打赢战役就是近卫军的目标，他们夸耀自己是战无不胜的。他们是皇帝的精锐部队、法国最英勇的战士、不屈不挠的近卫军。

帝国近卫军无疑喜欢自称"勇士中的勇士"，但那个称号

54

已经属于米歇尔·奈伊元帅了。他在 6 月 16 日这个炎热的早上才与部队会合。"奈伊，"皇帝向他问候，"我很高兴见到你。"伊波利特和其他士兵向东前进，去对付普军的时候，奈伊得到了 9600 名步兵、4600 名骑兵和 34 门大炮，奉命夺取四臂村的十字路口。这实在是再简单不过的任务，而且奈伊拥有压倒性的兵力优势，足以轻松完成。

占领四臂村之后，普军几乎必败无疑，拿破仑的下一批牺牲品将是英军。

这一切开始得都很顺利。然而，一个荷兰人在这时决定违抗命令。

* * *

陆军少将让-维克多·德·康斯坦-勒贝克男爵（出生于瑞士，死在今天的波兰）。他最早是在法军服兵役，但大革命之后加入了荷兰陆军。1815 年，他 41 岁，对英军很熟悉，因为荷兰王储苗条的比利在伊比利亚半岛担任威灵顿的副官时，勒贝克曾陪同年轻的王储。此时，勒贝克是苗条的比利的参谋长。

勒贝克是个冷静稳健和聪明理智的人。6 月 15 口，他得到命令，要将第一军（由王储指挥）集结在尼韦尔，这是沙勒罗瓦-布鲁塞尔公路以西的一座城镇。这命令来得很晚，因为威灵顿公爵犹豫了一整天，还在担心法军通过蒙斯进攻，但最后英荷军终于出动了。

勒贝克认为英荷军前进的目标是错误的。

对威灵顿的部分部队来说，尼韦尔是个不错的集结地。有一条公路，即尼韦尔公路，从这座城镇向东延伸，通往布吕歇尔决定停下来坚守的地方。不过尼韦尔和松布雷夫之间有个不起眼的四臂村十字路口。拿破仑已经认识到这个十字路口的重要性，并派奈伊元帅去占领它。若法军占领了四臂村，就堵在了尼韦尔和松布雷夫之间，夹在威灵顿和布吕歇尔之间。若法军占领了四臂村，拿破仑分割联军的目标就达成了。

勒贝克也认识到了这一点。

所以，尽管上级命令在尼韦尔集结，勒贝克却将部队派往四臂村。这些部队人数不多，只有 4000 多一点荷兰官兵，但他们抢先到了四臂村十字路口。就在威灵顿穿衣打扮要去舞会的同时，这些荷兰部队打退了前进的法军。这些法军正在巡逻，在四臂村以南不远处遭到荷兰火炮和步兵的袭击。法军没有立即猛攻。他们试探了一番，发现了荷兰部队的位置，然后撤退了。此时天色已晚，太阳差不多已经下山，法军可以等到天亮再攻击十字路口。击退法军试探性攻击的荷兰部队其实是来自拿骚的德意志人。他们之所以为荷兰效力，是因为就像汉诺威统治者在欧洲的权力游戏中成为英格兰国王一样，拿骚侯爵成了荷兰国王威廉一世。击退法军第一轮试探性攻击的荷兰部队指挥官是一位 23 岁的上校，萨克森 - 魏玛公子①伯恩哈德（Prince Bernhard of Saxe-Weimar）。当夜，里士满公爵夫人舞会的枝形吊灯亮起来的时候，年轻的上校将这一天的行动汇报给自己的直接上级。他报告称，自己打退了法军骑兵和步兵，但很担心，因为他与其他任何一支联军部队都没有接触。他的部队在黑暗中茕茕孑立，没有任何盟友支持他们。更糟糕的是：

---

① 公子，德文为 Prinz，与英文、法文中的 Prince（帝王的儿子或一国统治者）不太一样。德文 Prinz 指统治者（可能是皇帝、国王、大公、公爵、侯爵等）的儿子，不一定是帝王的儿子。借用中国先秦的说法，公子指诸侯的儿子，与德语世界的 Prinz 颇为契合。

我必须向阁下承认，我的力量太弱，无法在此长久守候。奥兰治拿骚第 2 营[1]用的还是法国滑膛枪，每人只剩 10 发子弹……所有人都只剩 10 发子弹。我会尽可能久地坚守托付给我的阵地。我估计天亮时将遭到攻击。

所以，比利时夜幕降临时，皇帝的计划似乎一帆风顺。他的军队渡过了桑布尔河，向北推进。普军向北方和东方撤退，但在利尼村附近停住脚步，打算在那里坚守。布吕歇尔寄希望于威灵顿赶来援助，但英军的集结太慢，离他们的普鲁士盟友还有很远的路程。如果尼韦尔公路畅通无阻，英军还能够抵达利尼。这意味着，必须守住四臂村十字路口。但是，目前正在十字路口的少量为荷兰效力的德意志部队处于孤立状态，而且弹药几乎告罄。这 4000 名德意志士兵预计将于清晨遭到攻击，而且攻击他们的将是奈伊元帅，"勇士中的勇士"。

因此，6 月 16 日旭日东升时，联军预计将发生两场战役，一场在利尼，另一场在至关重要的四臂村十字路口。拿破仑深知这个路口的重要性。只要占领四臂村，他就能将两个敌人分割开。但战争的迷雾越来越浓。威灵顿跳舞的时候，皇帝产生了一个错觉，误以为奈伊已经攻克了四臂村。16 日早上，他甚至派遣了更多部队去增援奈伊，所以奈伊掌握了超过 4 万人。这些增援部队的任务不是帮助奈伊占领四臂村十字路口（因为拿破仑认为奈伊已经完成了这个任务），而是守住路口，阻止威灵顿的部队与布吕歇尔的人马会师。"还有一点：你今晚应向布鲁塞尔开进，明天早上 7 点抵达那里。我用帝国近卫

57

———————

① 指第 28 奥兰治 – 拿骚团第 2 营。

军支援你。"

所以拿破仑相信他能把普军继续向东推，然后转身去攻击英军。一切都照计划进行，十分顺利，皇帝打算星期六早上在布鲁塞尔的拉肯宫（Laeken Palace）用早膳。

然而，奈伊其实还没有占领四臂村。

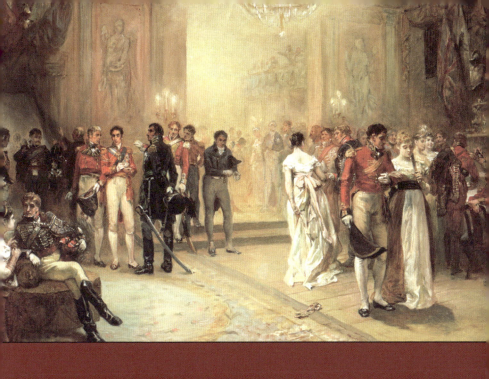

《里士满公爵夫人的舞会，1815 年 6 月 15 日》，Robert Alexander
Hillingford 作。他的军队里几乎所有高级军官都在舞会上，这样威灵顿公爵就
比较容易找到他们，并向其发出指示。因此，舞会实际上是一个集合军官、发
布命令的场所。

少将让-维克多·德·康斯坦-勒贝克男爵，J. B. Van der Hulst 作。
"一个荷兰人在这时决定违抗命令。"

陆军元帅奥古斯特·奈哈特·冯·格奈森瑙，格奈森瑙伯爵，George Dawe 作。格奈森瑙抱怨威灵顿公爵集结部队太慢，并阴险地补充道："我至今仍不明白这是为什么。"

令人生畏的 72 岁老将格布哈德·莱贝雷希特·冯·布吕歇尔侯爵，绰号"前进元帅"。根据 Adolph Menzel 的画制作的木刻画。

第三章

法兰西的命运掌握在你手中！

6 月 16 日是星期五。黎明时分，就已经酷热难当。普军在靠近松布雷夫小镇的地方集结，法军在向其开进，而英荷军在拼命行军，以挽回前一天按兵不动所造成的损失。威灵顿认识到了这个不起眼的四臂村十字路口的重要性，已经命令部队向那里进发，但这道命令下得太晚了。太晚了吗？一些部队在月光下从布鲁塞尔出发，于凌晨 2 点出城，但大多数部队等到拂晓。城内鸡犬不宁，陷入恐慌。第 95 来复枪兵团的军官约翰尼·金凯德（Johnny Kincaid）躺在马路上睡觉，或者说他在努力睡觉：

> 但随时有绅士贵妇打扰我们；有些人在黑暗中踩到我们，绊倒在地，有些人将我们摇醒，询问消息……我向所有询问我如何是好的人建议，回家睡觉，保持冷静，放下心来；如果他们需要离开城市（我对此深表怀疑），他们一定会有至少一天的时间来准备。我们要把一些牛肉和土豆留下。我坚信，我们为了这些食物会拼死奋战，绝不放弃！

62　　　这一夜很少有人能入眠，不过公爵在动身前往四臂村之前抓紧睡了几个钟头。在布鲁塞尔的英国游客（这样的人有很多）向士兵们道别。游客之一，夏洛特·沃尔迪（Charlotte Waldie）小姐回忆了"军队准备战斗的喧嚣和混乱"：

> 军官们徒劳地寻找自己的仆人，仆人东奔西跑地寻找自己的主人。行李大车在装货，大炮被套上马车……破晓时，士兵们从城镇各个角落集合过来，跑步前进，背着背包，内装三天的口粮……一些官兵与妻子儿女道别，也许是永别。很多老兵粗犷的面颊被忧伤的泪水打湿。有一个可怜的士兵，就在我们窗户底下，频频回头向妻子告别，并又一次把他的婴孩搂入怀中；我看见他最后一次把孩子还给妻子的时候，匆匆用衣袖拂去一滴泪，拉了拉她的手，然后跑过去加入自己的连队。他所在的连队已经在王宫另一侧列队集合了。

沃尔迪小姐没说这名可怜的士兵是什么国籍，但他极可能是英国人。英军的营在海外服役时，允许少量妻子儿女陪同。哪些人的妻儿可以随军，是部队出国前抽签决定的，被抽中随军的妇女要为部队洗衣烧饭。但英军南下时，家属都被指示留在布鲁塞尔。皇家参谋队①的巴塞尔·杰克逊（Basil Jackson）中尉观察了部队浩浩荡荡的启程：

---

① 皇家参谋队（Royal Staff Corps）是 1800～1837 年英国陆军的一个分支，主要负责非永久性的工程施工，与皇家工程兵（Royal Engineers）和坑道工兵（Corps of Royal Sappers and Miners）的职责界限很模糊。皇家参谋队也提供宪兵和医护兵。

首先是第 95 来复枪兵团的一个营，身穿深绿色军服，其他装备是黑色的。第 28 团紧随其后，然后是第 42 苏格兰高地团，他们的步伐非常稳健，军帽上的羽饰几乎没有任何晃动。

杰克逊中尉几乎整夜都没有合眼，忙着向东发送消息。此时他有一点时间稍事休息，随后就要骑上他那疲惫的战马，跟随那些稳健的苏格兰高地士兵，奔向危机。

这着实是一场危机。四臂村是最后一个能够让联军轻易会师的地点。若失去了四臂村，连接英荷军与普军的就只有崎岖山间蜿蜒的乡村小径，并受到狭窄小桥的阻碍，所以如果拿破仑能够将英军驱离四臂村十字路口，英荷军与普军之间的联络就会困难得多。法军要做的就是拼命推进，而且皇帝极大地加强了奈伊的部队。事实上，到 16 日早上，法军已经可以用 4 万多人去压垮萨克森 - 魏玛指挥的小小荷兰部队。那些拿骚士兵的弹药已经所剩无几，每人只有 10 发子弹。"我会尽可能久地坚守托付给我的阵地。"萨克森 - 魏玛公子伯恩哈德是这么承诺的，但缺少弹药的 4000 人如何抵挡奈伊压倒性的优势兵力？

但令人震惊的是，奈伊元帅什么都没做。这天上午，不管什么时间，他都可以轻轻松松地占领十字路口。他的兵力远超过敌人，但"勇士中的勇士"却踌躇不决。他后来宣称自己是在等候拿破仑进一步的命令，但他根本就没有执行皇帝之前发布的命令，而且这些命令非常清楚：占领四臂村。他枯坐等待的时候，英荷军的增援部队正从尼韦尔和布鲁塞尔赶来。对奈伊的不作为，有很多解释：他真的是糊涂了，在等待命令；

63

他误解了皇帝的意图；或者，也许他过于谨慎了。

　　奈伊知道自己要面对的是威灵顿公爵指挥的英荷军，他也曾与威灵顿交锋。1810 年，在布萨科（Busaco）[①]，6.5 万法军攻击威灵顿的 5 万人，伤亡惨重，最终被击退。奈伊当时指挥 1 个军，进攻英军战线的中路。法军爬坡仰攻，对面只有相当零散的英国和葡萄牙部队的散兵线[②]，似乎一切都很顺利。正当奈伊的军队抵达布萨科高地顶峰时，英军设了陷阱，两个隐蔽起来的英国营突然站起来，在近距离向法军发出暴风骤雨般的齐射，随后端着刺刀冲锋，迫使奈伊的部下抱头鼠窜地冲下山。

　　威灵顿极其擅长"背坡战术"。这说起来很简单，就是他喜欢将部队隐藏在一座山之后。在布萨科，英军的目标是守住高峰，但如果威灵顿将士兵部署在山顶或者面向敌人的前坡，他们就会成为效率极高、杀伤力极强的法军炮兵的目标。他将士兵部署在顶峰的背面，即所谓背坡上，就能安全地避开大多数炮火，并隐蔽自己的兵力部署。拿破仑的一位传记作者称其为"疲惫的躲闪"，这个说法相当愚蠢。这或许是一种一目了然的简单战术，但掩蔽和保护自己的部队既不是"躲闪"，也不是"疲惫"。令人惊讶的是，其他指挥官很少使用这种战术。

　　身处十字路口以南的奈伊看不到在四臂村等待他的究竟是什么。茂密的树林、平缓坑洼的地面，尤其是高高的黑麦

64

----

　　①　布萨科为葡萄牙中部一多山地区。

　　②　在大革命和拿破仑时代，步兵主力（重步兵）运用线列战术，以整齐队列作战。另有轻步兵在己方队伍前方和外围，呈散兵线活动，主要是依托地形地貌对敌军密集队形射击，破坏敌军队形，后来又有了与敌方轻步兵对抗的任务。轻步兵往往作为散兵战斗，但也可以组成横队或方阵等。普通步兵也可作为散兵用。重步兵和轻步兵是互相配合的。

和其他谷物茎秆，都阻挡了他的视线。他在西班牙的经验，以及他知道自己面对的敌人是威灵顿，都可能促使他相信，貌似无害的地域实际上隐藏着整个英荷军。在这个时刻，威灵顿的声望帮了大忙。事实上，英荷军还在赤日炎炎下于漫天尘土的公路上行军，十字路口本是奈伊的囊中之物，然而他犹豫不决。

拿破仑在这一天声称："三个钟头，本次战役便可见分晓。"奈伊却浪费了这几个小时。拿破仑已经决定这一天要采纳何种策略。他将自己的军队分为两部。兵法的铁律之一是永远不要分散兵力，但拿破仑只是打算做临时的分兵。他计划攻击利尼村附近的普军，相信奈伊在这期间会打退英军针对四臂村的所有进攻，然后从十字路口东进，去攻击普军侧翼。拿破仑攻击普军正面，将其牵制住，直到奈伊的强大兵力猛扑普军右翼，将其歼灭。击败了普军之后，拿破仑便可和奈伊合军一处，转身去攻击英荷军。

布吕歇尔对这一天的期望几乎与拿破仑完全相反。他希望普军守住位于利尼村周边的阵地，等待英军从四臂村赶来，然后英荷军袭击法军左翼，让联军大胜一场。

与此同时，威灵顿的目标仅仅是守住四臂村。他很清楚布吕歇尔的希冀，无疑也希望自己能够加入即将在利尼展开的战役，但他的首要目标是阻止法军占领关键的十字路口。他在上午 10 点左右抵达四臂村，发现敌人莫名其妙地无所作为。法军在十字路口以南重兵云集，却没有要发动进攻的迹象，于是威灵顿骑马向东走了 3 英里，在布里村（Brye）（邻近利尼）的一座风车处和布吕歇尔会面。

布吕歇尔解释说自己打算打一场，并要求威灵顿将他的部队调来。与此同时，威灵顿却在视察普军的部署，并非常缺乏策略地批评了普军。布吕歇尔的很多士兵被部署在开阔地上，这样很容易遭到炮火攻击。"我说，如果我在布吕歇尔的位置上，"威灵顿公爵回忆道，"我会把我看到的分散在阵地正面的所有纵队都后撤，让更多部队得到隆起地形的保护。"也就是说，利用两个村庄之间徐徐起伏的田野的背坡来保护部队。他的建议没有受到欢迎，"他们似乎觉得自己最懂，于是我很快就离开了"。

普军请求他调遣部队来援助他们，但要这样做，威灵顿就必须守住四臂村。他知道，尽管奈伊目前没有动作，十字路口必然也会很快遭到猛烈攻击。他告诉普军："我会来的，如果我自己没有遭到攻击的话。"

后来有人对此次会谈大做文章。批评威灵顿公爵的人说，他郑重承诺要来援助普军，后来却食言了。甚至有人说公爵故意对自己的意图撒谎，因为他希望普军奋战并拖住法军，好给他时间来集中兵力。这种说法是没有丝毫证据的。威灵顿肯定不希望普军被击溃，因为那样的话他的规模较小的军队就将独自面对拿破仑的大军，所以他为什么要冒险让普军蒙受大祸呢？证据表明，他只是很务实而已。他必须先打退法军即将展开的对四臂村的进攻，然后才能奔赴利尼。如果法军不进攻四臂村，他就能派兵去支援普军；但如果他要防守十字路口、抵挡相当强大的奈伊部队，可能就抽不出兵力去支援普军。

这意味着，普军几乎肯定只能独自面对拿破仑。但到这天下午早些时候，布吕歇尔集结了 7.6 万名步兵、8000 名骑兵和 224 门大炮，以抵挡皇帝的 5.8 万名步兵、1.25 万名骑兵和 210 门大炮。

拿破仑没有预料到布吕歇尔有这么强的兵力。他以为普军还在撤退，只留下 4 万人左右的后卫部队。但他发现自己的兵力弱于布吕歇尔后，并没有感到沮丧。首先，普军不肯使用"疲惫的躲闪"战术来掩护自己的部队，所以布吕歇尔的很多团都暴露在拿破仑效力极强的炮火之下。更重要的是，皇帝还有预备队，主要是一个兵力非常强的拥有 2.2 万人的军，由埃尔隆伯爵①指挥。之前拿破仑推断普军的兵力会比较弱，于是将埃尔隆伯爵的军派去加强奈伊。拿破仑还坚信奈伊的强大部队将对普军右翼实施猛击。所以，即便在战役打响时皇帝的兵力不如普军，他自信到落日时，他将与奈伊会师，击败普军。下午 2 点，皇帝给奈伊发去了更多指示：

> 皇帝陛下命令，你应攻击出现在你面前的任何敌人，猛烈将其击退，然后转向我军方向，对敌军形成合围。如果在这之前皇帝陛下就击败了这些敌军，就转向你的方向，去支援你。

简单地说，奈伊的任务是将四臂村守军逐退，然后去攻击普军右翼；如果拿破仑已经先行一步打败了普军，就去帮助奈伊打击英荷军。

利尼的战斗于下午早些时候打响，皇帝发现此役比他预想得要困难一些。就像威灵顿公爵预测的那样，他的炮火对暴露的普军步兵造成了很大伤亡。一名法国军官回忆说，皇帝的大

---

① 让 - 巴蒂斯特·德鲁埃，埃尔隆伯爵（Jean-Baptiste Drouet, Comte d'Erlon），中文语境下常误译为"戴尔隆"，其实他的伯爵封号为埃尔隆。

炮"猛击毫无防护和掩蔽的普军纵队，我军战线上众多大炮的火力全落在这些普军头上"。这些大炮造成的杀伤令人毛骨悚然。帝国近卫军的中士伊波利特·德·莫迪是个久经沙场的老兵，但在利尼战役之后，他看到普军步兵等待法军进攻时所在长长的、暴露的山坡上的惨状，还是大为震惊：

> 数量极多的死尸，有人的，也有马的，凌乱地四处横躺，被榴弹和实心弹打得惨不忍睹。那里的景象与山谷里不同，山谷里几乎所有死尸都还有人形，因为霰弹、滑膛枪弹和刺刀是那里的杀伤武器。与之形成鲜明对比的是，山坡上满地都是死人肢体和断裂的尸块、飞落的头颅、撕裂出来的内脏和被开膛破肚的死马。

这就是为什么威灵顿会运用"疲惫的躲闪"战术来掩护自己在背坡上的部队。伊波利特·德·莫迪中士提到的山谷旁有一条小溪，它对法军来说是很棘手的障碍，因为在这个浅浅的山谷里有一连串小村庄，它们被普军当作要塞。大多数战斗发生在圣阿芒和利尼（此役得名自这个村庄）。一位不知名的普鲁士军官将利尼描绘得富有田园风情："房舍为石制，屋顶铺稻草，位于一条小溪旁，小溪潺潺地流过平坦的绿茵。"

68　　浓云席卷天空，明媚的阳光消失了。大炮的硝烟似巨浪翻腾、逡巡不散。从这硝烟里，第一批法军纵队向前挺进，去猛击普军。这些法军纵队遭到普军炮兵暴风骤雨般火力的阻击。普军大炮发射的是实心弹和榴弹，目标是队形密集、身穿蓝衣的法军步兵纵队，后者的任务是占领各村庄，随后才能将布吕歇尔逐退。普军顽强地防守这些村庄，拿破仑认识到自己需要更多部队，于是发消息给奈伊，命令他立刻过来袭击普军后背。"刻不容缓！"皇帝给奈伊的命令是这么说的，"只要你动作迅猛，布吕歇尔的军队就完蛋了！法兰西的命运掌握在你手中！"

法兰西的命运可能掌握在奈伊手中，但四臂村仍然在敌人手中。皇帝依旧相信十字路口已经被奈伊拿下，但奈伊无法前来援助拿破仑，因为他还在犹豫不决。

但有其他部队可以援助拿破仑。埃尔隆伯爵指挥着正在赶去支援奈伊的 2.2 万人。埃尔隆没有办法从四臂村直接到利尼的笔直公路，因为公路的两个端点都在敌军手中，所以虽然两点间的直线距离只有 5 英里，他却不得不在小路上前进，要走两倍路程，先是向南，然后折向西北。埃尔隆接到了返回拿破仑身边的命令。他的部下原本已经接近奈伊的位置，现在调转方向，原路返回。

同时，普军和法军在激烈厮杀。拿破仑的计划是用格鲁希军攻击普军左翼，将其牵制住，同时主攻布吕歇尔战线中路，也就是普军顽强防守的各村庄。格鲁希的进攻会阻止普军从左翼抽调兵力支援中路，但那样的话普军战线右翼就闲坐无事，布吕歇尔可能会从那里抽调部队去中路。普军右翼这样被削弱后，奈伊（或更有可能是埃尔隆）就可以从西面进攻它。

但在埃尔隆返回拿破仑身边的同时，拿破仑部队的其他部分在猛攻普军防线。夏尔·弗朗索瓦（Charles François）是第 30 战列步兵团①的一名上尉，该团奉命攻击利尼村。"在距离

---

① 在 20 世纪初之前，作为兵种名称，战列步兵（infantry of the line）指的是欧洲各国常备陆军步兵中的大部分普通部队，相对于近卫军、轻步兵而言。战列步兵一般以整齐队形作战。

树篱（那里隐藏着数千名普鲁士神射手）200 码的地方，本团还在行军的时候就展开了作战阵型。"弗朗索瓦这话的意思是，他所在的营从行军纵队改为横队，在改换阵型的时候没有停下脚步。这表明该团的纪律非常严明。"横队"和"纵队"这两个词在滑铁卢战役的故事中将经常浮现，因此有必要做一番解释。步兵的基本作战阵型是横队，这很容易理解。法军和普军的一个营组成一道三排的笔直战线，面向敌人。英军一般是两排的战线。

横队是发挥全营火力的有效办法，但也是一种极其脆弱的阵型。只有在最平整的操练场，才可能以横队行军。在除此之外的任何地形，以横队行军都必将导致灾难。士兵容易掉队、绊倒和动摇，横队很快就会失去所有凝聚力。更糟糕的是，面对骑兵冲锋，横队非常脆弱。如果敌军骑兵能够从横队的一端进攻的话，横队几乎无力抵抗。所以，通过开阔地的更好办法是纵队。这个词有点容易产生误解，让人设想一个长条形的队伍，像长矛的柄一样，刺向敌军战线。事实上，纵队短而方正。法军一个约 500 人的营在以纵队前进时，就像弗朗索瓦上尉所在的营逼近利尼时，正面可能有 1 或 2 个连。如果第 30 战列步兵团以 1 个连的正面纵队接近利尼，普军看到的就是法军正面有 30 个人，他们后面还有 17 排。所以，纵队的正面宽度大约是纵深的两倍。2 个连的正面纵队（弗朗索瓦的营很可能就是以这种队形进攻的）的正面是 60 人，纵深只有 9 排。

与横队相比，纵队有三重优势。首先，纵队在复杂地域更容易运动；其次，纵队面对敌军骑兵不是那么脆弱，因为纵队没有容易被骑兵突破的弱点；最后，纵队非常密集的队形有利于提高士气。在大革命之初匆忙组建大部队的时候，受到重重包围的法军发现，大型纵队非常有价值。缺乏训练的新兵也可以被轻松地调往前线，而敌军常常看到进攻纵队的庞大规模就心惊胆寒。弗朗索瓦的第30战列步兵团并非孤军奋战。他所在的营只是正在逼近普军的好几个营之一。几天后，法军将会把一整个步兵军以纵队形式部署，那是黑压压的一大片士兵。面对如此密集的纵队推进，横队，尤其是英军那种只有两排的横队，会显得非常脆弱。

虽然纵队在心理上有很大优势，但也有两个弱点：面对炮火，纵队极度脆弱；而且只有纵队最外层两排的士兵能够开枪。如果一个纵队每排30人，一共17排，共计510人，那么只有最前面两排的60人，以及每一排两翼的两人，能够向敌人射击。所以在510人中，只有不到1/4的士兵可以开枪。如果这样一个纵队逼近敌人的横队，火力就会远远不如敌人，因为横队中的每一个人都可以开枪。

到1815年，法军已经很清楚纵队的这个弱点。在西班牙，法军的纵队一次又一次遭到英国、葡萄牙和西班牙横队的重创。在布萨科，也就是奈伊被威灵顿痛打的地方，正是英军横队将他的纵队打下了山。解决这个问题的办法是，利用纵队的便利，让部队快速通过崎岖地域，接近敌人的时候再迅速改成横队。夏尔·弗朗索瓦的营接近利尼周围的树篱时，就是这样操作的。但弗朗索瓦上尉的麻烦还远远没有结束：

> 冲锋号吹响了，我们的士兵穿过树篱。我们沿着一条低洼的路前进，路上有伐倒的树木、车辆、耙和犁阻挡我们的去路。我们花了很大工夫才通过这些障碍，并且遭到隐藏在树篱中的普军的射击。最后我们克服了这些障碍，　71

一边前进一边射击，进了村庄。我们抵达教堂时，一条小溪拦住了我们的去路。另外，房屋内、墙后和屋顶上的敌人向我们射击，用滑膛枪、葡萄弹（grapeshot）和加农炮给我们造成了相当多的伤亡。我们的正面和侧翼都遭到袭击。

弗朗索瓦告诉我们，在这场凶残的激战中，有 3 名营长、5 名上尉、2 名副官和 9 名中尉阵亡。参加攻势的 2 个营有将近 700 人伤亡。不足为奇的是，普军的反攻将法军赶出了村庄。在柏林志愿参军的 17 岁弗朗茨·利伯参加了这次反攻：

> 我们斗志昂扬，冲昏了头脑；我所在的单位疯狂地冲向正在撤退的敌人，却没有开枪。我后面那人跌倒了；我继续往前冲……村内到处是茂密的树篱，法军掷弹兵从树篱后向我们开枪，但我们把他们从一面树篱驱赶到下一面。我完全忘了开枪，也忘了自己应当做什么；我从一名法军掷弹兵的熊皮帽上撕扯下红色羽饰，从我头顶上扔了出去。

弗朗茨·利伯抵达了村庄中央，绕过一座房屋，发现十几步之外有一名法军步兵。

> 他向我瞄准，我也端起来复枪瞄准他。我的军士长看到了我，说："好好瞄准，孩子！"对手的子弹从我脸颊右侧的头发上擦过；我扣动扳机，他倒了下去。我发现自己的子弹打穿了他的面部；他要死了。这是我在战斗中打

的第一枪。

这是一场绝望的拼杀，最后在各村庄内发生了激烈的肉搏 72
战。一名法国军官说，大街上的死尸"有两三层那么高。尸
体血如泉涌……被碾碎的骨头和肉体变成了烂泥"。大炮喷吐
的大团硝烟使得满天乌云的天空愈发阴沉，炮声如雷霆般撼动
大地。普军占据兵力优势，遏制住了法军，但法军士兵的素质
更高，逐渐侵蚀着普军防线。在法军的一次反击之后，一名叫
冯·罗伊特（von Reuter）的普军炮兵上尉看到一道散兵线正
接近自己，推断那是己方步兵，于是命令炮手继续轰击远方的
敌军炮兵阵地。他的营部军医注意到，正在接近的散兵是法
军。"我立刻呼喊下令'葡萄弹射击散兵！'"冯·罗伊特回
忆道：

> 　　与此同时，他们向我们发出一轮齐射……在这弹雨之
> 中，再加上一两发炮弹的爆炸，我左侧那门炮配套的几乎
> 所有马匹（只有一匹除外）全被打死或打伤……我又发
> 现，从利尼溪的方向，一名法军参谋军官和约50名骑兵
> 正在攻击我的左翼后背。这些骑兵向我们冲锋的时候，那
> 名军官用德语喊道："炮手们，快投降！你们全都被俘
> 了！"他一边喊着，一边率领部下冲了过来，对我的助手
> 凶狠地砍了一刀。助手从自己的死马背上跳下，躲过了这
> 一刀。这一刀的力道极猛，深深砍进了马鞍，牢牢地陷了
> 进去，拔不出来。炮手西贝格抓起一门12磅炮的炮脚架手
> 柄，喊道："我来教你怎么抓俘虏！"对那军官的熊皮帽狠
> 狠打了一下，他的头骨被打碎，从灰色战马上跌落下来。

　　天色渐晚，夜幕降临，战局仍然悬而未决。普军在坚守，但埃尔隆将军的军将像一记闪电，猛击普军暴露的右翼。

73　　或者说，他的部队按照原计划应当像雷霆一样猛击普军。然而不幸的埃尔隆将军却成了一场法国闹剧的主角。埃尔隆伯爵让 - 巴蒂斯特·德鲁埃是一名木匠的儿子，青年时代曾当过锁匠学徒，但在 1780 年，年仅 17 岁时，他加入了革命前的军队，晋升为下士。大革命让他崭露头角，此后平步青云。到 1815 年，他已经是一位伯爵，指挥着北方军团的第一军。他领导着差不多 1.7 万名步兵、1700 名骑兵、一支工兵部队和 46 门大炮，在这个命运攸关的星期五，他接到的第一道命令就是率军驰援奈伊。强大的第一军将协助奈伊肃清四臂村，然后转向尼韦尔公路，袭击普军。但拿破仑认识到自己需要早一点得到援助，于是派遣了一名传令兵去召唤埃尔隆，此时埃尔隆已经差不多抵达了奈伊的位置。

　　埃尔隆服从皇帝的命令，调转方向。这个过程很麻烦，需要不少时间，因为大炮及其前车①需要在狭窄道路上调头。他原路返回，奔向皇帝的位置，但他接到的命令有点混乱，所以他没有率军北上去袭击普军侧翼，而是抵达了旺达姆将军的军那里，后者正在为了夺取圣阿芒村而血战。

　　此时已是傍晚，天空乌云密布，飘浮的大炮硝烟遮蔽了视线，旺达姆起初相信正在接近自己的部队是普军，或许是英军。他向拿破仑发去紧急消息。此时拿破仑刚刚集中了帝国近

---

　　①　当时野战火炮的炮身都安置在一个两轮的炮架上。每门炮另有一个放置弹药箱的前车（limber），也是两轮。运输时，炮架和前车连到一起，组成四轮马车，方便拖曳。

卫军，准备向普军中路发动最后一次全面进攻。皇帝收到旺达姆的消息，大为警觉，暂缓进攻，等待查明这些新近抵达的部队的身份。这些部队是他自己的人马，但出现在了错误的地点，于是皇帝派遣一名传令兵去找埃尔隆，命令他向北前进，攻击普军侧翼。但这时又一名传令兵抵达了，他是奈伊元帅派来的，要求埃尔隆立刻返回四臂村。

埃尔隆判断奈伊陷入了莫大困境，于是调转方向，又一次奔向四臂村。皇帝已经发动了他的全面进攻，但此时他发现埃尔隆没有参战，第一军消失了。埃尔隆 2.2 万人的大军就是这样度过星期五的，在两个战场之间来回奔波，对两场战斗都没有任何帮助。埃尔隆抵达四臂村太晚，那里的战斗在日落时就结束了，他强大的第一军原本可以扭转利尼或四臂村的战局，却毫无建树。这是法国版"伟大的约克公爵"①，只不过埃尔隆这一天在两场战斗之间来回穿梭，他的渎职使得拿破仑未能取得他期望的压倒性胜利。

拿破仑在利尼打赢了。帝国近卫军发动最后的猛攻，成功占领了普军战线中路的两个村庄，布吕歇尔的军队头破血流地败退了。美丽的利尼村和它那些茅草屋顶的房舍，成了一个屠场，尤其是战况最激烈的教堂和墓地。布吕歇尔元帅虽然年事已高，但还企图亲自带领骑兵冲锋，以挽回败局。

①　"伟大的约克公爵"是英国一首儿歌，可上溯到 17 世纪，最常见版本的歌词为："哦，伟大的约克公爵；他有 1 万大军；他率军冲上山，然后又下山。他们在山上的时候，在山上；在山下的时候，在山下；在半山腰的时候，不上也不下。"讽刺徒劳无功的白忙活。儿歌中的"约克公爵"指的是谁，众说纷纭，最常见的说法是英王乔治三世的次子弗雷德里克，他在法国革命和拿破仑战争中唯一一次重要作战是 1794 年的佛兰德战役，遭到惨败。

74

他被打落下马，法国重骑兵从他身旁冲杀过去，但布吕歇尔的副官非常沉着地用斗篷盖住元帅身上的勋章和绶带，掩盖他的崇高地位。在黄昏的暮光中，法国骑兵没有认出他，最后他被自己人救走了。他身上有多处擦伤，精神恍惚，他的军队被击败，但主力尚存。历史的"假如"一般都是没有意义的，但毫无疑问，如果埃尔隆的部队执行了皇帝的命令，一定会给战局带来很大不同。最后的成功攻势就会在傍晚早些时候进行，让法军有更多时间完成对敌军的歼灭，埃尔隆军可以席卷普军右翼，或许能制造极大的恐慌混乱，让布吕歇尔全军覆灭。

但布吕歇尔的军队并没有被彻底消灭。它遭受重创，但两翼还完整，而且布吕歇尔还活着。尽管他们吃了败仗，但还是以比较好的秩序撤离战场。天色渐晚，法军没有努力去追击败退的敌人。一名普鲁士军官回忆道：

75 　　　战斗过后，官兵都精疲力竭。在酷暑中，火药硝烟、汗水和泥土在他们脸上结成了厚厚一层，他们的脸看上去像黑白混血儿……一些轻伤不下火线的士兵用自己制作的绷带包扎了伤口，一些伤兵的绷带已经被血浸透。由于在两个村庄激战了好多个钟头，常常在树篱间爬行，士兵们的上衣和裤子被撕烂，破布条耷拉着，露出了皮肤。

布吕歇尔还在恢复元气，聪明的参谋长格奈森瑙暂时主管普军。普军有 1.6 万人阵亡、负伤或被俘，另有 8000 人在黑暗中失踪，正在尽快逃往家园的方向。但冯·比洛将军的军始终未抵达战场，所以是完整的。普军的其余部分在湿漉漉的夜间尽其所能地重整旗鼓。一位普鲁士高级军官（遗憾的是，我们不知道他的名字）的日记记述了他在当夜与格奈森瑙会面的情景：

> 我在一座农舍找到了他。村民已经逃离了村庄，所有房屋都挤满了伤员。没有灯光，没有饮用水，没有口粮。我们在一个小房间内，油灯发出黯淡的光。伤员躺在地上呻吟。将军坐在一个装腌白菜的木桶上，身边只有四五个人。整夜都有零零散散的士兵经过村庄，没有人知道他们是从哪儿来的，要去哪里……但士气没有低落。所有人都在寻找自己的战友，以便恢复秩序。

利尼战役对拿破仑来说是一场胜利，但他没有达成自己的第一个目标，即歼灭两支敌军之一。他的第二个目标——将普军向东驱赶，迫使其远离英荷军——有没有完成，还很难说。如果第二个目标达成了，如果布吕歇尔率军向东方的普鲁士撤退，那么利尼战役就是一场惊人的伟大胜利。

　　然而，普军虽然被打败了，但还是有战斗力的。普军主帅布吕歇尔斗志不减。在利尼战役次日早上，他唤来了英国联络官哈丁上校（他在前一日的战斗中失去了左手），并称之为"亲爱的朋友"。哈丁记得老元帅身上散发出烈酒（被当作内服药）和大黄（用来治疗擦伤的搽剂）的气味。"前进元帅"仍然斗志昂扬。他吃了败仗，但没有被打垮。"我们输掉了一场战役，"布吕歇尔说道，"但没有输掉我们的荣誉。"他要不辜负自己的绰号，择日再战。

76

　　他的军队得以生存下来，是因为埃尔隆军没能到达指定地点。

　　但英军也没赶来。这是另一个历史的"假如"，即如果威灵顿率军前来支援布吕歇尔，后续会如何发展。他曾承诺这么做，"如果我自己没有遭到攻击的话"，但布吕歇尔在利尼殊死搏斗的同时，在仅仅 5 英里之外发生了另一场战役。

　　那就是四臂村战役。

米歇尔·奈伊元帅，约 1804 年。"勇士中的勇士"，喜怒无常而令人畏惧。他性情如火，满头红发，激情澎湃。他凭借超乎寻常的英勇和振奋人心的领导才华而闻名，但不是个头脑冷静的人。

《利尼战役，1815 年 6 月 16 日》。这是一场绝望的拼杀，最后在各村庄内发生了激烈的肉搏战。
一名法国军官说，大街上的死尸"有两三层那么厚。尸体上血如泉涌……被碾碎的骨头和肉体变
成了烂泥"。大炮喷吐出的大团硝烟使布满乌云的天空愈发阴沉，炮声如雷霆般撼动大地。

Musee de l'Armee, Brussels, Belgium / Patrick Lorette / Giraudon

《利尼战役》。布吕歇尔元帅猛地跌落下马，被压在马身下，神志不清。布吕歇尔元帅虽然年事已高，但还企图亲自带领骑兵冲锋，以挽回败局。他被打落下马，法国重骑兵从他身旁冲杀过去，但布吕歇尔的副官非常沉着冷静地用斗篷盖住元帅身上的勋章和绶带，掩饰他的崇高地位。在黄昏的暮光中，法国骑兵没有认出他，最后他被自己人救走了。

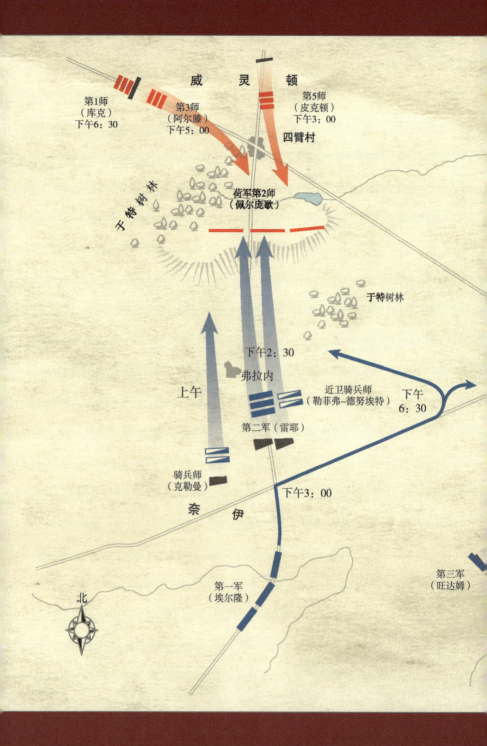

威 灵 顿

第1师
（库克）
下午6：30

第3师
（阿尔滕）
下午5：00

第5师
（皮克顿）
下午3：00

四臂村

于特树林

荷军第2师
（佩尔庞歇）

于特树林

下午2：30

弗拉内

上午

近卫骑兵师
（勒菲弗－德努埃特）

下午
6：30

第二军（雷耶）

骑兵师
（克勒曼）

下午3：00

奈 伊

北

第一军
（埃尔隆）

第三军
（旺达姆）

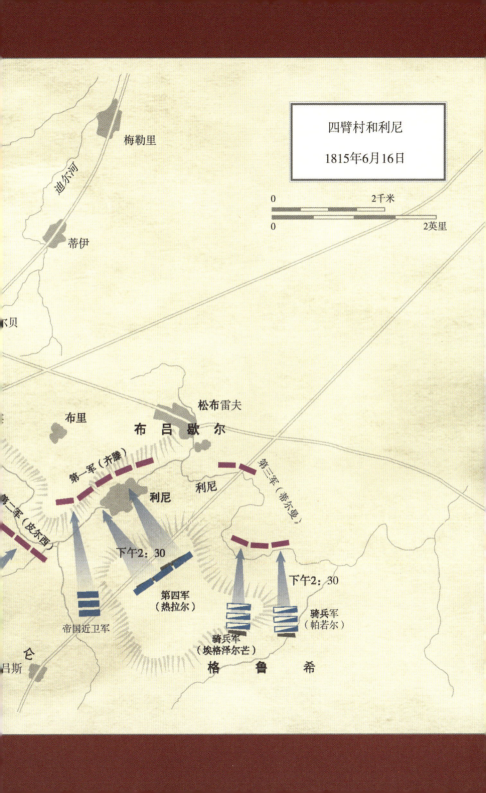

四臂村和利尼

1815年6月16日

梅勒里

迪尔河

蒂伊

尔贝

松布雷夫

布里

布吕歇尔

第一军（齐膝）

骑兵军（皮尔西）

利尼

利尼

第三军（蒂尔曼）

下午2：30

下午2：30

第四军（热拉尔）

帝国近卫军

骑兵军（埃格泽尔芒）

骑兵军（帕若尔）

仑

吕斯

格鲁希

第四章

前进，我的孩子们！法兰西将士，鼓起勇气，再冲一次！

这个星期五的早晨，萨克森－魏玛公子伯恩哈德在四臂村的4000人部队得到了威灵顿公爵4000人的支援。对他们来说幸运的是，奈伊元帅还在迟疑。他害怕前方地域隐藏着威灵顿的全军，而事实上威灵顿的主力部队还在拼命赶往十字路口。

四臂村战役是仓促间爆发的，与威灵顿的其他所有战役都不同。通常大家将他描绘为一位极其擅长防御的将领，有时这种说法是带有贬义的。他的确是一位极其擅长防御的将领，会精心挑选自己将要作战的地域，并尽可能利用地形地貌，就像他在布萨科做的那样。但要说他只会防御，就是故意忽视了他的一些最伟大胜利。许多年后，有人问他，最让他骄傲的是什么。他的回答只有一个词："阿萨耶。"阿萨耶是一场发生在印度的战役，他面对兵力远胜于己的敌军，包抄侧翼，将其一举击溃。还有西班牙的萨拉曼卡战役，有时被称为他的最伟大杰作，他在40分钟内歼灭了4万法军。萨拉曼卡战役是一场精彩纷呈的攻势，打得法军措手不及、一溃千里。或者维多利亚战役，将法军彻底逐出西班牙，也是一场卓越的进攻战，将敌人完全打垮。事实上他是一位极其擅长进攻的将领，但总的来讲，进攻的人员代价比防御要昂贵，而且英国陆军规模不大，始终没有足够的补充兵员，所以公爵更愿意打防御战，那样的话他可以利用地形来掩护己方部队免遭敌军炮火袭击。

四臂村战役从根本上讲是一场防御战，但作战地点却不是威灵顿选择的。他没有时间准备，应对敌人攻击的时间也极少。在几乎一整天内，他的兵力都逊于法军。四臂村战役的故事基本上是联军在千钧一发之际赶到，避免了又一场危机，但此役的开端却非常安静。威灵顿于上午 10 点前后抵达十字路口，发现法军仍然踌躇不决，于是骑马东进去找布吕歇尔。在布里的风车下，威灵顿与布吕歇尔相见，并向后者承诺派兵支援普军，"如果我自己没有遭到攻击的话"。

但到下午两三点钟，他遭到了攻击，所以他派兵支援普军的机会应当很小了。威灵顿需要抵达前线的每一名士兵。他必须守住十字路口，因为那是他与普军的联系枢纽，而且法军终于下定决心要夺取这个至关重要的路口了。法军大举出动，而威灵顿的大部分士兵还在酷热骄阳下奔赴四臂村。

英军大部分是从布鲁塞尔赶来的，路程是 22 英里。抵达四臂村之后，他们面对的是一个非常紧凑的战场。他们前方是一片连绵起伏但坡度平缓的乡村，那里矗立着一些坚固的石质农舍，就像小型要塞一样。能看得到的东西有限。在茂密的树丛和牧场之间顽强生长的高高的黑麦遮蔽了他们的视线。越来越浓的硝烟也阻断了英军的观察视野。

战斗将在尼韦尔公路（向东通往普军的位置）以南爆发。战场的西侧是一片郁郁葱葱、几乎难以通行的树林，即博叙树林（Bossu Wood），萨克森－魏玛的疲惫士兵就躲避在那里。

一条小溪在树林内流淌，潺潺地穿过布鲁塞尔公路，不过这条小溪对骑兵、步兵或炮车都不构成障碍。公路与小溪交叉的地方，也就是战场的正中央，有一座大型石屋农庄，叫作热米翁库尔（Gemioncourt）。威灵顿若能控制这个农庄，对他的帮助将会非常大，但法军已经将荷兰守军从农庄驱逐出去，如今在农庄的厚厚石墙内驻扎了队伍。从农庄旁流过之后，小溪注入了一座人工湖，即马特内湖（Materne Lake），湖的远方有一座叫作皮罗蒙（Piraumont）的小村。威灵顿震惊地发现，皮罗蒙也被法军步兵占领了。这些法军步兵离尼韦尔公路（在战场以东）很近，对威灵顿和布吕歇尔之间关键的交通线构成了威胁，这对威灵顿来说十分危险。

在皮罗蒙的法军始终未能切断尼韦尔公路，因为威灵顿用最早抵达的增援部队——第95来复枪兵团，再加上一个不伦瑞克步兵营，牵制住了这批法军。这意味着他的左翼目前是安全的，而右翼得到博叙树林的茂密灌木丛的保护。主要战斗将发生在马特内湖与博叙树林之间延绵起伏的乡村地域。威灵顿结束了与布吕歇尔的会谈，于下午3点左右返回四臂村时，那片农田已经挤满了法军。

聪明的荷兰人勒贝克已经在四臂村集结了8000人，但新到的部队看到法军声势浩大，惊恐地撤退了，而萨克森-魏玛的部队急缺弹药，在博叙树林掩蔽起来。大家一定觉得没有什么可以阻挡法军的进攻了，但幸运的是，托马斯·皮克顿爵士的精锐师刚刚从布鲁塞尔抵达。第95团[①]是该师的先锋，被

① 准确地说，是第95团第1营，属于第5师（师长为托马斯·皮克顿）第8旅。第95团的另外2个营属于第2师。

派往左翼，阻挡正在突破通往利尼公路的法军，而该师的其他
单位已被部署好，准备迎战从布鲁塞尔公路方向杀来的敌人。
一些刚刚抵达的英军火炮在十字路口以南摆开阵势，但几乎旋
即遭到隐藏在黑麦田里的法军散兵的射击。黑麦田还有一些荷
兰散兵，但他们被无情地击退，法军可以抽出兵力来攻击英军
炮兵和新近抵达的英军步兵。第 32 团（来自康沃尔）的爱德
华·斯蒂芬斯（Edward Stephens）中尉说，法军散兵的火力
"非常讨厌……四面八方都有我们的人中弹倒下"。

　　散兵在滑铁卢战役中发挥了重要作用。他们实际上是专门
的步兵，不在横队或纵队中作战（尽管他们有能力这样做，
时常也这么做），而是在横队或纵队的前方。他们构建一条散
兵线，即一群分布较广、较为松散的士兵，任务是狙击敌军队
列。每个营有一个轻步兵连，有时整个营都是轻步兵，如第
95 来复枪兵团的各营。法军扩充了散兵的数量，因为散兵和
炮兵一样，可以在自己纵队进攻之前有效地削弱敌军横队。抵
御散兵的最好办法就是运用自己的散兵，所以交战双方的轻步
兵都处于己方阵线的前方很远处。散兵队形分散，所以精度较
差的滑膛枪很难命中他们，而单独一两个人又不值得开炮，不
过他们在霰弹（发射霰弹时，大炮变成了一支巨大的霰弹枪）
面前很脆弱。散兵以两人小组的形式活动，其中一人射击时，
同伴便装填弹药。在理想情况下，法军散兵（称为腾跃兵或
狙击兵）会在大部队前方行动，直到进入敌军横队的滑膛枪
射程，然后开枪射击，希望能够击毙敌人的军官。狙击兵是正
式名称，意思很简单，就是枪手；而腾跃兵（voltigeur）的原
意是杂技演员，因为理想的散兵应当行动非常敏捷和迅速。他
们以跪姿或卧姿射击，所以目标很小。足够多的散兵能够严重

杀伤横队步兵，但散兵必须非常接近敌人。法军散兵一般比英军多，不过英军的优势是，他们许多散兵装备的是来复枪，而拿破仑不肯给法军装备这种武器。来复枪的缺点是装填很慢，因为子弹一般是包裹在一小块皮革里，需要强行塞入来复枪的枪管，这比将滑膛枪弹填入滑膛枪的枪管慢得多，但来复枪的射击精度比滑膛枪高得多。英军使用的是贝克式来复枪，这是一种性能极佳、可靠性极强的武器，射程比任何滑膛枪都长，精度也更高。

　　散兵不敢在自己的营前方走得太远，因为在拿破仑时代的战争中，炮兵、步兵和骑兵三种兵种相克，散兵面对骑兵时脆弱不堪。散兵的队形分散，所以无法组成方阵或向敌军齐射，所以少量骑兵就可以在几秒钟内重创一条散兵线。但皮克顿的师抵达四臂村时，他们没有骑兵去肃清法军散兵。不伦瑞克黑衣军团与皮克顿师同时抵达战场，但公爵的其他骑兵团还在赶往前线的途中，所以威灵顿决定用自己的步兵横队去攻击法军散兵。在法军散兵后方还有法军步兵的纵队，但英军横队素来可以轻松地击败法军纵队，于是 6 个营奉命开始推进。

　　他们的兵力远逊于敌军。法军以 3 个纵队前进。最大的纵队有 8000 多人，向北进攻靠近博叙树林的地方；中路纵队有5400 人，沿着公路推进；右翼纵队有 4200 名步兵。3 个纵队得到超过 50 门炮和一些骑兵的支援。英军步兵的 6 个营共有约 3500 人，却要面对 1.7 万名步兵以及炮兵和骑兵。但这 6个营在威灵顿军中属于战斗力最强、经验最丰富的单位。

　　随后发生的是对这一天来说非常典型的一场混战。英军的6 个营之一是穿苏格兰短裙的苏格兰高地士兵，500 多人，属于第 42 团，即"黑卫队"（Black Watch）。詹姆斯·安东

（James Anton）是该营的一名中士。该营必须先穿越黑麦田，那里的荷兰散兵正被法军的猛攻击溃：

> 黑麦的茎秆就像某些沼泽地边缘的芦苇一样，阻碍我们前进。黑麦茎秆顶端有我们的军帽那么高，我们尽可能快速地摸索前进。我们抵达麦田另一端的苜蓿田时，已经非常散乱。但我们在时间和快速推进的许可范围之内，迅速调整好队形。比利时散兵通过我们的侧翼撤退，我们一瞬间就迎头撞上追击他们的得胜法军。我们的突然出现似乎让他们的前进停顿下来。我们独特的服饰，无疑还有我们的突然出现，令敌人的决心有些动摇：我们冲击敌人，我们的枪已经填好弹药，我们的刺刀闪闪发光，渴望痛饮敌人的血。那些刚才还在骄傲地驱赶比利时人的法军，如今掉头就跑……我们前进很快，简直就像一群暴徒。敌军司令奈伊元帅观察到我们疯狂的、缺乏戒备的猛冲，于是命令一个团的枪骑兵来攻击我们……我们误以为他们是不伦瑞克人。

86

黑卫队此时位于一片开阔地的中央，还保持着横队阵型。他们的侧翼出现了骑兵，但他们误以为那是不伦瑞克骑兵（大约与第 42 团同时抵达四臂村）。不伦瑞克是一个德意志邦国，曾被法军占领，于是不伦瑞克公爵为了复仇，组建了一个团，在西班牙与威灵顿并肩作战。不伦瑞克军团的士兵身穿黑色军服，被称为黑军团，在四臂村指挥他们的是年轻的不伦瑞克公爵弗里德里希·威廉。不伦瑞克人虽然在西班牙时是英军的盟友，但英军不喜欢他们，主要是因为他们喜欢吃狗肉。身穿绿军服的第 95 来复枪兵团的爱尔兰来复枪兵爱德华·科斯特洛（Edward Costello）回忆道，有一只叫作"来复枪"的狗伴随他们营去了西班牙：

> 这只小狗跟随我们团，怎么都不肯离开。有一两次它走失了，但总能回到我们身边。我们曾开玩笑说，"来复枪"不喜欢红色，因为它显然更喜欢绿色。可怜的小狗在我们的很多次战斗中生存下来，它在战斗中常常跑来跑去地吠叫，表达它的喜悦。

然后有一天，"来复枪"销声匿迹了。后来发现，它被黑 ₈₇军团吃掉了。据传说，后来第 95 来复枪兵团的士兵为它报了仇，割下了一些死亡法军士兵的臀肉，将其熏制成火腿，卖给了不伦瑞克人。

詹姆斯·安东中士和他所在的第 42 苏格兰高地团还在以横队推进，穿过开阔的苜蓿田，却不知道出现在他们右翼的骑兵并非吃狗肉的德意志人，而是法军。这时一名德意志参谋军官纵马从该营一侧跑过，呼喊道，正在接近的骑兵是"法国人！法国人！"那是法国枪骑兵。他们的马蹄似乎在撕裂大地。

> 我们立刻构建了一个方阵；没有时间太讲究了；所有人都子弹上膛，敌人在全速向我们冲锋；他们的马蹄似乎在撕裂大地。

这真是万分危急。以横队前进的营面对骑兵冲锋是极其脆弱的，但步兵方阵能够打败骑兵的几乎所有进攻。然而构建方阵需要时间，而苏格兰高地士兵缺的就是时间，所以军官们高呼命令集合列队。官兵们几乎陷入恐慌。第 42 团没有仔细地将各连部署成一个矩形，并让森林一样茂密的刺刀向外，而是简单地奔向军旗，乱哄哄地围在军旗周围，士兵们面向敌人。一些法国枪骑兵甚至被困在匆匆构建的方阵之内，被拉下马来杀死。处于步兵营前方的散兵完全无力抵抗法军枪骑兵，全部被砍倒，营长罗伯特·马卡拉爵士（Sir Robert Macara）也阵亡了。第 42 团官兵目睹了罗伯特爵士的牺牲，义愤填膺。罗伯特爵士之前负了伤，法军枪骑兵冲锋的时候，他正被用担架抬往后方医治。担架可能是两件上衣，袖子系在一对滑膛枪管上，或者更可能是四个人用一张床单抬着他。法军看到这名伤员身上的勋章和绶带，可能是为了掳掠财物，残暴地杀死了伤员和抬担架的四个人。这不是战斗，而是谋杀，苏格兰士兵大为震怒。他们用滑膛枪打退了枪骑兵，但当天晚些时候，第 42 团的一些士兵一边呼喊着"马卡拉在哪里？"，一边屠杀已经投降的法军士兵，英国军官不得不对部下加以约束。

阿奇博尔德·孟席斯（Archibald Menzies）上尉负责指挥第 42 团的掷弹兵连，他也被困在方阵之外。他身强力壮，是一个传奇。他更愿意徒步作战，于是将战马交给一名少年鼓手。孟席斯负了伤，倒在唐纳德·麦金托什（Donald Mackintosh）身旁。少年鼓手放弃了战马，跑来援救孟席斯，这时一名法国枪骑兵企图夺走那匹贵重的战马。麦金托什用最后一丝力气开枪打死了那名枪骑兵。据说麦金托什喊道："你不能抢走那匹马！它是我们上尉的！"一名法国军官看到孟席斯尝试爬起来，挥起军刀向他砍去：

他从马鞍上站起身的时候，孟席斯抓住了他的腿，将他拉下马，拉到自己身上。另一名枪骑兵看到这场搏斗，纵马冲过来，企图用长枪刺杀孟席斯，后者绝望之下拼死推动压在自己身上的法国军官，用他的身体挡住了这一刺。法国军官的胸甲被长枪刺穿，负了致命伤，手里仍然拿着军刀，压着孟席斯的身体，继续躺了将近十分钟。战斗出现一个间歇，第42团的一些士兵得以将孟席斯抬到第92团的方阵，发现他身负16处伤。

孟席斯活了下来，1854年去世。他在第92团的方阵接受急救的时候，他自己的营企图再一次构建横队，这一次是为了抵挡正在接近的法军步兵纵队，但很快他们又受到了更多骑兵的威胁，这一次是胸甲骑兵。胸甲骑兵是法国的重骑兵，身穿金属胸背甲。第42团构成方阵的时间刚刚好，能够抵挡这次冲锋。安东回忆道："胸甲骑兵径直冲向两个方阵；他们的沉重战马和钢甲似乎足以将我们埋葬。"但战马在苏格兰刺刀面前畏缩不前：

> 毁天灭地的弹雨发射了出去；包裹在沉重铠甲内的骑 89
> 兵纷纷跌落马背；战马腾跃、倒下，压在落马的骑兵身
> 上；他们坠地的时候，钢盔和胸甲撞击着未出鞘的军刀。

负伤的马卡拉被悍然杀害，令苏格兰官兵怒火中烧，这也表明英国陆军中军官与士兵关系的融洽。官兵互相之间的友情一次又一次在书信、日记和回忆录中表达出来。常有人将19世纪初的英国陆军描绘为一大群遭到鞭笞的士兵，由贵族纨绔

子弟指挥。这种说法是大错特错的。大多数军官出身中产阶级，尤其有很多牧师的儿子。漫长的战争历练了他们的战争技艺。当天晚些时候，第42团士兵之所以屠戮已经投降、手无寸铁的法军士兵，是因为他们看到马卡拉被杀害而被愤怒冲昏头脑，这种反应源自他们对自己指挥官的爱戴。不只是亲近，还有敬佩。军官可能很富裕，肯定比普通士兵富得多，也享有特权，有的甚至是贵族，但他们仍然要分担战场上的危险。军官理应以身作则、身先士卒。第95团的来复枪兵科斯特洛说，士兵们将军官分为两类，一类呼喊"跟我上！"，另一类发号施令地说"给我冲！"他说："我们当中后一类军官非常少。"来复枪兵普伦基特曾告诉一名军官："长官，'给我冲'的说法不适合一位领袖。"

并非所有军官都能得到士兵的尊敬。列兵托马斯·巴顿（Thomas Patton）是爱尔兰人，属于第28团（来自格洛斯特郡）。在四臂村，他们组成了方阵，奉命暂停射击。敌军骑兵包围了方阵，但没有企图突破这些身着红衣的英军。这是一场僵局，但巴顿记得有一名法国军官（巴顿觉得他可能是一名将军），"骑马冲到我们方阵前，马头到了我们刺刀上方，鼓舞他的部下向我们的方阵冲锋"。巴顿位于第三排，端起滑膛枪，把这名法国军官击毙了。这时欧文中尉用剑柄狠揍巴顿的脸。巴顿发出抗议，欧文告诉他，这是为了惩罚他"违抗命令、擅自开枪"。将军詹姆斯·坎普特爵士（Sir James Kempt）也在方阵内，批评了中尉："闭嘴……不要打他们。他们比你更懂得自己的职责！"

此时英军步兵的职责是打退越来越猛烈的骑兵、步兵和炮兵的攻击。引领法军骑兵冲锋的是枪骑兵，但此时他们得到了克勒曼胸甲骑兵的加强。弗朗索瓦·艾蒂安·德·克勒曼（François Étienne de Kellerman）[1]身材矮小，名字很长，是拿破仑麾下最为战功赫赫的骑兵指挥官之一。他抵达四臂村后，立刻接到奈伊的命令，向敌军发起冲锋。克勒曼对此命令提出了质疑，因为他手下只有700名胸甲骑兵。但奈伊固执己见。"快出发！"他喊道，"快出发吧！"克勒曼不希望部下知道他们奉命攻击的敌人是多么人多势众，于是不循常规地直接带兵猛冲起来："全速冲锋！前进！"

　　法国胸甲骑兵首先攻击苏格兰高地士兵，被打退了。一名年仅15岁的法军号手看到穿着褶裥短裙的苏格兰士兵，不禁目瞪口呆，误以为英军的随军女商贩也来打仗了。随军女商贩是跟随法军前进，向官兵出售食物、饮料，常常还有其他服务的女人。克勒曼率军从牧场旁经过，暴风骤雨般冲向法军奉命抢夺的十字路口。

　　双方都有增援部队抵达，这些新到的部队几乎立刻投入战场中央的混战。英军第44团（来自东埃塞克斯）前来支援苏格兰高地士兵，并和他们一样，也遭到法军枪骑兵的突袭。他们没有时间构建方阵，于是指挥官命令后排士兵转身，一轮齐射打退了枪骑兵。但已经有部分骑兵冲到了第44团战线的中央，企图抢夺军旗。第44团的一名军官回忆道：

　　　　一名法军枪骑兵将掌旗官克里斯蒂打成重伤。他拿着一面军旗，敌人的长枪刺入他左眼，穿刺到下颚。这名法军企图夺走军旗，但勇敢的克里斯蒂不顾剧痛，凭借几乎

91

---

[1]　他的父亲弗朗索瓦·克里斯多夫·德·克勒曼是拿破仑麾下的元帅之一。

无人可及的沉着,扑到军旗上。这不是为了救他自己,而是为了维护全团的荣誉。军旗倒下时飘荡起来,这名法军用枪尖扯掉了一块丝绸;但他没能将这一块碎片夺走。第44 团离他最近的士兵向他开枪,并用刺刀戳他,将他掀翻下马。他那徒劳无益的勇气让他付出了生命的代价。

第 30 团第 2 营(来自牛津郡)紧随着第 44 团。掌旗官爱德华·麦克莱迪(Edward Macready)年仅 17 岁,接近战场时注意到战场上空硝烟密布,还看到博叙树林上空有鸟儿在惊恐地飞窜。他记述道:

> 大炮和滑膛枪的轰鸣声、炮弹爆炸声和士兵的呼喊声,令人仿佛置身地狱;而方阵和横队、骑兵和无人骑的马奔来跑去,乱七八糟的伤员和败退士兵,浓烟滚滚,火光闪闪……

麦克莱迪和第 30 团加入了这场混战,看到了第 44 团的一些伤员。这两个营曾在西班牙并肩作战,新来者抵达时,第44 团的伤员:

> ……站起身来,用虚弱的嗓音欢迎我们:"加油冲啊,第 30 团的弟兄们,替第 44 团报仇,我们非常需要你们,兄弟们,祝你们成功,亲爱的战友!"在这里,我们遇见了我们的老中校,他骑着马离开战场,腿部中了弹;他指着自己的伤处,喊道:"他们又给我挠痒了,兄弟们,现在一条腿不能嘲笑另一条了!"

这位负伤的中校是苏格兰人亚历山大·汉密尔顿 92
（Alexander Hamilton）。军医决定将他的伤腿截肢，但他们每一次做好手术准备的时候，都被叫去处理更紧急的伤情，最后没有给汉密尔顿截肢。他保留着这条腿，于 1838 年去世。

汉密尔顿中校在等待那永远不会来的手术刀的时候，麦克莱迪正在增援英军战线。他们与第 42 团一同上前，麦克莱迪记得自己必须跨过阵亡和负伤的苏格兰高地士兵：

> 我们抵达第 42 团阵地，这时一队法国枪骑兵和胸甲骑兵包围了该团方阵的两面。我们在第 42 团左侧摆开阵势，开始射击。我们的阵型是匆匆建立的，受到攻击那一面的兵力比正常情况多得多。我们雷霆般的齐射打退了法军，击毙了其中一些人，包括他们的指挥官。他是一位勇敢的军人，倒下时还向部下呼喊："前进，我的孩子们！法兰西将士，鼓起勇气，再冲一次！"

没有人知道法军骑兵发动了多少次冲锋。有的说法是四次，有的说是五次、六次，甚至七次，真相无人知晓，说不定他们在战场的时候自己也说不清。四臂村的战况非常混乱。双方都没有居高临下的位置可以纵览成千上万人厮杀、受苦和死亡的整个战场。威灵顿的部队在整个下午陆续抵达，他将新到的单位投入英军横队与法军纵队对抗的战斗。英军横队受到无处不在的法军骑兵的威胁，于是组成方阵，但这样就更容易遭到杀伤力极强的法军大炮的轰击。浓浓的硝烟笼罩了农田。威灵顿需要亲自查看战场，险些被克勒曼的胸甲骑兵俘虏，他们已经冲杀到距离十字路口很远的地方。公爵调转马头（他的坐骑的名字叫"哥本哈根"），奔向戈登苏格兰高地团，即第 92 团，该团排成四排，就在尼韦尔公路前方。公爵高呼命令苏格兰高地士兵低头躲避，他们蹲伏下去，哥本哈根从他们头顶上飞驰而过，将公爵带到安全处。这是法军打到离关键的尼韦尔公路最近的一次，法军骑兵为此付出了沉重代价，遭到苏格兰高地士兵齐射的屠戮。克勒曼的 700 人已经伤亡 250 人，这位凶猛强悍的矮个子将军自己也被打落马背。他企图重整旗鼓，但他的部下已经吃够苦头，撤退了。克勒曼抓住两匹马的笼头，它们在不断向其开枪的红色方阵之间狂奔，克勒曼就夹在他们之间奔跑。

满眼尽是横队和方阵。英军步兵的横队一般是两排，但如果周围有敌军骑兵，他们有时会翻一倍，排成四排。如果一个营排成四排，通常只有前两排开枪，后面两排的人装填子弹，将填好弹药的滑膛枪交给前面的人。英军横队几乎总是能击败法军纵队，哪怕后者人数是前者的三倍、四倍，甚至五倍。原因很简单：英军的每一支滑膛枪都可以射击，而法军纵队只有最外层的士兵可以射击。但横队面对骑兵就很脆弱。如果骑兵冲到横队敞开的两翼，就能迅速将其杀得惊恐万状、四散溃败。但如果步兵营构成一个方阵，骑兵就显得脆弱了。这是一场石头剪刀布的致命游戏。

一个方阵（通常是矩形的）有四排。第一排呈跪姿，不开枪，而是将滑膛枪的枪托插入地面，端着枪，刺刀向外，形成一面刀光闪闪的屏障；第二排蹲伏着，也端着上了刺刀的枪；后面两排可以越过前方两排举着刺刀的战友的头顶射击。对骑兵来说，这是一个令人生畏、通常无法逾越的障碍。方阵没有敞开的侧翼，骑兵若是冲锋，就会撞上一面喷射子弹的钢铁壁垒。一名骑兵至少要占据 1 码的正面，如果他面对的是一个兵力为平均水平的营（约 500 人），那么冲锋的正面就只能有 16 或 17 名骑兵，而他们却要面对至少 200 人，其中一半在非常近的距离射击。难怪骑兵突破方阵的事情是非常罕见的。94 这种事情曾经发生过。在西班牙的加西亚埃尔南德斯（Garcia Hernandez），英王德意志军团曾突破两个法军方阵，但付出了极大牺牲。第一个方阵的破裂是因为一匹死马及其背上的骑兵滑入方阵正面，在法军战线打开一个缺口，后面的骑兵可以借此冲进去。冲进方阵内部之后，骑兵就可以攻击敌人各排的后方。在加西亚埃尔南德斯，法军的第一个方阵因此土崩瓦解，士兵们惊慌失措地奔向第二个方阵，企图进入方阵以寻求庇护，这样就破坏了它的完整性，威力极大的骑兵紧追着第一个方阵的幸存者，乘势杀入第二个方阵。第三个方阵察觉到危险，用滑膛枪阻拦抱头鼠窜的败兵，同时也阻挡住了兴高采烈的英军骑兵。

　　所以骑兵会祈祷自己遇见的敌军步兵是横队，因为那样骑兵就能轻松得胜。在四臂村，骑兵的祷告奏效了。威灵顿的步兵横队蒙受严重损失，在失败的可能性已经很大的时候，发生了惨剧。第 42 团和第 44 团与其他许多营一样，弹药已经不多。法军骑兵虽然被打退了，但他们刚刚从视野中消失，法军大炮就开始轰击队形密集的英军方阵，而成群的法军散兵以被踩倒的黑麦为掩护，向英军射击。第 42 团在这一天开始的时候有 526 人，结束时只剩 238 人，其他人要么阵亡，要么负伤。该团实力锐减，无法构成单一方阵，于是苏格兰高地士兵（第 42 团）和埃塞克斯士兵（第 44 团）联合起来构建方阵。

　　在英军左翼，第 95 来复枪兵团被无情地击退，而更多法军在袭击英军右翼的博叙树林。好在新的部队抵达了，威灵顿得以派兵增援处境艰难的来复枪兵，并派了 3 个营去防守博叙树林旁边的地域。这 3 个营之一是第 69 团（来自林肯郡），它在邻近第 42 团和第 44 团的地方构建了一个方阵，但指挥英军右翼的是 23 岁的奥兰治亲王"苗条的比利"，他觉得这 3 个新到的营应当排成横队。他命令他们重新布阵。营一级军官发出了抗议，但苗条的比利固执己见，于是第 69 团、第 33 团和第 73 团分散开来，构成了横队。

　　下达构成横队的命令时，克勒曼的胸甲骑兵还在英军各单位之间横冲直撞。他们发现了英军的弱点，于是发动进攻。第 73 团距离博叙树林足够近，匆匆撤入茂密的灌木丛中掩蔽。第 33 团勉强组成了一个方阵，但第 69 团被困在战场中央，遭到了骑兵的猛攻。第 33 团的弗雷德里克·帕蒂森（Frederick Pattison）中尉在给兄弟的一封信中描述了随后发生的事情：

　　　　我们前进时需要通过的地域比较崎岖不平，而且长满了黑麦。在这个土地肥沃、一片葱翠的国家，黑麦长得非常高，阻挡了我们的视线。我们前进的时候，我们团的先头连……观察到法军骑兵在冲锋。长官命令我们组建一个方阵……敌军看到我们在准备迎战，于是没有继续向我们冲来，而是左转杀向第 69 团敞开的纵队，后者因为处于战场一个比较低洼的地方，没有观察到这股敌军。

第69团被歼灭了，王旗①被法军缴获，只有少数人逃到附近一个方阵的安全处。丢失军旗是极其可怕的奇耻大辱。对有些人来说，军旗几乎有一种神秘的意义。第1近卫步兵团的军官威廉·米勒（William Miller）在四臂村受了致命伤。他临死前的最后愿望就是再看一眼军旗，于是团旗被送到他躺着的地方。一位目击者记述道："他看到军旗，容光焕发，露出微笑。"为了保卫军旗，士兵们可以像恶魔一样厮杀。第69团的掌旗官克里斯托弗·克拉克（Christopher Clarke）成功地挽救了团旗，杀死了三名胸甲骑兵，但他身上负了22处刀伤。他活了下来，后来加入了第42苏格兰高地团。

第33团的处境差不多和第69团同样艰难。为了抵御骑兵，他们组成了方阵，但他们也在法军一个炮兵阵地的视野之内。帕蒂森中尉看到自己的连长被一发实心弹轰成两半，"可怜的阿瑟·戈尔（Arthur Gore）的脑浆溅落在我的军帽和脸上"。乔治·海明威（George Hemingway）是该营的一名列兵，在此役两个月后给母亲的信中写道：

> 那时敌人将我们团尽收眼底，用大炮轰我们，炮弹就像冰雹一样密。我们立刻起身，看到一大队法军胸甲骑兵向我们冲杀过来。我们立刻企图组建方阵以抵御骑兵，但全都是徒劳，因为我们的方阵还没有成形，敌军的炮弹就把我们打散了。每一发炮弹都能杀死九到十人。炮弹在我们当中坠落……霰弹炸裂成数百个碎片……若不是我们右侧300码处有一座树林，我们就全都被骑兵砍倒在地，被

———————————

① 英军每个步兵团一般有两面军旗，一面是王旗，另一面是团旗。

他们的战马践踏成肉泥了。

第 33 团是公爵的老部队，撤进了树林，一些胸甲骑兵愚蠢地企图追击，现在轮到英国兵大开杀戒了。在纠缠混乱的树丛中，他们砍倒了追击他们的敌人。

对法军来说，英军第 69 团的全军覆灭和军旗被俘是此役的高潮。法军在两翼推进，稳步摧毁英军中路，但更多英军部队从布鲁塞尔赶到，公爵终于拥有了足够的兵力和火炮。他判断进攻的时机到了，但首先必须肃清主路旁一座石屋内的法军。第 92 苏格兰高地团的卡梅隆（Cameron）中校早就摩拳擦掌地要消灭那股法军，并多次请求公爵批准他进攻那座石屋。"不着急，卡梅隆，"公爵答道，"天黑之前，让你杀个痛快。"这时，威灵顿准许第 92 苏格兰高地团的苏格兰士兵进攻石屋。该团的史册记载了一位高地士兵的话：

> 打得非常激烈。他们就像一大窝耗子一样，躲在石屋内。他们的火力打倒了我们很多士兵，但我们无法向他们射击……我们穿越了树篱，穿过花园，直到将石屋团团围住，他们不能向外射击，我们也冲不进去。最后他们被赶了出来。是啊，但法国人很勇敢，一次又一次尝试从我们手中夺回石屋，虽然付出很大努力，都被打退，丢下他们的死尸，给花园的土地提供肥料。

新到的增援部队（包括从尼韦尔赶来的近卫师）加强了英军阵地的两翼。他们接近四臂村的时候：

　　不断遇到运载伤员的大车，在公爵麾下作战的各民族都有，伤情非常恐怖。路两边堆满了奄奄一息的人和死者，其中很多是英国人。

这是罗伯特·巴蒂（Robert Batty）的回忆，他是第 1 近卫步兵团第 3 营的掌旗官。他时年 26 岁，对掌旗官的职位来说年纪很大了，因为掌旗官是英国陆军级别最低的军官，但巴蒂参军只有两年时间。他曾在剑桥大学凯斯学院学医，后来弃笔从戎，在西班牙作战。此时他正奔向博叙树林，那里强大的法军纵队正在逐退疲惫不堪的守军。第 1 近卫步兵团的 600 人处于英军战线的右翼，前进到距离树林很近的地方，直到看见法军。

　　我们瞥见他们，立刻停住脚步，列队，填好弹药并配好刺刀，然后前进……此刻我们的士兵发出三声光荣的呐喊，虽然我们已连续行军 15 个钟头，没有任何饮食（除了路上搞到的水），但还是冲向敌军。

法军企图占领博叙树林，于是英国近卫军冲进树林。巴蒂回忆道：

　　树木极其繁茂，极难通行……他们死守每一片灌木丛，并企图在一条流过树林的小溪处坚守，但这抵挡不了我们……我军伤亡惨重，打得非常艰苦……法军步兵和骑兵打得特别顽强，在激战将近三个钟头之后（杀得真是难解难分，简直无与伦比，此次战斗之后的屠戮也是极其凶残），我们完全控制了公路和树林。

巴蒂提及的骑兵并不在树林内，因为骑兵不可能顺利通过错综复杂的灌木丛和低矮树丛，但英国近卫军在西面的田野也打退了法军。在那里，黑卫队、第 44 团和第 69 团以及其他各营拼死奋战，蒙受了不少伤亡。

但随着夜幕降临，公爵的增援部队到了，还送来了许多车崭新的弹药。现在是转守为攻的时候了，公爵命令兵力得以加强的战线向前推进。法军抵抗了一段时间，然后一路撤到他们在这天早上开始的地方。热米翁库尔（居高临下地控制整个战场的大农庄）被联军收复。法军的阵势有些凌乱。一位不知名的法国目击者记述道：

> 成群的胸甲骑兵和伤员潮水般涌向军队后方，在那里散播了恐慌气氛；负责装备的人员、救护人员、随军小卖部的人、仆役，以及跟随军队的一大群非战斗人员，迅速逃之夭夭，看到什么就把什么一起带走，越过田野，沿着通往沙勒罗瓦的公路逃跑，这条公路很快就堵塞了。大军的溃乱非常严重，而且迅速蔓延，所有人都张皇失措地乱跑，并呼喊："敌人来了！"

这恐慌实在是大可不必。奈伊倍感挫折，但他的军队主力完整，而且他们至少成功地阻止了英军援救布吕歇尔。"我们很高兴，能够阻止英军去援助普军。"布尔东·德·瓦特里（Bourdon de Vatry）上尉说。他是拿破仑的弟弟热罗姆（Jérôme Bonaparte）（负责指挥奈伊麾下的部分兵力）的一名副官。德·瓦特里与奈伊元帅和热罗姆·波拿巴一起用晚餐的时候，一名信使赶到，要求奈伊前去支援皇帝。这消息当然来得太晚了，而且奈伊原本就无法服从此命令。因为他还没有占领关键的十字路口。

6月16日天黑得很晚。此时是仲夏，晚上9点太阳才落山，再过两个小时天才会完全黑下来。这漫长的一天开始的时候，拿破仑一切顺利，虽然他未能达成所有目标，但仍然掌握主动权。他差一点就成功地将两支敌军分割，并打得普军败退而去。奈伊的进攻开始得太晚，所以始终没有机会率军东进，去袭击普军侧翼，但他成功地在整个下午和晚上牵制住了威灵顿。公爵曾承诺去援助布吕歇尔，但必须是在自己没有遭到攻击的情况下。然而他遭到了攻击。所以，在黄昏时，奈伊在一张简易桌子（一块木板搭在两根枪管上）前用餐时，法军仍然掌握着主动权。

威灵顿打赢了他的战役，至少挫败了法军的意图。他守住了十字路口，阻止奈伊东进去袭击普军侧翼。这已经算是相当了不起的胜利。如果奈伊，或者甚至埃尔隆，攻击了普军，那么利尼战役的结果可能就是布吕歇尔军队全面溃散。这种情况没有发生。普军遭受重创，但保存了大部分实力，仍然还是一支有相当战斗力的力量。但公爵付出了沉重代价。英军伤亡超过2200人，汉诺威军和不伦瑞克军损失1100人，不伦瑞克公爵本人也头部中弹阵亡，另外荷兰部队损失约1200人。法军的损失略微少一点，约4400人伤亡；威灵顿一共损失了4500人。

在这一天的大部分时间里，威灵顿公爵都面对着兵力远远超过自己的敌军，胜利地守住了十字路口。然而，太阳终于落山之后，十字路口并不能为联军提供任何优势，因为尼韦尔公路不再通往普军位置，而是通往胜利的拿破仑军队。威灵顿还不知道利尼发生了什么事情，但在这个星期五的晚间，他得到了一份不甚清楚的报告，称普军战败了。他派了一名副官赶往利尼，尽可能查明真相，此人返回后报告称，他在暮色中能看到的只有法军的骑哨（作为岗哨的骑兵队）。拿破仑显然已经打退普军，但威灵顿还不知道普军撤到了哪里，走了多远，目前状况如何。

即便如此，不管普军是一溃千里还是蒙受小挫折，现在皇帝要做什么都是显而易见的了。他会利用尼韦尔公路，袭击威灵顿的侧翼。皇帝距离作战的最终目标只有咫尺之遥。毕竟英国人是新反法联盟的金主。迫使英国退出战争，反法联盟就可能瓦解。

拿破仑需要做的，就是等到天明之后行军。

四臂村战场，James Rouse 作。不伦瑞克公爵就死在左侧靠近树林的地方。

弗朗索瓦·艾蒂安·德·克勒曼将军。他抵达四臂村后，立刻接到奈伊的命令，向敌军发起冲锋。克勒曼对此命令提出了质疑，因为他手下只有 700 名胸甲骑兵。但是，奈伊固执己见。"快出发！"他喊道，"快出发吧！"

《不伦瑞克 - 沃尔芬比特尔公爵弗里德里希·威廉，在四臂村阵亡》，
Johann Friedrich Matthai 作。

"苗条的比利"奥兰治亲王，Matthew Dubourg 作。他在四臂村和滑铁卢的表现很活跃，但很任性。在四臂村，他的命令导致英军一个旅损失惨重。

《第28团在四臂村》，Lady Butler 作。列兵托马斯·巴顿是爱尔兰人，属于第28团（来自格洛斯特郡）。在四臂村，他们组成了方阵，奉命暂停射击。敌军骑兵包围了方阵，但没有企图突破这些身着红衣的英军。这是一场僵局，但巴顿记得有一名法国军官（巴顿觉得他可能是一名将军），"骑马冲到我们方阵前，马头到了我们刺刀上方，鼓舞他的部下向我们的方阵冲锋"。

National Gallery of Victoria, Melbomurne, Australia

《四臂村战役：托马斯·皮克顿爵士命令詹姆斯·坎普特的旅冲锋》（版画），
George Jones 作，1816 年。

《爱德华·凯里森爵士指挥第 7 女王骠骑兵团在四臂村冲杀法军》，
Denis Dighton 作，1818 年。

Voltigeurs Cent-Suisses

·1815·

《腾跃兵》，Eugene Titeux 作，1815 年。腾跃兵是法军的精锐散兵，很适合在己方纵队发动进攻前削弱敌军横队。腾跃兵（Voltigeurs）是"杂技演员"的意思，因为理想的散兵应当行动非常敏捷和迅速。

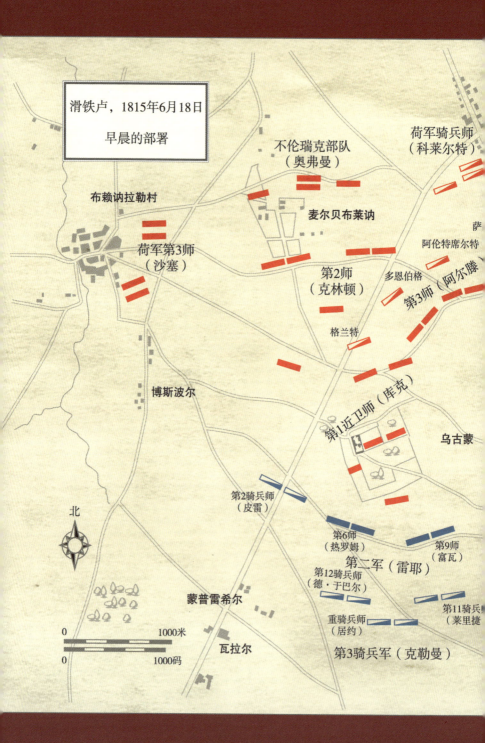

滑铁卢，1815年6月18日

早晨的部署

布赖讷拉勒村

荷军第3师
（沙塞）

不伦瑞克部队
（奥弗曼）

荷军骑兵师
（科莱尔特）

麦尔贝布莱讷

第2师
（克林顿）

萨

阿伦特席尔特

多恩伯格

第3师（阿尔腾）

格兰特

第1近卫师（库克）

乌古蒙

博斯波尔

第2骑兵师
（皮雷）

第6师
（热罗姆）

第9师
（富瓦）

第二军（雷耶）

第12骑兵师
（德·于巴尔）

第11骑兵师
（莱里捷）

北

重骑兵师
（居约）

第3骑兵军（克勒曼）

蒙普雷希尔

0　　　　　　1000米

0　　　　　　1000码

瓦拉尔

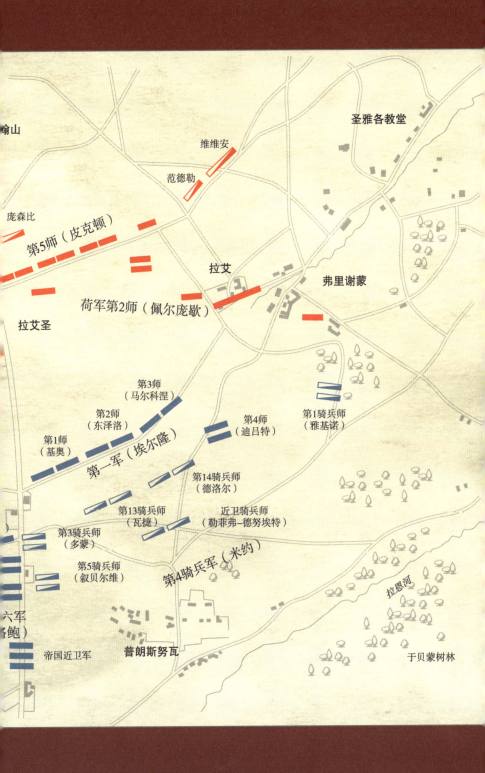

圣雅各教堂

喻山

维维安

范德勒

庞森比

第5师（皮克顿）

拉艾

弗里谢蒙

荷军第2师（佩尔庞歇）

拉艾圣

第3师
（马尔科涅）

第2师
（东泽洛）

第4师
（迪吕特）

第1骑兵师
（雅基诺）

第1师
（基奥）

第一军（埃尔隆）

第14骑兵师
（德洛尔）

第13骑兵师
（瓦捷）

近卫骑兵师
（勒菲弗-德努埃特）

第3骑兵师
（多蒙）

第5骑兵师
（叙贝尔维）

第4骑兵军（米约）

拉恩河

六军
洛鲍）

帝国近卫军

普朗斯努瓦

于贝蒙树林

第五章

啊！我抓住他们了，那些英国人！

6月17日，星期六。夜间乌云密布，黎明时反常地凉意逼人。威灵顿在热纳普村（Genappe）（四臂村以北不远处）睡了三个钟头，但在凌晨3点前不久返回了十字路口。"第92团，"他对一些露营的苏格兰高地士兵说，"请你们准备一点小火，谢谢。"士兵们尽忠职守地点起了篝火，公爵在篝火旁沉思，并等待更多关于普鲁士盟军命运的消息。他穿着白色马裤和低筒靴，深蓝色燕尾服，戴着白色领巾和惯常的三角帽。他在打仗时总是穿着朴素。很多军官喜欢穿最绚丽的制服，霍雷肖·纳尔逊尤其如此，他在"胖利"号上穿着配有绶带的华丽上衣，佩戴镶嵌珠宝的勋章，非常引人注目。而威灵顿总是穿着朴素。他的部下知道他是谁，他不需要穿金戴银、矫揉造作地装饰自己。

这天凌晨4点半左右，太阳升起来了。不久之后，公爵可能注意到一名心烦意乱的妇女带着三个小孩，在军队露营地中间游荡。玛莎·迪肯（Martha Deacon）肯定非常显眼，因为她已经怀孕九个月。她于前一天来到四臂村，可能是和孩子们一起乘坐一辆补给马车来的。她的丈夫托马斯·迪肯是第73团（也是一个苏格兰高地团）的一名掌旗官。现在她和他断了联系。她只知道，他在前一天晚上的最后进军中负了伤。他和托马斯·莫里斯（Thomas Morris）一起行走，突然一发子弹打死了莫里斯另一侧的一个人。子弹击中了此人的前额，他当场死亡。"那是谁？"迪肯问道。莫里斯答道："山姆·肖特利。"他看了看自己的长官，说道："长官，您负伤了。"

迪肯答道："上帝保佑，我真的负伤了。"他的一只胳膊被一发子弹击伤了。他丢下自己的剑，返回后方，寻找玛莎和他们的孩子们（他之前把妻儿留在第 73 团的辎重卫队那里），但他一直找到日落，也没有找到他们。黎明时，他因失血而晕厥，被抬到一辆马车上，和其他伤员一道，被送回布鲁塞尔。

玛莎只穿着一件黑丝绸裙子，披着单薄的披肩，继续寻找托马斯。最终她找到了知晓她丈夫命运的人，但此时没有车辆向北去，于是身怀六甲的玛莎·迪肯带着三个孩子，步行 22 英里前往布鲁塞尔。她遭遇了一场极其猛烈的暴风雨，公爵宣称自己在印度时也不曾见过这么厉害的暴雨。但她坚持继续前进。这趟旅程他们走了两天时间，好在有一个大团圆结局。玛莎找到了正在布鲁塞尔养伤的托马斯，次日生下了一个女婴。他们给孩子取名为滑铁卢·迪肯。

普鲁士人也早早就醒了。负伤而颓唐的布吕歇尔元帅在小村庄梅勒里（Mellery）（距利尼不远）抓紧休息了几个小时。他的幕僚在那里找到了他，于清晨讨论下一步如何是好。高度不信任英军的格奈森瑙建议向东撤往莱茵河与普鲁士，但这样的运动会使得布吕歇尔军队离英荷联军更远。而布吕歇尔与格奈森瑙不同，喜爱和信任威灵顿。讨论很简短。格奈森瑙虽然非常聪明和固执，但毕竟还明白，他的统帅对战争有一种本能的天赋，于是服从了布吕歇尔的要求。普军不会向东撤退，而是北上去往瓦夫尔。

这或许是全部四天内最关键的一个决定。联军之间失去了尼韦尔公路能够提供的联系，但瓦夫尔与布鲁塞尔公路之间还有一些乡村小道。这些小道不是正规铺设的公路，而且在农田和树林之间蜿蜒曲折，穿过河流小溪，但布吕歇尔选择北上去瓦夫尔而不是向东撤退，就还有希望与威灵顿的军队会师。这是一个勇敢的决定。布吕歇尔一定知道，法军肯定会派遣一支部队来骚扰他的撤退，并企图阻止他向西奔向威灵顿的位置。选择去瓦夫尔，他自己安全撤往东方的机会就少了很多，但"前进元帅"的绰号可不是浪得虚名。威灵顿在前一天没有来援助他，但老战马不会抛弃自己的盟军。

于是，普军北上。一个威斯特法伦骑兵中队的上尉注意到，部队的情绪非常低沉。开始下雨了，一些新马鞍受潮而发胀，骑兵们生了鞍疮，于是他命令他们下马，牵着战马行进。道路很难走，天气极度恶劣，部队处境艰难，但他们在路边遇到了布吕歇尔元帅，情绪立刻发生了变化，因为：

> 我们 74 岁①的陆军元帅情绪高昂，精神焕发。他用白兰地洗了自己擦伤的四肢，而且喝了很多烈酒。现在，虽然骑马对他来说一定很痛苦，他还是在官兵旁边骑行，与他们说笑打趣，他的幽默像野火一样传播到整个纵队。我只是远远瞥见了这位老英雄，但我非常希望告诉他，看到他成功逃脱，我是多么开心。

----

① 原文如此，应为 73 岁。

108　　　我们很难想象威灵顿公爵与士兵"说笑打趣"。这不是他的风格。他曾多次阻止士兵向他欢呼，因为按照他的说法，如果你今天允许士兵向自己欢呼，他们明天就会嘲笑你。他不像布吕歇尔那样受到爱戴，也不像拿破仑那样受到顶礼膜拜，但他备受尊重。他有时非常机智风趣；战争结束多年之后，有一次他在巴黎，一些法国军官看到他，故意背过身子去，一位女士为了这些军官的粗鲁向威灵顿道歉。公爵说："不必担心，夫人。我以前也看过他们的后背。"他学会了隐藏自己的情感，尽管他看到自己的战役所造成的伤亡，会公开哭泣。他的脾气非常火爆，但也学会了控制怒气。他的部下可能会看到他大发雷霆，但很少会目睹他真情流露；如果说他对士兵很冷淡，也要承认他对他们是非常信任的，士兵们也高度信任他。第 51 团的列兵威廉·维勒（William Wheeler）曾在半岛战争为威灵顿效力，后来参加了滑铁卢战役。他写道：

> 如果英格兰需要陆军为其效力，并且我也在军中，那么我希望是"老鼻子"① 指挥我们。他一定会关注我们的利益，我们永远不必害怕敌人。有两件事情，我们是一定能放心的。第一，根据具体条件，我们一定总是能够得到充足的给养；第二，我们肯定能把敌人揍得屁滚尿流。除此之外，士兵还需要什么？

威灵顿一定会喜欢这样的赞扬。但此刻，在四臂村战役的

---

① 威灵顿公爵的士兵们喜欢称他为"大鼻子"或"老鼻子"，据说他的鼻子比较雄伟。

次日早上，他或许不能确定自己能把拿破仑"揍得屁滚尿流"。他在苏格兰高地士兵为他燃起的篝火旁踱步，等待布吕歇尔的消息。他独自待了至少一个小时，陷入深思，有时心不在焉地嚼着一棵树上垂下的枝条。这时，公爵的副官之一，中校亚历山大·戈登爵士（Sir Alexander Gordon）到了，给威灵顿送来了他需要的消息。布吕歇尔的军队虽然受到重创，但并未溃散，而是去了瓦夫尔。他北上去瓦夫尔，不是向东去普鲁士。"老布吕歇尔被打得很惨，"公爵对冷溪近卫团的一名军官说道，"去了瓦夫尔，18英里路程。他撤退了，我们也必须走。我估计在英格兰大家会说我们吃了败仗。我没办法；他们撤了，我们也得走。"

于是，他下达命令，要求部队准备撤往他一年前勘察过的那个地点，即圣约翰山岭，那里俯瞰着不起眼的山谷，山谷内长着高高的黑麦。公爵可能担心英国公众将他的撤退解读为承认失败，但法国公众一定会把6月16日事件视为胜利。拿破仑要确保公众观点会是这样，他向官方报纸《总汇通报》（Le Moniteur Universel）发去了快件，将利尼和四臂村描述为两场大捷，将其添加到皇帝的荣誉清单中。报道刊出后，巴黎人欢欣鼓舞。

英军在当天的重要任务是救援伤员，其中很多人在他们倒下的地方躺了一夜。骑兵将伤员抬到马背上，那些太虚弱而无法骑马的人则被用毯子抬走。无疑一些法国伤员也得到了救援，但肯定是优先救治英国和荷兰伤员，他们被用大车送回布鲁塞尔，这一路无疑是非常痛苦的。

法军对伤员的救治比他们的敌人有效得多，或者至少他们努力比敌人做得更好，这主要是由于帝国近卫军总医官多米尼

109

克·让·拉雷（Dominique Jean Larrey）的影响。拉雷认识到，在官兵负伤后尽早医治，要比让他们留在原地受罪、等待运回后方再医治要好得多，于是他发明了"救护车"，这是一种轻型马车，配有很好的弹簧装置，装着可旋转的前轴，在挤满死尸和残骸的战场上也能灵活自如，底板可以从车尾部伸出，构成一张手术台，或者可以用底板装载伤员。他在战场上做手术，但更愿意建立一个中央急救站，用救护车将伤员运到那里，身穿浸透鲜血围裙的外科医生在那里拿着锯子、手术刀和探针严阵以待。技术熟练的外科医生，比如拉雷，在一分钟内就可以截掉一条腿。除了酒精之外，没有麻醉剂；除了醋或松节油之外没有抗菌剂。拉雷更愿意在伤员还处于休克状态时做手术，他发现这种情况下伤员的恢复率比其他情况高得多，尽管伤情太重的人不管多么快地接受手术，都很难存活。英军的大多数伤员要等待很久才能得到医治，在四臂村负伤的很多人要抵达遥远的布鲁塞尔才能看到一位外科医生。而拉雷在距离战场非常近的地方做手术。拿破仑说他是"我知道的最诚实的人，也是军人最好的朋友"。

英军一直到中午才将己方伤员救援完毕，同时威灵顿发布了撤军的详细命令。步兵必须先走，但"应当阻止敌军观察我方动向"。巴塞尔·杰克逊（Basil Jackson）中尉奉命将撤退的命令送给皮克顿将军：

> 我在沙勒罗瓦公路沿线不远处的一座农舍找到了他。他粗暴地表示接受了命令；他显然不喜欢从前一天坚守的阵地撤退，这也难怪！

杰克逊不知道的是，这位威尔士将军在前一天中了一弹。除了皮克顿和他的仆人，没有人知道他负伤。子弹打断了他的两根肋骨，足以让人显得暴躁，但皮克顿隐匿了自己的伤情，因为他不希望其他人劝他离开军队。他本来情绪就很坏。他的马夫因为怯战而带着他的马匹逃跑了，于是他不得不骑一名骑兵的马。

威灵顿在四臂村有超过 3 万人和 70 门炮，需要将这些部队撤退 8 英里，抵达圣约翰山岭。他考虑让部队在距离四臂村更近的地方，热纳普以北不远处的一座低矮山岭停下，但最后决定，圣约翰山的地形更适合防御战。他知道自己随时都可能遭到攻击。已经发生了一些零星的战斗，两军的前哨互相射击。滑膛枪和来复枪的脆响很快就能发展成一场大战的轰鸣。而且公爵只能沿着一条路撤退，他的所有火炮和大车都必须走这条路。步兵可以通过公路两侧的田野前进，但会遭到茂密庄稼、树篱、壕沟、墙壁和灌木丛的阻碍。简而言之，此次撤退很困难，而且危险，但不得不如此。伤员被送走后，军队就开始撤退了。步兵和大部分火炮先行，骑兵和轻型火炮留下，担任后卫。威灵顿希望此次撤退能够镇静而井然有序。仿佛是为了展示自己的从容，他在一座牧场躺下，将一张报纸盖在脸上，假装睡觉。但他一定忧心忡忡，因为在四臂村的部队越来越少，留下的人面对敌人可能发动的攻击会越来越脆弱。

但敌人并没有发动攻击。

令人震惊的是，奈伊元帅又是毫无作为。他的部队在弗拉内村（Frasnes）（十字路口以南不到 3 英里处）露营，但奈伊没有命令他们去攻击北面正在减少的敌军，甚至没有命令他们侦察他们前一天为之鏖战的地域。法军前哨与英军前哨发生了一些小规模交锋，但奈伊没有命令全面进攻。在 6 月 17 日（星期六）早上的零星交火中，来复枪兵爱德华·科斯特洛记录了一个悲伤的时刻。第 95 团从前一天占据的阵地撤退。随军的妇女并非全都留在布鲁塞尔，很多人像玛莎·迪肯一样，和丈夫一起到了前线。科斯特洛所在的连沿着通往尼韦尔公路的一条小径撤退。

据他说，这条小径：

112　　　　部分有树篱遮挡，不怕敌人火力。这时我的一名战友听到树篱另一侧有孩子在哭喊。他探头去望，看到一个可爱的小男孩，大约两三岁，站在死去的母亲身旁。她头部有伤，极可能是被敌军流弹击中的，还在大量出血。我们轮流把没了娘的孩子（说不定父亲也死了）背到了热纳普，在那里找到我们师的一些妇女，其中一人认出了这孩子。我记得她说这孩子是第 1 皇家龙骑兵团一名士兵的。

虽然两军前哨交了火，但法军似乎完全不知道威灵顿在撤退。奈伊元帅不知怎么的，觉得他的部队在这个星期六应当休息。于是，在从北面缓缓飘来、逐渐遮蔽了天空的乌云掩护下，英荷军悄悄溜走了。到下午 2 点，只有骑兵和骑炮兵组成的后卫还待在原地。

奈伊的不作为是不可原谅的。他在这天上午的任务就是再次进攻，给威灵顿制造麻烦，因为那样的话威灵顿就不得不留一些部队在四臂村以击退法军的进攻，法军就可以从利尼进攻，威胁这些留守部队的侧翼。事实上威灵顿的处境非常危险，南面和东面都是门户大开的，只有一条路可以向北逃跑。

他当然可以撤往尼韦尔，但那样就离普军更远了，公爵没有打算放弃与普军的合作。所以，奈伊的当务之急是困住威灵顿，然而他又是什么都没有做。拿破仑发现英军成功撤退之后，公开羞辱奈伊，当着他和其他人的面说："你毁掉了法国！"但皇帝自己在这个星期六的行为也好不了多少。

拿破仑前一晚睡得很晚，醒来后情绪很好。他坚持要参观利尼战场，仿佛要纵情享受自己在前一天赢得的胜利。他估计威灵顿像布吕歇尔一样在撤退，但他没有着急去追击威灵顿或布吕歇尔。他派遣了一些骑兵巡逻队向东去搜寻普军，这些骑兵返回后报告称，布吕歇尔的人马在混乱地向东逃窜。事实上，在通往那慕尔（Namur）道路上的混乱溃兵是逃离普军的莱茵兰人。布吕歇尔不在通往那慕尔的道路上，而是在北上，前往瓦夫尔。

后来拿破仑得知，威灵顿的军队没有撤退，仍然在四臂村。这份报告令他震惊。威灵顿真的那么蠢吗？但他看到这是一个机会，于是发布命令给奈伊，要他牵制住威灵顿，同时皇帝率领 6.9 万人袭击公爵暴露的左翼。此外，拿破仑命令全军的 1/4 兵力，即格鲁希元帅麾下的 3.3 万人，去追击普军。

在这个上午，拿破仑原本可以一举打赢整个战役。奈伊的部队距离威灵顿很近，拿破仑的其余部队离英荷军也只有不到 1 个小时的路程。如果拿破仑在黎明时进攻，威灵顿必然一败涂地，但皇帝白白浪费了一上午。他于下午早些时候抵达四臂村的时候，发现英荷军的最后一支后卫部队正在撤退，没有受到奈伊部队的骚扰，后者正在露营地烧饭。他向奈伊咆哮道："你毁掉了法国！"但皇帝几乎和元帅一样懒散和缺乏决心。

在这个星期六上午，法军应当立刻追击布吕歇尔的普军，同时攻击威灵顿，然而这两件事他们都没有做。更糟糕的是，他们既不知道普军究竟在何处，也给了威灵顿时间安全撤退。

拿破仑命令追击，派遣骑兵和骑炮兵去追击威灵顿的军队，但此时大自然施加了干预。密布的乌云间电闪雷鸣，下起瓢泼大雨。多么厉害的暴雨啊！威灵顿说这比他在季风时节的印度经历过的任何雨都要凶猛，持续不断的倾盆大雨将田野化为泥潭，令英军步兵军服的红色褪掉，红色染料流到了他们的白裤子上，将其染成粉红色。但这些步兵已经快到圣约翰山了。英军骑兵和骑炮兵不得不阻挡住追击的法军。

还记得炮兵军官卡瓦利埃·默瑟吗？他的部队得知拿破仑逃脱厄尔巴岛的消息时"欣喜若狂……全都热切希望投入危险和流血厮杀，全都渴望赢得光辉和荣誉"。默瑟对滑铁卢战役的记述是写得最好、最有名的版本，他所在的骑炮兵部队就是留下阻击法军追兵的英军单位之一。大雨骤临前不久，他第一次亲眼看到了拿破仑：

> 我曾渴望见一见拿破仑，那位驰名世界的伟大军事家和惊人的天才。现在我看到了他，这个时刻有一种无与伦比的庄严和崇高。这天上午，天空乌云滚滚，这时出现了超乎寻常的景观。大块孤立的雷雨云，颜色是最深的、几乎墨汁一般的黑色，低处的边缘线条清晰而有力，缓缓飘移，似乎即刻就要爆裂，压在我们头顶上……而远方的山峰前不久被法军占领，此时仍然笼罩在灿烂骄阳下……一名旗手，后面跟着几个人，登上了

高地。

默瑟看到的就是皇帝，他骑着那匹白色母马德西蕾（Désirée）①。拿破仑发现英军后卫逃跑了，于是派遣骑兵去追击。最激烈的战斗发生在热纳普（四臂村以北 3 英里处的村庄）周围。法军枪骑兵追击英国骠骑兵，自己也遭到英国近卫军的冲杀。默瑟的部队和其他炮兵一样，找到了居高临下的位置，向敌军骑兵射击，然后将火炮套上前车，继续奔驰。英军炮兵有一个单位装备的是火箭，这是一种新式武器，威灵顿觉得它唯一的用处就是吓唬马匹。他第一次遇到火箭是在印度，那时是敌人使用的。后来在西班牙，威廉·康格里夫（William Congreve）上校的火箭第一次投入实战，默瑟上尉第一次看到这种新奇的武器，兴趣盎然： 115

> 火箭兵在路上安置了一个小铁三脚架，然后将一支火箭放在上面。开火的命令下达了，动用了点火棒；摇摆不定的火箭开始喷吐出火星，摇了摇它的尾巴一秒钟左右，然后沿着公路径直飞了出去。一门炮正好在它飞行路径上，火箭头部的弹丸就在那门炮的两轮之间爆炸了；炮手倒向左右两边；其他大炮的炮手各自逃命，这个炮兵阵地一瞬间就被抛弃了。真是奇怪，但的确是这样的。

之所以说奇怪，或许是因为这第一发火箭居然射中了。此

---

① 巧合的是，拿破仑曾经的恋人也叫德西蕾，她后来嫁给了让－巴蒂斯特·贝尔纳多特元帅。这位元帅后来成为瑞典国王，称查理十四世。

后发射的火箭都是到处乱飞，有的甚至掉转头来，威胁英军。公爵很想把火箭部队从自己军中驱逐出去，但这些部队得到了摄政王的恩宠，于是他只得作罢。

大雨令法军难以追击。英军通过了热纳普的狭窄街道（那里，公路借助一座窄桥越过迪尔河），然后甩掉了追击的法军，不过默瑟上尉在村里险些丧命。威灵顿的副将阿克斯布里奇勋爵，也是英荷军所有骑兵的指挥官，命令默瑟及其火炮跟随他进入一条非常狭窄、大炮仅能勉强通过的小巷。默瑟不知道阿克斯布里奇的意图是什么，但服从了命令。他们穿过小巷，抵达村外田野时，敌军骑兵突然间从仅仅 50 码外冲杀过来：

> 在我看来，整个事情非常疯狂、稀里糊涂，我有时简直难以相信它是真的，还以为只是一个糊涂的梦。但这的确是真的。骑兵总指挥在他后卫的散兵之间，暴露在敌人面前，在承担一名骑兵少尉的职责！"上帝啊，我们全要当俘虏了！"（或类似的话）阿克斯布里奇勋爵喊道，纵马冲下花园的一面矮墙，跳了过去，逃走了，留下我们各自想办法逃命。

拖曳大炮的马匹没有足够的空间调头，于是默瑟将前车与拖曳车分离，徒手将马匹调头。奇迹般地，敌军骑兵没有干预这个艰难的工作，默瑟率领他的炮兵连返回了村庄中央，发现阿克斯布里奇勋爵正在那里组织一支救援队。

他们在倾盆大雨中继续撤退。炮兵和大车走公路，骑兵在公路以东经过田野撤退，步兵在公路以西。一名拿骚军官，弗

里德里希·魏茨（Friedrich Weiz）上尉评论道，英军的参谋
工作"堪称楷模"，尽管天气恶劣，还有法军追击，撤退却非
常高效。在撤往圣约翰山的途中，英军损失了不到 100 人，而
法军的伤亡数字可能差不多。法军伤员之一是让－巴蒂斯特·
苏尔（Jean Baptiste Sourd）上校，他指挥一个枪骑兵团。苏尔
是从基层晋升上来的，被封为帝国男爵，拿破仑刚刚提议要再
次晋升他，他还没来得及答复皇帝。现在，在热纳普，40 岁
的苏尔上校身负重伤（可能是被英国近卫军砍伤的），不得不
返回急救站。主医官拉雷决定截去他的右臂。苏尔躺在手术台
上，拉雷在用刀切、用锯子锯、封闭动脉并将一块皮肤缝在断
肢上的时候，上校口述了一封给皇帝的信：

> 陛下能给我的最大恩宠，就是让我继续指挥本团，我
> 希望率领麾下将士奔向胜利。如果伟大的拿破仑愿意原谅
> 我，我要谢绝将军的衔级，因为上校军衔对我已经足
> 够了。

然后苏尔用左手签了名，重新上马，狂奔去追起自己的部
下，他们还在追击英军后卫。苏尔的伤后来养好了，1849 年
去世。上校这次负伤是在热纳普的骑兵战斗中，此次战斗给很
多英军观察者留下了极深印象。英军骑兵的武器是剑或军刀，
但法军拥有枪骑兵。这些枪骑兵堵在小村庄房舍之间的路上，
构成一道几乎无法穿透的金属屏障，没有侧翼可以让英军包
抄。英军的第 7 骠骑兵团奉命向法军冲锋，因为法军现在离撤
退的英荷军太近了。军士长科顿（Cotton）记得，法军枪骑兵
"很难对付"：

　　我们开始冲锋的时候，他们的长枪是竖直的，但我们冲到距离他们两三匹马的距离时，他们放低枪尖，挥舞旗帜，这让我们的一些战马受惊了。

　　他说的旗帜是系在长枪很细的钢制枪尖后方不远处的三角旗。第 7 骠骑兵团的攻击失败了。他们损失惨重，随后发动第二次冲锋，又蒙受了很多伤亡，幸存者遭到一群枪骑兵和胸甲骑兵的追杀，后来英国近卫骑兵（更重型的骑兵）发动了一轮冲锋，才阻挡住法军。英国近卫骑兵避开法军枪骑兵的长长枪尖，用重剑劈砍法军。长枪是一种有效的武器，尤其在追击敌人时，但它有一个弱点，就是如果敌人成功地避开了枪尖，那么枪骑兵实际上就没有防御了。但英军对法军枪骑兵的表现还是肃然起敬，以至于在战后组建了自己的枪骑兵部队。

　　英国近卫骑兵阻挡住了法军的追击，但瓢泼大雨才是帮助威灵顿人马逃跑的最大功臣。"道路一片泥泞，"法兰西帝国近卫军士兵伊波利特·德·莫迪回忆道，"我们的纵队没有办法维持一丁点儿秩序。"法国步兵军官雅克·马丁（Jacques Martin）描述了当时的混乱场面：

　　我从未见过这么猛烈的暴风雨！它骤然倾泻到我们头上……几分钟内，公路和平原就化为泽国。在白天余下时间和整个夜晚，大雨持续不断，所以路就更难走了。人马都陷入齐膝深的烂泥中。天色越来越黑，伸手不见五指，各营混杂在一起，每一名士兵都在竭尽全力地前进。我们不再是一支军队，而是一大群人。

　　法军的追击变成了与天气和泥浆的斗争。大部分步兵穿过田野前进，将公路留给炮兵。士兵们寻找自己的路径，避开前面的人踩踏出来的泥坑。他们越来越分散，有些人直到天亮才找到自己的单位。雨还在下。夜幕降临时，前锋的法军骑兵抵达公路一个小突起的顶端，突然遭到炮击。此时是黄昏，由于满天乌云，天空黑得不寻常，大雨猛击地面。在黑暗中突然出现开炮的火光，从宽阔而湿漉漉的山谷射来了炮弹，引信发出小股硝烟，北方一线山岭上出现了许多炮口焰。有些炮弹爆炸了，没有造成多少杀伤，有些炮弹根本没有爆炸，因为被雨水浸透的地面熄灭了它们燃烧的引信。炮火在喷发的瞬间就突然熄灭了。

　　在此之前，英军大炮是从接近公路的地方发射的，但目前法军前锋骑兵看到的新的火光来自前方的山岭，那里笼罩在硝烟中，硝烟在暴雨中飘过来。他们知道这些硝烟意味着什么。这说明敌人的火炮已经离开了公路，被部署在一线山岭上，敌军打算在那里坚守。英军打算停下来防御。追击战结束了。法军前方就是威灵顿公爵和他的军队。

　　他们打算在一个叫作圣约翰山的地方与法军交锋。

＊　＊　＊

　　400年前，在一个叫作阿金库尔的村庄附近，一支英格兰军队严阵以待，等候与法军交战。在那个10月夜间，阴雨连绵，天空中回荡着雷声。这是一场天昏地暗的大雨。次日早上，雨终于停了下来，此时英军面前的战场已是一片泥潭。打败了法兰西武士的头号功臣，就是这些烂泥，而不是英格兰人的箭雨或者英格兰人的勇气。法兰西武士身披重达五六十磅的

119

板甲，不得不在齐膝深的烂泥里缓缓前进，只有这样才能抵达目标。黏稠的厚厚烂泥让他们十分疲惫，他们抵达亨利五世的战线后，就被残酷无情地砍倒在地。

1815 年 6 月 18 日，星期天，滑铁卢以南山谷也是满地烂泥。这是一个预兆。

皇帝要么不知道阿金库尔战役的历史，要么觉得战斗前夜的大雨根本算不得预兆。在前两天他犯过一些错误，但他仍然绝对自信。富瓦（Foy）将军记得拿破仑的预测：

> 在弗勒吕斯（Fleurus）（利尼）战役①那样的大战之后，普军和英军还遭到相当强大的部队的追击，所以在两天内不可能会师。英军决定停下来作战，我们非常高兴。因为即将开始的战役将拯救法兰西，永载史册，青史留名！

这与他之前说的"你毁掉了法国！"相比，是极大的变化，但那句凶狠的斥责是拿破仑意识到奈伊浪费了良机时，愤怒之下脱口而出的。虽然失去了那次机遇，拿破仑仍然有很好的理由感到自信。据他所知，普军正在向东撤退，遭到格鲁希元帅追击，而威灵顿愚蠢地决定停下来交战。

> 我准备炮击敌人，并用骑兵冲锋，以迫使敌人暴露位置。确定了英军位置后，我就立刻用老近卫军径直攻击他们。

---

① 利尼战役的主要战斗其实是在弗勒吕斯镇以北不远处发生的，所以也被称为弗勒吕斯战役。

拿破仑经常说对敌人不以为然的话，他在6月18日（星期天）的战术就像他预测的那样非常简单，但仍然表现出了他极大的自信。法军有很好的情报来源，即说法语的比利时人，皇帝一定知道威灵顿的军队是一支内部关系脆弱的联军，而他自己的军队全都是久经沙场的老兵。拿破仑在当夜害怕的是威灵顿会悄悄溜走，让法国丧失一个获得伟大胜利的机会。"大雨如激流，"拿破仑在自己的回忆录中写道：

120

> 几名奉命侦察的军官，以及一些于3点半返回的间谍证实英荷军没有移动……两名比利时逃兵刚刚逃离他们的团，告诉我，他们的军队正在准备作战，不会撤退，而且比利时在为我的胜利祈祷，并同等程度地憎恶英国人和普鲁士人。对敌军统帅来说，留在目前的阵地，是与他的事业和祖国利益最为南辕北辙的事情。他背后是苏瓦涅森林的隘路，如果他战败，就无路可逃……天开始亮了。我回到指挥部，对敌军统帅犯下这样的弥天大错感到非常满意……英国的寡头统治会因此灭亡！到那一天，法兰西将会更光荣、更强盛、更伟大！

当夜，拿破仑的司令部位于一个叫作勒卡尤（Le Caillou）的农庄，在敌人严阵以待的宽阔山谷以南不远处。这一夜他辗转反侧，难以入眠，这丝毫不足为奇。6月18日（星期天）凌晨，他收到了格鲁希发来的一封快件。他理应对此感到不安。格鲁希的信说，普军没有向东撤，而是北……瓦夫尔，这说明布吕歇尔的军队就在距离圣约翰……雨水浸透的山谷几小时路程的地方。但皇帝并没有……起来，直到上午九十点

钟才答复格鲁希。毕竟他已经派遣自己军队的很大一部分去牵
制普军。格鲁希的 3.3 万人奉命阻止布吕歇尔与威灵顿合兵一
处，皇帝相信他能阻止两支敌军会合。目前他只对自己面前的
敌人，即英荷军感兴趣。拿破仑从来没有与英军正面交锋过，
于是征询将军们的意见。在勒卡尤用早膳时，苏尔特元帅告诉
拿破仑："陛下，在正面对垒中，英国步兵就是魔鬼。"这话
让拿破仑颇为恼火，雷耶将军的阴郁评论——占据了良好阵地
的英国步兵是不可撼动、不可战胜的——也让拿破仑不悦。拿
破仑的反驳后来非常有名：

> 你们在威灵顿手下吃过败仗，就觉得他是一位优秀的
> 将领！我现在告诉你们，威灵顿是一个糟糕的将领，英国
> 兵是糟糕的士兵。今天的战役午餐之前就能结束！

　　拿破仑后来因为这句话而遭到嘲笑。他还曾贬低威灵顿仅
仅是"印度兵的将军"，但安德鲁·罗伯茨（Andrew Roberts）
在他的优秀著作《拿破仑与威灵顿》中指出，皇帝在大战前
夕除了贬低敌人，还能说什么？难道要长敌人的威风、灭自
己的志气吗？他的任务是鼓舞士气，不是赞扬敌人的长处。
他知道威灵顿的声望，也知道自己的将军们畏惧公爵，所以
他刻意讥讽和贬低自己的对手。而且，我们几乎可以肯定，
他相信自己的指挥水平比威灵顿高。"我们的胜算有 90%。"
他这样告诉将军们。他曾说："若胜算不到 70%，就根本不
要打。"

　　他的自信是一种病态的表现吗？这可能是个奇怪的问题，
但有人提出，拿破仑患有肢端肥大症，这是一种罕见的激素紊

乱疾病，症状之一就是过度乐观。还有人说拿破仑患有痔疮、便秘、膀胱炎或癫痫，所有这些疾病都被认为是他在这个 6 月无精打采的原因。他肯定很疲惫，但参加此役的几乎所有高级军官都很疲惫。已故的约翰·基根爵士（Sir John Keegan）计算出，在滑铁卢战役之前的三天内，威灵顿的睡眠时间不超过九个半小时，这可能比皇帝要少。关于拿破仑患病的大部分讨论似乎都是在为他的失败找借口，但毫无疑问他的精力已经不如青年时代了。奥古斯特-路易·珀蒂耶（Auguste-Louis Pétiet）上校是苏尔特元帅的幕僚成员，有很多机会观察拿破仑。

122

> 拿破仑越来越肥胖了。他的脑袋变大，更加深陷于两个肩膀之间。他的啤酒肚突出得超常……可以注意到，他在马背上的时间比过去少多了……我的眼睛被这位非同寻常的伟人牢牢吸引着，在那么长的时间里，胜利女神不断向他泼洒赠礼。他的肥胖、他的灰暗面色、他沉重的步子，都与多年前那个波拿巴将军判若两人。当年我的军旅生涯刚开始的时候，1800 年在意大利作战期间，他瘦得让人担心，军中士兵全都无法理解，身体这么虚弱、看上去疾病缠身的人如何能经受那样的辛劳。

不过，不管是否疲倦，皇帝都求战心切。他担心的仅仅是，威灵顿会趁夜色继续撤退。但黎明后他发现威灵顿仍在原地。前一夜，看到英军营火照亮了雨夜时，皇帝兴高采烈地说："啊！我抓住他们了，那些英国人！"

的确如此。

＊ ＊ ＊

英荷军的司令部在滑铁卢小镇，军需人员在各座房舍的门上用粉笔写字，以标明住在那里的是谁。"威灵顿公爵大人"的字样写在主街道一座舒适房屋（如今是博物馆）的前门上。公爵这一夜的很大一部分时间都在写信。他睡了大约三个小时。大雨淅淅沥沥地下个不停。

他写信给英国驻荷兰王国大使查尔斯·斯图尔特爵士（Sir Charles Stuart）（此时在根特）："若有可能，请务必让当地英国人保持镇静。让他们全都做好撤离的准备，但不要匆忙，不要恐慌，因为战局说不定还会好转。"他还写信给弗朗西斯·韦伯斯特夫人，即他在布鲁塞尔公园会面的 22 岁朋友。在这封信的抬头，他写道，"滑铁卢，1815 年 6 月 18 日，星期日，凌晨 3 点"：

> 亲爱的弗朗西斯女士，我们在星期五血战了一场，我取得了胜利，尽管我手中的兵力很少。普军遭受重创，于夜间撤退，所以我不得不在昨天也撤退，到了此地。作战期间，我可能不得不让布鲁塞尔暂时失去掩护，也许会让那座城市暴露在敌人面前；为了这个原因，我建议您和家人做好准备，随时撤往安特卫普。我若发现有危险，会第一时间通知您。目前我认为布鲁塞尔没有危险。

公爵告诫英国人不要恐慌，这固然是好的，但人们其实已经开始张皇失措。谣言传播极快，称英荷军已经战败，普军在逃跑，拿破仑正在不可阻挡地奔向布鲁塞尔。塔珀·凯里

（Tupper Carey）是一位副总军需官，奉命去布鲁塞尔搜寻补给物资：

> 我走了还不到 1 英里，突然间似乎所有人都陷入恐慌，大家呼喊着敌人快到了。我是刚刚从前线回来的，那里一片寂静，所以我觉得这很荒唐……我从未目睹过这样混乱和愚蠢的景象。雪上加霜的是，雨下得非常大，我们在苏瓦涅森林里。仆人把行李丢到地上，然后跳上自己的牲口，拼命向后方逃跑……用乡村大车运载给养的农民切断了挽具的绳索，丢下大车，骑马逃走。

布鲁塞尔的情况好不了多少。威灵顿战败的谣言四处传播，英国游客急于找到出城的交通工具。英国平民约翰·布斯（John Booth）当夜在城内，描述了当时的混乱景象： 　　124

> 笔墨无法描绘人们争夺马匹和车辆时的扭打。主人和佣人、马夫、女佣、车夫和绅士互相争吵，全都同时互相斥责，用法语、英语和佛兰芒语互相辱骂……吵架之后就动手……一半的比利时车夫不肯走，也不肯让他们的牲口走。他们用很多手势，呼唤所有圣徒和天堂的天使见证，发誓赌咒说他们绝不出动，哪怕是为了营救奥兰治亲王；爱、钱、威胁或哀求都无法撼动他们的决心。那些有马，或者有办法搞到马的人，以惊人的速度出发了。一辆又一辆英国马车奔向安特卫普。

安特卫普在布鲁塞尔的正北方，通往安特卫普港口的道路状态良好，运河系统也运转正常。幸运的旅行者可以在驳船上找到一个床位，在豪华船舱内享受美食；同时马匹拖曳着驳船，顺利北上。但到 6 月 17 日，驳船要么离开了布鲁塞尔，要么被英国陆军征用，改为浮动救护船，将伤员运往安特卫普码头。英军在四臂村大败的谣言被难民带到了安特卫普，造成了更多恐慌。在四臂村战役当夜，法国人也被类似的谣言感染了。"所有人稀里糊涂地东奔西跑，喊道：'敌人来了！'"来复枪兵奈德·科斯特洛①写道："非常奇怪的是，前线秩序井然、镇静自若，而后方却鸡飞狗跳、东奔西跑。很多人以为是相反的情况。"

公爵泰然自若。当夜某个时间，他得到了普军的保证，他们会在次日上午前来援助他。他需要的就是这样的保证。他在当夜担心的是，拿破仑会袭击他的右翼，切断他撤往奥斯坦德的道路。为了防止发生这种情况，威灵顿在哈勒村部署了 1.7 万人。这些部队没有参加后来的作战，因为拿破仑没有尝试将威灵顿诱出预设阵地，而是简单地迎头猛攻。但在这个雨夜，威灵顿不可能知道皇帝的打算是什么。公爵的副将，阿克斯布里奇伯爵问威灵顿，明天的计划是什么。威灵顿的回答非常冷淡。"明天谁会先进攻？"公爵问道，"我还是波拿巴？"

"波拿巴。"阿克斯布里奇答道。

"那么，波拿巴还没有把他的计划和我分享。我的计划取决于他的计划，所以我怎么能告诉你，我的计划是什么？"

威灵顿原本不想让阿克斯布里奇担任他的副将和英军骑兵总指挥。人们常说，这是由于阿克斯布里奇和威灵顿的弟弟亨

---

① 即前文讲到的爱德华·科斯特洛。"奈德"是"爱德华"的昵称。

利的妻子私奔了。这在当时是一桩大丑闻。威灵顿更愿意让康伯米尔勋爵（Lord Combermere）当他的骑兵总指挥。康伯米尔勋爵在1812年时的名号是斯特普尔顿·科顿爵士（Sir Stapleton Cotton），他曾率领英军骑兵参加萨拉曼卡战役，为这场惊人胜利做出了关键性贡献。但阿克斯布里奇得到王室的恩宠，所以公爵很无奈。阿克斯布里奇得到任命的时候，公爵的一位朋友开玩笑说："阿克斯布里奇勋爵最有名的一点就是，会带领尽可能多的人跑掉。"

"我会非常小心，不让他把我带跑。"公爵简略地答道。在战斗前夜，公爵无疑感到自己刚才那样没好气地训斥阿克斯布里奇，对他太苛刻了，于是拍了拍副将的肩膀。"有一件事情是确定的，阿克斯布里奇，那就是无论如何，你我都会尽忠职守。"

阿克斯布里奇实际上是一位有天赋的骑兵将领，但一定觉得担任威灵顿的副手是一件极度受挫的事情。公爵不会把权力下放。他不像布吕歇尔和拿破仑那样有自己的参谋长。他就是自己的参谋长，不信任任何人能把工作做得像他自己那样好。阿克斯布里奇勋爵提出关于公爵计划的问题，完全是正当的，理应得到一个深思熟虑的答复。但威灵顿不想和他讨论，也不想让阿克斯布里奇主动提出建议。他是统帅，这就够了。

他当夜书信的笔调，以及对待阿克斯布里奇的粗暴，显露出他不像拿破仑那样自信。他的确没有自信的理由。他只信任自己一半军队的战斗力，而且如果普军不来救援，他的军队必败无疑。沙皇曾赞誉威灵顿为世界征服者的征服者，但他还没能证明这一点，所以他在这个大雨瓢泼的夜晚，一定心怀疑虑。他即将面对的那个人被举世公认为本时代最伟大的军事家，他从未与其交手，而那个人常被称为天才。

但威灵顿知道自己不能表现出紧张。早上雨停的时候，他遇见了朋友阿拉瓦，即西班牙驻荷兰大使，他之所以来到滑铁卢，完全是因为对公爵本人的忠诚。阿拉瓦担心威灵顿不像往常那样自信满怀，但公爵的话让阿拉瓦放下心来。公爵向法军正在排兵布阵的山谷点点头，说道："那个小家伙，还不知道自己要被揍成什么样！"

* * *

但只有普军赶来参战，拿破仑才会被打败。这或许就是关于滑铁卢战役需要理解的最重要的一点。曾有人争论是谁"打赢"了此役，仿佛普军和英军在竞争这项荣誉。但基本事实是，如果威灵顿不相信普军会来援助他，就绝不会在圣约翰山停下来坚守；而如果布吕歇尔相信威灵顿抵挡不住法军进攻，也绝不会冒险来援助他。

布吕歇尔聪明的参谋长格奈森瑙主张放弃威灵顿。格奈森瑙因为敦促普军向东撤退，后来遭到了大量批评，尤其是英国人的批评，但他这么主张也是高度负责任的表现。他是在向他那位喜怒无常、激情满怀的统帅指出当前局势的危险。格奈森瑙的确对英军评价极低，并相信威灵顿不值得信赖，这些观念肯定影响了他的判断，但他告诉布吕歇尔，威灵顿可能仅仅假装坚守，然后溜走，让普军处于弱势。拿破仑随后就可以攻击布吕歇尔的军队，给威灵顿足够的时间挽救他自己的人马。格奈森瑙确实相信是这样吗？或许并非如此，但他向布吕歇尔指出这种可能性，肯定是正确的做法。老元帅必须做出决断，他需要知道，如果去援助威灵顿，对他自己有什么风险。而布吕歇尔因负伤在梅勒里村躺下休息、格奈森瑙代行指挥的时候，格奈森瑙确保普军是向北撤退的。他派遣参谋军官在十字路口守候，指挥官兵去往北面的瓦夫尔。他让自己的统帅有进退两条路可走。

不管格奈森瑙私下里对英荷盟军的看法如何，都没有坚持自己的反对意见。布吕歇尔决定率军援助威灵顿，于是格奈森瑙执行了元帅的计划。布吕歇尔军中一名年轻参谋军官后来写道：

> 布吕歇尔放弃了显而易见的撤退路线，以便与威灵顿公爵保持联络，因为他感到，他的第一场战役可以说是搞砸了，因此他决心再打一场。于是他通知威灵顿公爵，他会率领全军来支援他。

这位年轻的参谋军官是卡尔·冯·克劳塞维茨少校。他后来成为最著名的军事理论家之一。他忍受了朝向瓦夫尔的艰苦撤退，这趟在黑暗中的旅程十分恐怖，倾盆大雨更增加了不少危险。他在给妻子的信中描述了部队如何在洼陷的公路上艰难跋涉，时刻担心法军的追击："我相信，这一夜，我的头发变灰白了。"

但法军并没有追上来。格鲁希拥有 3.3 万人和 96 门炮，可以追击普军，但他不知道应当去哪里寻找敌人。事实上，到6 月 18 日黎明，布吕歇尔看不到法军活动的迹象，于是判断拿破仑没有抽调兵力去追击他。虽然天气恶劣，虽然天空昏暗，虽然他们在利尼吃了败仗，但普军离威灵顿军队只有 12英里。这 12 英里路程很艰险，要越过多条溪流、穿过险峻山岭，但布吕歇尔已经向威灵顿承诺，他将率军去援助威灵顿，所以他一定会去。"我将再一次率领诸位攻击敌人，"老元帅在当天的命令中宣布，"我们将打败敌人，因为我们必须打败敌人！"

在利尼，皇帝为布吕歇尔设下了天罗地网，希望奈伊或埃尔隆能像闪电一样猛击普军右翼。这个陷阱未能奏效。

布吕歇尔曾希望威灵顿到利尼袭击法军左翼，但这个陷阱也没成功。现在，第三个陷阱准备好了。威灵顿是诱饵，拿破仑是潜在的猎物，而布吕歇尔是陷阱的操作者。

此时是 1815 年 6 月 18 日（星期天）的黎明。

《威灵顿公爵》，Sir Thomas Lawrence 作。他穿着朴素的深蓝色大衣、白色马裤和低筒靴……戴着惯常的三角帽。公爵作战时总是穿着朴素。他的部下知道他是谁，他不需要穿金戴银和矫揉造作地装饰自己。

热纳普村，威灵顿在四臂村战役当晚在此宿营。滑铁卢战役结束后，普军一支分队在此缴获了拿破仑的马车。

在哈瑙战役（1813 年 10 月）中，拉雷医治一名伤兵。

ambulance de la
bataille de Hanau

《多米尼克·拉雷男爵肖像习作》，Paulin Jean Baptiste Guérin 作。作为帝国近卫军总医官，他认识到，在官兵负伤后尽早医治，比让他们留在原地受罪、等待运回后方再医治要好得多，于是他发明了"救护车"，在挤满死尸和残骸的战场上也能灵活机动。

Château de Versailles, France

亨利·佩吉特，阿克斯布里奇勋爵，Sir William Beechey 作。佩吉特是威灵顿的副将。
尴尬的是，他此前和威灵顿最小的弟弟的妻子私奔了。在滑铁卢战役末期，佩吉特被炮
弹夺去了一条腿。

《英国皇家骑炮兵,火箭部队》,William Heath 作。火箭是一种新式武器,
威灵顿觉得它唯一的用处就是吓唬马匹。

苏尔特元帅，达尔马提亚公爵肖像，Joseph Desire Court 作。苏尔特元帅
告诉拿破仑："陛下，在正面对垒中，英国步兵就是魔鬼。"

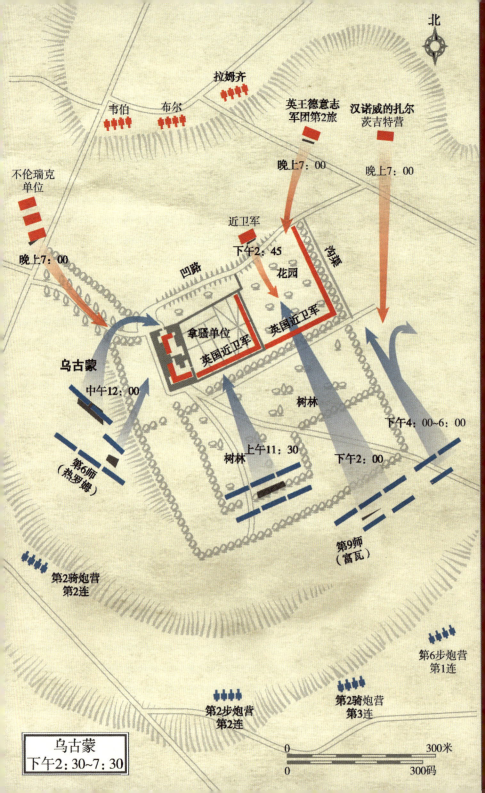

北

拉姆齐

韦伯　布尔

英王德意志
军团第2旅

汉诺威的扎尔
茨吉特营

晚上7：00　　　晚上7：00

不伦瑞克
单位

近卫军

晚上7：00

下午2：45

凹路

花园

沟渠

拿骚单位

英国近卫军

英国近卫军

乌古蒙

中午12：00

树林

树林

上午11：30

下午2：00

下午4：00～6：00

第6师
（热罗姆）

第9师
（富瓦）

第2骑炮营
第2连

第6步炮营
第1连

乌古蒙

下午2：30～7：30

第2步炮营
第2连

第2骑炮营
第3连

0　　　　　　　300米

0　　　　　　　300码

第六章

一发炮弹不知从何处飞来，打掉了
我右手边那人的脑袋

将军们可以在室内遮风挡雨，但对大多数士兵而言，大战
前夜是一场疾风苦雨、深陷烂泥的凄苦噩梦。很少有人能找到
躲避处。威廉·吉布尼（William Gibney）是英军骑兵部队的
一名军医，他比较幸运，因为他至少能有点饮食：

> 别无选择。我们只能尽可能在烂泥和污秽中安顿下
> 来，身上带着给养的人算是走运。我在今天早上弄到了一
> 点口条（但我不知道它是烧熟的，还是仅仅烟熏盐腌
> 过），酒瓶里有一点点白兰地，所以我的处境比大多数人
> 都强。我四处探望，想找一个干燥一点的地方躺下……
> 四处是烂泥，但我们找到了一些稻草和树枝，努力用这些
> 东西缓解烂泥造成的痛苦，并搭建一个简易窝棚，勉强抵
> 御彻夜不停的暴雨。我们用斗篷裹着身子，紧紧挤在一
> 起，就这么躺在烂泥地里。

他自称睡得"人事不省"，如果这是真的，那么他属于极
少数。另一名骑兵军医约翰·戈登·史密斯（John Gordon

Smith）记得，他所在的龙骑兵单位需要食物、饮用水和篝火：

> 我们领到了一些食物；马匹至少得到了一些照料，但是没有水！圣约翰村附近有一个水井，这是成千上万口舌生烟的人的唯一水源。我们对水井的第一次"进攻"也是最后一次，因为绳子断了，水桶坠入井底，而且井非常深，我们没有办法把桶弄上来。我们对水绝望了，只能把注意力转向火。取火倒是非常成功。邻近的村庄为我们提供了充足的燃料。门板、百叶窗、形形色色的家具、大车、犁、耙、手推车、钟箱、木桶、桌子等，全被搬到或者滚到露营地，被打碎，填入熊熊燃烧的大火，尽管雨一直下。椅子被处理的方式不同。军官们给每一把椅子出价两法郎，士兵们起初还能保证椅子的供应。但最后椅子没有了，我很想买一把稻草。马匹占据的田野前方有一条泥潭般的小路（军官的营火就在那里点燃），路边有一条浅沟。在这里，我们一群人铺开了稻草，决心就在那里过夜，盖着我们的斗篷。但由于当地黏土的特点，雨水不会渗入泥土，而是像船底漏水一样往上涌，涌到稻草里，所以我们身下比身上更湿漉漉。

椅子当然是为了让军官们的屁股不沾上烂泥。威灵顿公爵坚决反对掳掠平民，对偷盗平民财物的士兵加以严惩。他这么做的动机除了维持纪律之外，还是为了防止不必要地树敌。在西班牙，法军恣意掳掠，招致了几乎所有西班牙人的仇恨，于是西班牙人对法军开展游击战。拿破仑军队在西班牙的失败，一半是由于正面战场，一半是由于游击战。威灵顿于 1814 年入侵法国南部的时候，严格管制自己的部下，禁止他们掳掠平民。但在此地，在大战前夜，士兵们被允许随意劫掠。允许这种行为的不是威灵顿，而是弗雷德里克·亚当（Frederick Adam）将军。理查德·考克斯·艾尔少尉所在的来复枪营两天前在蒙斯附近与法国枪骑兵有过"摩擦"。他说，6 月 17 日夜，他的战友们"就像很多淹得半死、饥肠辘辘的老鼠"。然后他们：

> 得到旅长亚当将军的批准，可以劫掠三座农舍……烤火取暖的想法让我们大为宽慰！椅子、桌子、沙发、摇篮、搅乳器、木桶和五花八门的可燃物都很快在大火里噼啪作响。然后，我们去屠宰院子里所有活着的家畜家禽。不到一小时，我们就吃上了牛肉、猪肉、小牛肉、鸭肉、鸡肉、土豆和其他美味。这是我曾"攻击"过的最可口的佳肴。

艾尔少尉很幸运，有的士兵连烤火的慰藉都没有，更不要说大快朵颐了。近卫军列兵马修·克雷（Matthew Clay）这一夜是在一条沟边度过的，一堵厚厚的树篱能给他部分遮蔽。其他士兵睡在露天，用背包当枕头。大多数人都难以入眠。雷声滚滚，回荡在夜空，偶尔有闪电划过；被拴在湿漉漉泥地的木桩上的马匹偶尔会脱缰，惊恐万状地在露营部队之间奔跑。有一匹逃走的马属于第 95 来复枪兵团的约翰尼·金凯德上尉。他将战马的缰绳系在一名士兵的枪头剑上（步兵携带的可当作刺刀的剑，有剑柄，剑刃长 23 英寸），将剑插入泥地，然后去睡觉了。他醒来时发现马不见了，绝望地到处寻找，过了

136　一个钟头发现马正在两匹炮兵用马之间吃草，剑还系在缰绳上。大雨如注，下了一整夜，浸透地面，击打庄稼，灌满沟渠。默瑟上尉和其他军官挤作一团：

> 我不知道伙伴们睡得怎么样，我们全都纹丝不动、安安静静地躺了很长时间，参加过半岛战争的老兵不屑于在初尝战火的新兵面前抱怨。新兵也不敢抱怨，免得挨骂："上帝保佑你那可怜娇嫩的身子！你们这样的货色在比利牛斯山脉能干些什么？"或者"哦哈，小宝宝！这跟我们在西班牙的时候相比，简直就是儿戏！"所以那些睡不着觉的人（我相信是绝大多数人）都假装睡觉，以值得钦佩的英雄主义精神忍耐这些煎熬。

法军的处境更艰苦。威灵顿的军队至少在白天抵达了圣约翰山，还有时间掳掠和打碎家具来烧火，拿破仑的军队在上半夜才陆续赶到。差不多 1 英里之外的英军能听到大车、火炮和前车的轮子在布鲁塞尔公路上隆隆行驶。天色越来越暗，所以法军没有多少机会去搜寻燃料或食物。有些骑兵在马背上睡觉，或者努力睡觉。他们一定羡慕从延绵不断的大雨中传来的英荷军的火光。

15 万人来到这座山谷。15 万人努力在疾风苦雨的黑暗中睡觉，都知道天亮之后必有一场大战。我们没有办法给出精确的数字（除了火炮数量），但拿破仑军队约有 7.75 万人、246 门大炮。威灵顿有约 7.32 万人和 157 门炮。布吕歇尔还有 10 万人和 240 门炮，位置在东面 12 英里处。目前布吕歇尔还不能参加战役，但他承诺要率领一半兵力和 134 门炮去圣约翰山。所以，拿破仑必须在普军抵达战场之前击败威灵顿。

　　拿破仑的兵力比威灵顿多，但多得有限。皇帝的真正优 137
势在于，他的部队整体而言素质比敌人高。威灵顿完全信赖
他的英军和英王德意志军团，这相当于他军队的一半；但其
余部队的质量可疑，忠诚度也不可靠。拿破仑的第二个优势
是火炮的数量和效力更高。拿破仑自己就是炮兵出身。大炮
是他"美丽的女儿"，但这些"女儿"的效力将因泥泞而有
所减损。

　　正如在阿金库尔，泥泞拖慢了法军武士前进的速度，令其
抵达敌军战线之前就十分疲惫，滑铁卢的烂泥也会帮助威灵顿
的人马。拿破仑喜欢用大炮猛轰敌人，在远距离之外削弱敌
人，正如他在利尼击溃了暴露的普军步兵。以横队、方阵或纵
队出现的步兵营对大炮来说是很容易命中的目标。如果距离较
远，炮手喜欢用实心弹"打水漂"，就像用小石子在池塘水面
打水漂一样。但发射沉重的实心弹时，会瞄准目标前方一点的
距离，然后实心弹会在地面弹跳一次、两次，甚至很多次，才
抵达目标。人们或许会吃惊，但这种打法比直接瞄准更准确。
如果炮手直接瞄准目标开炮，而不是用实心弹"打水漂"，那
么火药装填量或者弹丸的一点点差别，就会严重影响实心弹的
轨迹，射得太高的实心弹不会造成任何伤害。"打水漂"的实
心弹飞行轨迹较低，几乎每次都能命中，但烂泥会拖慢这种实
心弹的飞行速度，甚至将其阻滞。烂泥也会影响榴弹。实心弹
顾名思义是实心的，而榴弹是一个中空的圆铁球，内部装满炸
药，而滑铁卢的地面非常松软，很多榴弹会陷入烂泥，然后才
爆炸，或者燃烧的引信被潮湿的地面熄灭。榴弹炮的射角很
大，炮弹飞行轨迹是一个很高的弧线，所以可以击中障碍物背

后的目标，或者命中炮手看不到的背坡（威灵顿喜欢将部队隐蔽在背坡），而榴弹炮的炮弹在落地时尤其容易被烂泥裹住。

拿破仑有约 5.3 万名步兵，与威灵顿的步兵数量差不多，但威灵顿的部队良莠不齐。炮兵可以轰击敌人，骑兵可以消灭脆弱的单位，但真正赢得胜利的还是步兵。只有步兵才能发动进攻，夺取敌人阵地并守住。骑兵可以深深插入敌军地域，但正如克勒曼在四臂村发现的，骑兵面对敌人的滑膛枪和火炮非常脆弱。要战胜敌人的步兵，就需要自己的步兵，拿破仑在这方面其实没有优势。要突破威灵顿的步兵，皇帝的步兵需要通过半英里的开阔地，其间会一直遭到英荷军火炮的轰击，而敌人可以隐蔽起来，等到最后时刻才冲杀出来。最后的决战将是步兵与步兵非常近距离的枪战。上文已经讲到，让步兵横队通过开阔地是不可能的。所以法军只能以纵队前进，而迎接他们的将是英军横队。当然法军在接近敌人后会转换成横队，但他们需要以纵队形式穿越山谷，而纵队对炮兵来说是很轻松的目标。

这个湿漉漉的星期天拂晓时，法军可以看到敌人在远方山岭严阵以待，尽管许多英荷军士兵隐藏在背坡。不过战场的形状是很清晰的，而且面积很小。滑铁卢战役是史上战场最狭窄的战役之一。三支军队要在 3 平方英里的地域殊死搏斗。

法军中路在佳姻庄客栈，这座客栈位于公路与南岭交叉处。站在客栈处的人若向北沿着公路眺望，可看见山谷在他面前向左右两侧展开。南北两座山岭并非平行，都是弯曲的，北岭形成一个面向南方的半圆形，而南岭是一个面向北方的半圆形，所以中间的宽阔峡谷是人的眼睛的形状。战场的东端有一些零零落落的石屋、一些树林，更远方是崎岖不平、地形复杂的乡村。这些小山上交织着溪流和拉恩河的源头水，易守难攻，所以战场东端以那片地形更为破碎的地域为界。在这片地形较破碎的地域的边缘，有一些小村庄和较大的农庄：帕普洛特（Papelotte）、拉艾（La Haie）（注意不要与拉艾圣混淆）、斯莫安（Smohain）、弗里谢蒙（Frichermont），全都可以被改为坚固的石质要塞，所以这一翼，也就是英荷军的左翼，非常坚固，法军无法尝试在这里绕过威灵顿军队的侧翼。在法军战线后方，还是在他们右侧，有一个叫作普朗斯努瓦（Plancenoit）的大村庄。大多数法国人可能很少注意到普朗斯努瓦。它在他们背后，所以不大可能成为与威灵顿部下交战的战场。但在这一天结束的时候，普朗斯努瓦将成为一个屠杀场。

　　这一天的大部分时间，拿破仑都待在佳姻庄附近。威灵顿比皇帝活跃得多，但若没有特别的事情，一般待在北岭中央十字路口旁的一棵榆树下。从佳姻庄到这棵榆树的距离是 3/4 英里（1200 米），从十字路口向东到帕普洛特也是 3/4 英里。北岭的顶端有一条小路，大致沿着山岭走向。法军可以看见这条路上的树篱，法军与这条路之间就是宽阔的山谷，地上长着高高的黑麦、大麦和小麦。在佳姻庄观察的人会看到，榆树和帕普洛特之间的开阔乡村是一块长长的缓坡，延伸至威灵顿军队在等待的山岭的低矮顶峰。穿过这片开阔地进攻，是非常可能成功的。

　　若径直沿着公路向榆树进攻，就困难得多了，因为远方山岭缓坡的半山腰处坐落着固若金汤的石屋农庄拉艾圣，法军可以清楚地看到敌人在这座农庄派驻了部队。若进攻威灵顿中

139

路，就必须攻克拉艾圣要塞，消灭驻守在与农庄隔着一条路的大沙坑里的绿衣来复枪兵。农庄和沙坑间隔约 200 米，也就是 200 码多一点，都在山顶前方。

拉艾圣西侧又是一片开阔地，宽约 2/3 英里，法军若在此处进攻，不会遇到许多障碍，但必须夹在拉艾圣驻军和乌古蒙农庄大型建筑群守军之间前进。

140　　乌古蒙是一座富裕的农庄，位置在威灵顿山岭的前方。它比拉艾圣大得多。那里有一座很大的房屋（即别墅）、谷仓、小教堂、马厩和其他外围建筑，全都被高高的石墙环绕着。有一座有围墙的花园，以及有树篱环绕的果园。这也是一座令人生畏的要塞，南北两座山岭在此处距离最近，不过二者之间的山坡在此处最陡峭。乌古蒙是个棘手的目标，但乌古蒙和拉艾圣之间有足够的空间用以发动大规模的步兵攻击。

在乌古蒙以西更远处，地域更为开阔。拿破仑会发现很难包抄英荷军左翼，因为帕普洛特远方地域易守难攻；但威灵顿的右翼，即乌古蒙以西更远处，或许会诱惑拿破仑。如果他绕过乌古蒙向西进攻，就能迫使威灵顿放弃他的山岭，将部队转向，以面对新威胁。威灵顿害怕拿破仑会那样做，于是将自己的大部分预备队部署在布赖讷拉勒村（Braine l'Alleud），它的位置在他右翼的后方。这些预备队能够抵挡法军的侧翼包抄，但如果战局不利，威灵顿被迫撤退，在哈勒村（滑铁卢以西10 英里处）还有 1.7 万人；若威灵顿军队被迫向大海撤退，这 1.7 万人将担当后卫。后来，这 1.7 万人在当天战斗中没有发挥任何作用。

拿破仑派遣了他的部分兵力，即格鲁希的 3.3 万人和 96 门大炮，去追击普军。格鲁希的任务是找到普军，与其交战，并阻止布吕歇尔军队前来援助威灵顿。

于是，到 6 月 18 日（星期天）黎明，三支军队都在准备作战。大雨终于停了，不过当天大部分时间都还会有阵雨。虽然是夏天，却仍然寒冷刺骨。约翰尼·金凯德的来复枪兵在榆树以北不远处的公路边瑟瑟发抖，烧了一大锅水，往锅里放了茶叶、糖和牛奶。"军队的所有大佬都经过了这里，"他说，"我相信，他们所有人，从公爵往下，每人都要了一杯茶。"

法军的处境并不比英军舒服。18 岁的步兵路易·康莱（Louis Canler）在大雨中度过了一个寒冷入骨的夜晚，但至少黎明时有早餐。他所在的连宰了一只羊，加了一些面粉煮，好让肉汤稠一些，但他们没有盐来调味，于是其中一名士兵往锅里放了一点火药。康莱回忆说，这羊肉"非常难吃"。

英国近卫军士兵马修·克雷在乌古蒙果园一条沟旁度过了一个痛苦的夜晚，他的经历也差不多。他说，在黎明时：

> 我们从乌古蒙农庄搞了一些燃料，点起火来取暖。我们在湿漉漉的沟旁坐了一夜，四肢都抽筋了。每个班的中士发给每个人一小块面包（大约 1 盎司重）。上级询问士兵当中有没有当过屠夫的。

宰了一头猪，将它切开。克雷得到了猪头的一部分，他虽然把肉烤了烤，还是觉得无法下咽。然后他检查了自己的滑膛枪，做好准备。他的枪已经装好了子弹，因为乌古蒙驻军担心夜间遭到袭击。不过一夜无事。他向一块烂泥田埂开了枪。在南北两座山岭，士兵们都在清理自己的滑膛枪。火药可能受潮，大家都不希望敌人出现时自己的滑膛枪却不能

使用，于是他们都开了枪，除去隔夜的火药。克雷检查了自
己的弹药，束紧滑膛枪的击铁，然后给强劲的弹簧与扳机上
了油。有些滑膛枪的木制部件因受潮而发胀，影响弹簧的
运作。

　　克雷和其他每一名英国兵一样，携带的都是褐贝丝[①]式滑
膛枪，不过事实上并没有叫这个名字的武器。当时有"标准"
滑膛枪、"印度标准"滑膛枪和"新标准"滑膛枪，它们的绰
号都是褐贝丝式。最基本的滑膛枪是在 18 世纪初发展出来的，
也就是滑铁卢战役前的 100 年。马尔伯勒公爵[②]的陆军对 19
世纪初生产的新标准滑膛枪也不会感到陌生。滑膛枪很重，有
10 磅多一点，非常笨拙，枪管长 39 英寸或 42 英寸，发射的
弹丸直径为 1 英寸。1 分钟内有可能发射 5 发子弹，但这是极
罕见的情况，正常的射速是每分钟 2 ~ 3 发，就连这也是乐观
的估计。在战斗中，点火孔会被燃烧的火药弄脏，枪管内的残
留火药会结成块，燧石会破裂，需要更换。不过一个 500 人的
英军步兵营每分钟仍然能发射 1000 ~ 1500 发子弹。如果在距
离目标太远的地方射击，比如 100 码之外，大多数子弹都不会
命中，因为滑膛枪的不精确是臭名远扬的。它不精确的主要原
因是游隙，即枪管内径与弹丸直径的差距。这个差距一般是
1/20 英寸，这样能让弹丸更容易、更快地装填，但弹丸在枪
管内飞行的时候会不断蹦跳，最后一次蹦跳将决定它出膛后飞

───────────

①　"褐贝丝"（Brown Bess）的名称起源众说纷纭，可能来自德语。

②　约翰·丘吉尔（1650 ~ 1722 年），第一代马尔伯勒公爵，英国五朝（詹
　　姆斯二世、威廉三世、玛丽二世、安妮、乔治一世）元老、卓越军事家
　　和政治家。他出身低微，凭借军事和外交才华不断攀升，在九年战争
　　（1688 ~ 1697 年，敌人为法王路易十四）和西班牙王位继承战争（1701 ~
　　1714 年）中屡建奇功，帮助英国在欧洲获得更为强势的大国地位。

行的方向。人们对滑膛枪的精度做过许多实验，普军做的一次实验很典型。他们发现，若一个步兵营射击一个距离 75 码、长 100 英尺、高 6 英尺的目标，命中率为 60%。若距离为 150 码，命中率下降到 40%。距离 225 码时，命中率为 25%。专业射手乔治·汉格（George Hanger）上校在 1814 年出版的《致所有运动家》（To All Sportsmen）中写道：

> 士兵的滑膛枪，只要枪管质量不是特别差（这种情况还是很多的），能在 80 码外命中一个人。100 码仍有可能命中。若一名士兵被 150 码外的敌人瞄准并击伤，就算是非常倒霉；若在 200 码外用普通滑膛枪射击一个人，简直相当于朝月亮开枪。

拿破仑战争时期，人们对滑膛枪的效率也做了估算。在塔拉维拉战役①，半个小时内有 1300 名法军伤亡，但敌人花费了 3 万发滑膛枪弹！在维多利亚战役，威灵顿军队消耗了 367.5 万发子弹，击毙击伤 8000 个敌人，也就是说平均 459 发子弹才有一发命中！在近距离，效果会好很多，英军受到特别训练，等到敌人非常接近的时候才开枪。

法军也在清理他们的滑膛枪。他们的武器是沙勒维尔滑膛枪，比褐贝丝式轻约 1 磅，精度同样差。沙勒维尔滑膛枪的口径小一些，这意味着法军步兵不能使用从英军死者或伤员身上找到的子弹，而英军可以使用法军的子弹，也确实会搜寻法军

143

----

① 1809 年 7 月 27～28 日，威灵顿的英军与约瑟夫·波拿巴和儒尔当的法军在西班牙城镇塔拉维拉－德拉维纳交战，英军取得战术胜利，威灵顿因此被加封为子爵。

弹药。法军的火药质量比英军差很多，所以枪管和点火孔更容易弄脏。通常清除枪管内结块火药的办法是用热水冲洗，但尿液几乎同样有效。

破晓时，双方士兵都冷得发抖，如同落水狗一般，并且关节僵硬。"如果我看上去有你一半糟糕，"英军第 7 骠骑兵团的威廉·弗纳（William Verner）上尉对另一名军官说，"那么我一定个是惨兮兮的倒霉蛋！"第 92 苏格兰高地团的邓肯·罗伯逊（Duncan Robertson）中士说："我一辈子从来没这么冷过。"他所在的营领了一些杜松子酒之后，他恢复了一些元气。"所有人都满身泥浆，"第 1 皇家龙骑兵团的助理军医哈迪回忆道：

> 大家花了很大力气才把火点起来，烧了一点早餐，清洁武器，干燥弹药。好几个小时静悄悄过去了，天气有所好转，后来太阳露出脸来……我们主要是在等待，保持安静。

"我们奉命备马，准备行动。"第 15 骠骑兵团的助理军医威廉·吉尔比回忆道：

> 我们摸黑备马，浑身湿透，非常不适。在倾盆大雨里过了一夜，烂泥齐腰深，身上还挂着一点稻草，我看到旭日东升时真有种怪异的感觉，自己的外表也一定很奇怪。看看军官们各式各样的仪表，简直滑稽。我们抽着雪茄，有时冷得发抖，站在篝火旁，虽然烟比火多。等待命令真是无聊。我们急于投入行动，哪怕仅仅为了促进血液循

144

环，因为人和马都冷得直打哆嗦。

威灵顿公爵于早上 6 点离开了位于滑铁卢的住处，骑马走了没多远，到达圣约翰山岭，沿途从金凯德的来复枪兵那里讨了一杯热茶。到了山岭之后，他骑马沿着顶峰走，视察阵地。他命令在乌古蒙的雄壮外墙上凿出更多枪眼。普军联络官穆弗林担心公爵在庞大的乌古蒙部署的兵力太少，因为那里有宽敞的花园、果园和多座农庄建筑。"啊，你不认识麦克唐奈，"公爵答道，"我派麦克唐奈去那里了。"詹姆斯·麦克唐奈（James Macdonell）中校是个苏格兰人，34 岁，于 1811 年调入冷溪近卫团。他在这个星期天的任务是以 1500 名近卫军和 600 名荷兰 - 德意志盟军士兵保卫乌古蒙。

在整个山岭，士兵们都在努力干燥自己的军服和弹药，尽可能搜寻食物充饥。一些运气好的士兵找到了一块土豆地，把土豆全挖了出来。他们清理自己的滑膛枪，等待着，等待着。

但法军还没有发动进攻。

* * *

拿破仑下了决心。他的炮兵宣称地面太湿，不利于炮击。大炮每发射一次，都会因为反冲力而陷入烂泥，然后需要花费很大力气才能把沉重的炮身从泥潭中拖出来，再次指向正确方向。于是皇帝决定等待两三个小时，让地面干燥一些。他还有足够的时间歼灭威灵顿的军队。皇帝的参谋长苏尔特元帅建议尽早进攻，免得普军前来援救英军，但拿破仑对此不以为然。普军已经吃了败仗，难道不是吗？他们不可能这么快就恢复元气，赶来援助威灵顿。何况，格鲁希元帅不是已经在牵制普军

145

了吗？

皇帝并没有浪费等待地面干燥的那几个小时。他懂得心理战的价值，于是刻意去震慑在他北方等待的敌军。威灵顿麾下的一名军人，苏格兰皇家灰骑兵团的一名下士把这个故事讲得绘声绘色。约翰·迪克森（John Dickson）正在放哨，他的位置在山顶，在沿着山顶有树篱的小路后方不远处，所以处于他的团（正在背坡上排兵布阵）的前方一些距离，因此他能清清楚楚地看到法军的雄壮军容。

天色大亮，太阳不时从云层缝间放射出灿烂的光芒。我站在散乱的树篱和低矮山毛榉树丛后面。洼陷的道路两侧都有这样的树篱和树丛。我可以看见法军在我对面重兵云集。他们离我站立的地方只有 1 英里，但距离似乎更远一些，因为敌我之间的山谷弥漫着雾气。有雄壮的步兵纵队、一个中队一个中队的胸甲骑兵、红衣的龙骑兵、褐衣的骠骑兵，还有绿衣的枪骑兵，他们长枪的末端系着小小的燕尾旗。最壮观的是一个团的胸甲骑兵全速驰骋，冲过我对面的山顶，阳光闪耀在他们的钢制胸甲上。真是辉煌的景观……看过这景观的人，都将永志不忘。

敌军整个战线上突然响起一连串鼓声，100 个营的乐队同时奏乐，乐声被风吹到我耳边……然后各团开始行动。他们在摆开阵势，准备作战。

他们也是试图震慑英荷军。这种策略在一定程度上奏效了，有些观察者说英荷军中那些年轻而缺乏战斗经验的士兵看到间歇阳光照射下法军威武雄壮的密集战阵，无不脸色煞白。

但其他人，如半岛战争的老兵，之前已经见识过这样的景观。

他们还在等待。9点，10点。两军都手执武器，严阵以待，乐队在奏乐，没有人移动。拿破仑还在等待地面干燥一些，不过他小心地向格鲁希元帅发去了新命令。这些命令是苏尔特元帅起草的，目的是确保布吕歇尔没有机会干预这一天的决战。这份命令的抬头是"6月18日，上午10点，勒卡尤农庄前"。格鲁希似乎仍然吃不准普军的准确下落，因为苏尔特在命令中告诉他，终于收到了报告，确认布吕歇尔军队正在奔向瓦夫尔：

> 皇帝指示我通知你，目前陛下正要进攻据守滑铁卢的英军……因此陛下希望你率军开赴瓦夫尔，以便接近我部，与我部保持接触和联络，驱逐向我部方向前进、可能停在瓦夫尔的普军。你应尽快抵达瓦夫尔。你应追击你右侧的敌军纵队，用轻装部队观察其动向，并消灭其掉队士兵。请立即告知你的部署和行军情况，以及敌军新动向。务必与我部维持联络。皇帝希望你经常发来消息。

这道命令值得全文引用，因为它简直是无法理解的胡说八道。而格鲁希没有要求澄清和解释，却遵照这道命令，赶往瓦夫尔了。拿破仑的意图是让格鲁希将其军队部署在布吕歇尔和滑铁卢战场之间。那样的话，格鲁希会离拿破仑近一些，所以"驱逐向我部方向前进……的普军"就没有意义，因为格鲁希若这么做，就等于是将普军赶向威灵顿的方向。如果布吕歇尔撤到了瓦夫尔（命令中没有明确说法军已经确认这一点），格鲁希就应当追击普军，让普军"纵队在你右侧"，这是有道理的，因为若能保持普军在格鲁希右侧，也就是东侧，格鲁希就挡在了布吕歇尔和拿破仑之间。但格鲁希还被命令"尽快抵达"瓦夫尔。若径直赶往瓦夫尔（格鲁希实际上就是这么做的），普军就不在他的右侧，而在他的前方，并且越来越处于他的左侧。在瓦夫尔和圣约翰山之间有一道两边是崇山峻岭的隘道，拉恩河从那里流过，格鲁希的 3.3 万人和 96 门炮在这个一夫当关万夫莫开的地方，可以有效地拖住十倍于其兵力的敌军数小时。但我们估计拿破仑不知道这个隘道的存在，所以没有要求格鲁希守住那里。拿破仑却要求格鲁希转向瓦夫尔，尽快抵达那里，并驱逐面前的敌人。让敌人始终处于自己右侧，还要接近拿破仑，格鲁希怎么可能同时做到这些互相矛盾的事情？此时格鲁希已经在拿破仑以东一段距离之外，他决定自己的任务应当是北上前往瓦夫尔，于是他就去了。这意味着，各条乡间小道和瓦夫尔与圣约翰山之间深深的拉恩河谷无人把守。

但这有什么关系？拿破仑坚信普军至少两天内无法与威灵顿会师，他相信自己有九成的胜算。最后，接近上午 11 点时，法军判断地面已经足够坚实，大炮可以射击了。

炮击就这样开始了。读者也许会觉得，关于这场战役有那么多回忆录，那么多现场目击者记载了自己对这段恐怖日子的回忆，我们应当能明确知道战斗是在何时、如何打响的。然而有人说是英军的一门大炮先开火的，也有人说是法军率先开火。而开火的具体时间，也是众说纷纭。最好的估计是大约 11 点 20 分，拿破仑战线左翼的大炮首先发难。此后，皇帝其他"美丽的女儿"们也纷纷开火，浓密的硝烟笼罩了佳姻庄所在的山岭。约翰尼·金凯德和他的来复枪兵占据了与拉艾圣相隔一条路的沙坑。驻守拉艾圣的是精锐的英王德意志军团。金凯德的位置比英荷军主战线超前很多，所以他能纵览战场上最初的动向。他看到大群身穿蓝衣的法军步兵穿过树林向乌古蒙推进，然后大炮开始轰鸣。他回忆道："一发炮弹不知从何处飞来，打掉了我右手边那人的脑袋。"他前方如今是"数不胜数的斑点"，他认出那都是火炮。炮弹呼啸着飞出，落到山顶，同时那些斑点消失在浓烟后。

我们看到波拿巴本人来到路边，就在我们正前方，有很多参谋人员前呼后拥；每个团从他身旁走过，都发出震耳欲聋的"皇帝万岁！"的欢呼，走过之后欢呼声仍然不停。在炮火声震天动地的背景下，再加上战鼓声和军号声，以及他们的呐喊，看来他们起初希望把我们吓跑。

金凯德说，这"与我军严峻的沉默形成了鲜明对照"。但严峻的沉默结束了。战斗打响了。

* * *

布吕歇尔决定先派遣他的第四军去援助威灵顿，这很有道理，因为第四军没有参加利尼的战斗，蓄势待发，没有伤亡。但遗憾的是，它离圣约翰山最远。该军从黎明开始行军，几乎旋即遇上麻烦，因为一名面包师在瓦夫尔点炉子时，将他的房子和面包店烧着了。唯一一条足够宽、可供炮车和弹药车通过的道路从燃烧的房子门前经过。瓦夫尔的两辆消防车和手动泵被拖到现场，普军士兵也去帮忙灭火，但这场火灾使得普军的行军至少耽搁了两个小时，因为火势很猛，弹药车无法安全通过。

　　这个耽搁意味着，布吕歇尔的第二军不得不等待冯·比洛将军的第四军全部通行之后才能前进。与此同时，布吕歇尔发信给冯·穆弗林男爵，即侍奉在威灵顿左右的联络官："请阁下以我的名义告诉威灵顿公爵，我虽然疾病缠身，仍然亲自领兵。"布吕歇尔在利尼坠马受的伤还没有好，但正如他后来所说的："为了参加战斗，我愿意把自己捆在马背上。"他的参谋长冯·格奈森瑙更为谨慎，在给冯·穆弗林的信中加了一句，问他是否觉得威灵顿真的打算作战，或者仅仅在等待拿破仑转身对付抵达的普军，并利用这个机会自己逃跑。

　　出了瓦夫尔之后，通往圣约翰山的道路非常糟糕，仅仅是乡村小径，在山峦之间蜿蜒曲折。一名当地牧羊人为部队带路，但行军不可避免地缓慢而艰难。"我们必须通过深深隘道中的小径，"参谋军官冯·赖歇（von Reiche）中校回忆道：

　　　　路两边都是几乎无法通行的茂密树林，所以我们没有希望避开路。前进速度慢如龟爬，尤其是在很多地方人马只能单排行进，花很大力气才能让大炮通过。所以，各纵队拉得非常长。只要地形允许，纵队前方的人必须停下，等待最后面的人赶上来。

　　前方就是极其艰险和陡峭的拉恩河谷，一小群法军在那里就可以阻挡住一支大军。但布吕歇尔的骑兵巡逻队已经通过了河谷，没有发现敌人。通往滑铁卢的道路畅通无阻。

150　　　上午晚些时候，布吕歇尔本人离开瓦夫尔骑马西进之后，炮声回荡在群山之间。

在瓦夫尔以南 8 英里处，格鲁希元帅正在结束吃得较晚的早餐，这时听到了炮声。他丢下碟子里的草莓，带领参谋人员走进花园，聆听远方的炮声。有些人可能怀疑自己听到的是雷声，匍匐在地，把耳朵贴在地面上。那肯定是炮声，而且是从西面传来的。热拉尔（Gérard）将军敦促元帅调头，奔赴炮声传来的地方，但元帅不同意。"那不过是后卫在战斗。"他判断威灵顿在撤离圣约翰山，就像前一天撤离四臂村一样。热拉尔是一位有才干而经验丰富的军人，坚持要求向炮声传来的地方前进，但格鲁希坚决不肯。热拉尔在此次战役中很不顺利。他指挥着拿破仑的第四军，并推荐路易 - 奥古斯特 - 维克多·布尔蒙（Louis-Auguste-Victor Baurmont）担任该军的一名旅长①，而布尔蒙是保王党人，在法军越过边界之后就逃跑了。他跑到了普军那边，将自己知道的拿破仑的意图告诉了普军。现在格鲁希对热拉尔的绝佳建议置之不理。格鲁希接到的命令是"开赴瓦夫尔"，所以早餐之后，他就执行了这一命令。他率领部队向北开进。

而在他西面 12 英里处，漫长一日的厮杀开始了。

---

① 　原文有误，布尔蒙的职位是第 14 步兵师师长。

法军中路在一家叫作佳姻庄的客栈，铜版画，James Rouse 作。站在客栈处的人若向北沿着公路眺望，可以看见山谷在他面前左右两侧展开。

《1815年6月17日，7点》，John Lewis Brown 作。大战前夜，拿破仑仍然自信满怀。富瓦将军记得拿破仑预言道："英军决定停下来作战，我们非常高兴。因为即将开始的战役将拯救法兰西，永垂世界史册而不朽！"

Musee des Beaux-Arts, Bordeaux, France / Giraudon

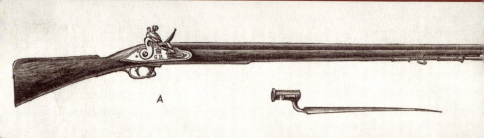

A

每两名英军士兵中就有一人装备褐贝丝式滑膛枪,不过事实上并没有叫这个名字的武器。当时有标准滑膛枪、印度标准滑膛枪和新标准滑膛枪,它们的绰号都是褐贝丝式。一位射击专家写道:"若在 200 码外用普通滑膛枪射击一个人,简直相当于朝月亮开枪。"

一支法军步兵的卡宾枪,发放给军官、下士和腾跃兵。

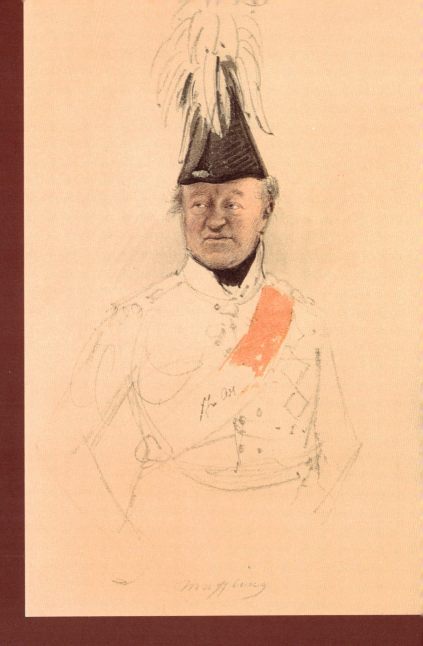

冯·穆弗林将军／男爵，侍奉威灵顿的普军联络官，后来被晋升为陆军元帅。有一个时期，他是占领巴黎的联军部队的指挥官，后来被任命为普鲁士军队的总参谋长。他于 1851 年去世。

乌古蒙，战后掩埋死者，铜版画，James Rouse 作。战役十天后参观战场的一名游客看到了乌古蒙的火葬柴堆："柴堆熊熊燃烧了八天，到那时燃料完全是人体油脂。人的大腿、胳膊和腿脚堆积如山，大约五十名工人用手帕捂住口鼻，在用长长的叉子翻动大火和骨骸。"

格鲁希元帅肖像，Jean Sebastien Rouillard 作。虽然他的军事生涯的其他方面很成功，但他却被指责为法军输掉滑铁卢战役的罪魁祸首。6月18日，面对苏尔特元帅发出的难以理解和自相矛盾的命令，格鲁希抓住其中一条指示，率军奔向瓦夫尔。

Châteaux de Versailles, France

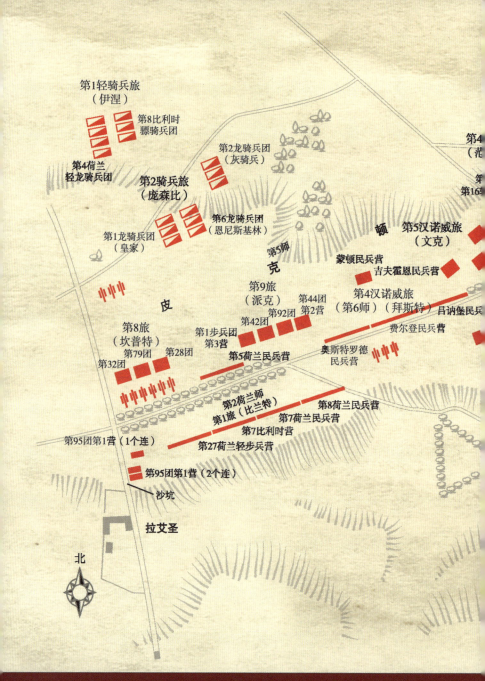

第1轻骑兵旅
（伊涅）

第8比利时
骠骑兵团

第2龙骑兵团
（灰骑兵）

第4荷兰
轻龙骑兵团

第2骑兵旅
（庞森比）

第6龙骑兵团
（恩尼斯基林）

第1龙骑兵团
（皇家）

第5师

克

皮

顿

第5汉诺威旅
（文克）

蒙顿民兵营

吉夫霍恩民兵营

第9旅
（派克）

第44团

第4汉诺威旅
（第6师）（拜斯特）

吕讷堡民兵营

第92团
第2营

第42团

第1步兵团
第3营

费尔登民兵营

第8旅
（坎普特）

第79团

第28团

第32团

第5荷兰民兵营

奥斯特罗德
民兵营

第2荷兰师
第1旅（比兰特）

第8荷兰民兵营

第95团第1营（1个连）

第7荷兰民兵营

第7比利时营

第27荷兰轻步兵营

第95团第1营（2个连）

沙坑

拉艾圣

北

第4
（范

第16

第1轻骑兵旅
（伊涅）

第6骑兵旅
（维维安）

第1骠骑兵团
王德意志军团

第18骠骑兵团

第10骠骑兵团

圣雅各教堂

拉恩河

第10骠骑兵团

民兵营

骑哨　第10骠骑兵团

第2荷兰师
第2旅（萨克森-魏玛）
拉艾
第28拿骚团第2营

帕普洛特

斯莫安

第2拿骚团第3营
轻步兵连

第28拿骚团第1营（2个连）

弗里谢蒙

第28拿骚团第1营（4个连）

0 ————————— 500米
0 ————————— 500码

威灵顿的防线东段
上午九十点钟的部署

第七章

哈哈！大靴子吃不了苦头！

有些人会问，威灵顿公爵为何不在他的较低矮的山岭修建土木工事以加强防御，尤其是建造棱堡以掩护他的火炮，更好地抵御皇帝更多的火炮。在星期六大雨瓢泼的夜间建造棱堡是很困难的，但并非不可能。但公爵没有命令建造工事，可能是因为他非常不希望鼓励拿破仑包抄他的阵地。公爵希望法军迎头正面进攻。在步兵与步兵的正面对垒中，公爵绝对信任他的英国兵和英王德意志军团的各营。正如他后来告诉别人的那样，"步兵数量要刚刚好"，但他的很多步兵未经战火考验、缺乏经验。若要让这样的部队离开安全的背坡，顶着敌人的炮火在开阔地行动，以及面对拿破仑的老兵，势必造成恐慌和灾难。他担心乌古蒙以西敞开的右翼，所以没有努力去巩固山岭本身。他希望敌人径直沿着公路进攻，来一场迎头交战。

拿破仑希望歼灭威灵顿的军队，把自己的战术描述得很简单：

> 我准备炮击敌人，并用骑兵冲锋，以迫使敌人暴露位

置。确定了英军位置后，我就立刻用老近卫军径直攻击
他们。

这话其实言不由衷。他真正的打算是先削弱威灵顿的战
线，然后发动大规模、锤击般的攻势，穿透公爵的中路。所
以，他的打算和威灵顿希望他做的事情是一模一样的。皇帝宣
布本次战役到午餐前就能结束，但他花了几个小时等待地面干
燥，所以现在的说法是：本次战役到下午茶前就能结束。

那么如何削弱英荷军中路呢？首先是炮击，用那些能够把
步兵营撕成碎片的大炮，就像它们重创了暴露在利尼上方山坡
的普军步兵那样。威灵顿将自己的大部分步兵部署在顶峰背后，
所以法军炮击的效力减小了不少，但皇帝还计划了一次牵制性攻
击，会进攻得非常猛烈，迫使威灵顿从中路抽调兵力去支援英荷
军右翼。这意味着，法军将进攻乌古蒙，即威灵顿右翼的那个建
筑群，也就是冯·穆弗林男爵担心驻防兵力不够的那座要塞。拿
破仑推断，若他威胁要占领乌古蒙，威灵顿将别无选择，只能从
山顶抽调兵力去增援乌古蒙。这些增援部队离开山岭之后，真正
排山倒海的总攻将会在山谷展开，目标是夺取圣约翰山。

所以战斗在乌古蒙开始，一方是冷溪近卫团的詹姆斯·麦
克唐奈（James Macdonell）中校；另一方是蒙上帝洪恩的威斯
特法伦国王热罗姆一世、法兰西亲王、孟福尔亲王，若他不是
拿破仑的弟弟，就不可能拥有这些国王和亲王的头衔。他是拿
破仑最小的弟弟，但和拿破仑的所有兄弟与妹妹们一样，都在
兄长的提携下崛起到之前难以想象的高峰。拿破仑的大哥约瑟
夫（Joseph）当上了西班牙国王，弟弟吕西安（Lucien）成为
卡尼诺和穆西尼亚诺亲王（Prince of Canino and Musignano），

157

埃莉萨（Elisa）是托斯卡纳女大公，路易（Louis）曾是荷兰国王，波利娜是博尔盖塞亲王夫人（Princess Borghese），卡罗琳是那不勒斯王后，而热罗姆短暂地担任威斯特法伦国王，现在是兄长军中的一名师长和将军。热罗姆和拿破仑之间的关系常常很紧张，因为热罗姆是个挥金如土的浪荡子。1815年，他31岁，但与兄长的矛盾是很早就开始的，可以追溯到他19岁时遇见和娶了一个美国女人，来自巴尔的摩的伊丽莎白·帕特森（Elizabeth Patterson）。这门婚姻令拿破仑暴跳如雷。他需要自己的兄弟和妹妹通过联姻为皇朝添砖加瓦，而不是为了爱情这种无聊的事情而结婚，于是他禁止伊丽莎白进入法国，并坚持要求弟弟与她离婚。伊丽莎白，或者称为贝齐，去了伦敦，在坎伯韦尔（Camberwell）生下了儿子热罗姆·拿破仑·波拿巴。英国人当然愿意庇护贝齐，用她的故事来给皇帝添堵。"你很有雄心壮志，"拿破仑在1809年给热罗姆的信中写道，

> 有一些聪明才智，一点优秀品质，但被愚蠢和傲慢放肆毁掉了，并且没有货真价实的知识。看在上帝分上，拜托你写信和说话时有点体面。

四年后，在征讨俄国的惨败（热罗姆在此次远征中一败涂地）之后，皇帝对弟弟发出了更为严厉的批判：

> 我讨厌你。你的行为举止让我恶心。我没见过比你更低贱、愚蠢、怯懦的人；你没有任何美德、才华和头脑。

但亲情还是压倒了这样的评判，拿破仑将自己军中最强大

158 的一个师托付给热罗姆，即第 6 步兵师，有近 8000 人，不过其中 1000 人在四臂村损失掉了。现在热罗姆需要证明自己。他要向兄长证明，自己不是低贱、怯懦和被愚蠢毁掉的窝囊废。他接到了进攻乌古蒙的命令，决心一定要占领它。

有这样的决心是很好的，然而拿破仑的意图并不是占领乌古蒙。他要的是围攻乌古蒙，并且是足够猛烈、足够持久的围攻，以强迫威灵顿从山岭抽调部队来增援别墅守军。只有在围攻乌古蒙的战斗达成削弱威灵顿战线的目标之后，才可以将其占领。热罗姆的想法不是这样的，他一心要拿下乌古蒙！他的直接上司是雷耶将军，后者是一位从基层凭战功擢升的经验丰富的老将，在滑铁卢负责拿破仑左翼的大部分。雷耶曾说占据了有利阵地的英国步兵几乎是不可战胜的，招致了皇帝的怒火。如今雷耶要攻击这样的英国步兵。起初，他命令热罗姆占领乌古蒙树林以南不远处的山谷，然后以强有力的散兵线向树林推进。

这片树林面积很大，都是成熟的参天大树，大多是橡树，位于有围墙环绕的乌古蒙建筑群以南。稀疏的灌木丛中有野生覆盆子，树林边缘有鲜艳的勿忘我花。树林地形陡峭，所以进攻者必须上坡仰攻，面对树林的守军（来自汉诺威和荷兰 - 德意志拿骚部队的 600 名散兵）。树林和它上方的陡峭山坡（法军将从那里开始进攻）也处于英荷军火炮（部署在别墅上方的高地）的射程之内。

此时已接近中午。拿破仑原想在上午 9 点开始战斗，但为了等待地面干燥，拖到了 11 点之后。此时热罗姆的部下开始前进，去夺取树林。雷耶将军的命令是非常具体的，即威胁乌古蒙。拿破仑和雷耶都不希望在乌古蒙陷入苦战，把太多法军

部队拖进去。法军的主攻方向是威灵顿的左翼和中路，不是右
翼。但热罗姆渴望胜利，所以当法军前锋发现德意志散兵相当
凶悍顽强时，热罗姆就投入了更多兵力。指挥雷耶麾下另一个
师的富瓦将军称这片树林为"死亡陷阱"。要抵达树林，法军
必须通过一片处于敌人炮火轰击之下的开阔地，进了树林之后
还要面对敌人的滑膛枪和来复枪。守军的优势是居高临下，不
需要暴露自己的身形，尽管射击时除外。法军挣扎着上山，纷
纷被击倒在地。很快，法军伤员就被抬出山谷，送往后方。热
罗姆的参谋军官之一德·瓦特里（de Vatry）上尉听到士兵抱
怨没有救护车：

> 事情是这样的……大多数救护车的车夫从来没有听过
> 炮声，现在听到英军的炮声，非常紧张，于是解下拉车的
> 马，或者切断挽绳，骑马逃走了。

　　奉命指挥当日进攻的奈伊元帅派遣了一名参谋军官去查看
乌古蒙战况，于是就发生了误会。这名副官震惊地发现，法军
步兵畏缩在树丛后，哀求援助，于是他敦促热罗姆将整个师，
超过7000人都投入战斗。热罗姆不需要这样的鼓励。他投入
了全部兵力，然后请求雷耶增援。攻打乌古蒙的战斗没有像皇
帝预想的那样消耗威灵顿军队的预备队，反而牵制了大量法军
步兵。但兵力是很重要的，成千上万蓝衣法军在弹痕累累的树
木间攀爬前进，最终势不可当地将守军逐出了树林。战斗已经
打了大约一个钟头了。在午后的某个时间，热罗姆的部下面对
着真正的要塞本身：乌古蒙。
　　乌古蒙建筑群的布局或许可以理解为三个互相叠加的矩

形。最大的矩形是一个苹果园，得到沟渠和树篱的保护。法军
从南面进攻，可以走进果园，但进去之后就遇到第二个，也是
更难对付的矩形，即有围墙的花园。花园一定曾经是乌古蒙的
骄傲，风景旖旎，小径将花坛切割成许多块，鹅耳枥和樱桃树
可以提供荫凉。对麦克唐奈中校来说更重要的是，花园西面有
房屋，南面和东面是 7 英尺高的砖墙。他在墙后搭建了平台，
以便让士兵越过墙最顶端的盖顶射击。墙面也打出了许多枪
眼。第三个矩形是花园西面的房屋，非常坚固、易守难攻。这
些房屋是互相紧挨着的，所以构成了一面坚固的砖石屏障。在
南面，面向法军进攻的方向，有一个园丁小屋、一个储藏室，
二者之间是一扇有拱的大门。大门已经被封闭并堵塞和设防。
这些房屋的墙也都有枪眼，面向西方的建筑物（其中最重要
的是一座大谷仓）的墙面也有枪眼。在矩形的对面，有牛棚
和马厩，它们与花园相连，而矩形的中央就是别墅本身，这是
一座相当大和舒适的宅邸，有很高的窗户，士兵可以从这些窗
户越过其他房屋的屋顶射击。别墅旁有一座小教堂。主要的场
院在谷仓和牛棚之间。整个建筑群的主门在场院北边。这就是
后来很有名的北门，本次战役最闻名遐迩的事件之一就将发生
在这里。

　　一条小径沿着大谷仓延伸，将有围墙环绕的建筑群与一个
小菜园分隔开，菜园有树篱和篱笆。由果园、花园、菜园、树
篱、砖墙和石屋构成的整个建筑群，用冷溪近卫团的亚历山
大·伍德福德（Alexander Woodford）中校的话说，"非常适合
防御"：

　　　　中央的别墅是一座坚固的方形建筑，有小门和小窗。

库房和粮仓构成一个近似方形，与南面的小场院有一扇门连接。从这个场院，有一道门通向花园，一道分成左右两扇的大门通往树林……还有一扇门通向西面的小径。大场院的西北角还有一个供马车出入的门。

161

法军从橡树林里杀出来的时候，看到的就是这一连串令人生畏的高墙和建筑物。他们正前方是园丁小屋，它的窗户里喷射出滑膛枪子弹。园丁小屋的右侧是 200 米长的高耸的花园砖墙。从树林边缘到砖墙的距离大约是 30 码。热罗姆的部下就在这个狭小空间伤亡惨重。热罗姆麾下第 1 旅的博迪安（Bauduin）将军是最早一批阵亡者之一。之前防守树林的许多德意志士兵如今加入了乌古蒙高墙内的守军。他们中的一员，列兵约翰·莱昂哈德（Johann Leonhard），在花园砖墙之后，通过枪眼射击：

> 我们刚占据枪眼前的阵地，大群法军就从树林里冲了出来，全都一心要夺取农庄。但他们来得太晚啦！我们发射的暴风雨一般的枪弹真是毁天灭地，草地很快被法军的死尸覆盖了。他们继续撤退或前进！

之前防守树林的荷兰－德意志部队需要先撤入建筑群。因为面对树林的地方没有入口，他们需要绕过砖墙，所以肯定步履匆匆。因此，有人指控他们陷入恐慌，在逃跑。好几位英国军官轻蔑地写道，荷兰部队逃跑了，但证据表明他们其实加入了花园内的英国近卫军，此时后者正遭到围攻，因为法军在拼命爬墙。热罗姆的部下多次冲锋，又多次被从枪眼或建筑上层

射出的滑膛枪弹打退。建筑群内的一名德意志士兵称守军的火
力"杀人不眨眼"，而且因为距离极短，滑膛枪火力的命中率
很高。浓密的硝烟笼罩了房屋和高地上的树林。法军一心要夺
取这座大堡垒，又投入了一个旅的步兵。这真是可怕。法军没
有调遣炮兵来摧毁砖墙，也没有梯子可以攀登，却仍然拼命猛
冲。一名法军步兵回忆道："死尸、垂死挣扎的人和伤员成堆
地躺在地上。"苏格兰皇家第 1 步兵团第 3 营的弗朗西斯·霍
姆（Francis Home）中校称，砖墙前的屠戮"规模极其宏大"，
并说成堆躺在地上的法军伤员多次请求他"命令他的部下向
他们开枪，结束他们的痛苦"。英军一个连的 6 门榴弹炮在轰
击树林，用榴霰弹和榴弹将橡树击碎，漫天横飞的碎片造成了
更严重的伤亡。

　　现在企图驱逐詹姆斯·麦克唐奈麾下守军的有超过 9000
名法军步兵。他们无法攀爬花园高墙，就尝试绕过建筑物，将
士兵向左侧和右侧派遣。别墅受到的压力很大，但增援部队从
上方的山岭下来了。不是从威灵顿中路来（这是拿破仑希望发
生的情况），而是来自别墅后方不远处的近卫军各营。威灵顿将
其中一些增援部队派往别墅时说："去吧，孩子们，快进去，不
要让我再看到你们。"冷溪近卫团的两个连从山上冲下来，端着
刺刀，将东翼的法军肃清，然后加入了高墙内的守军。后来，
其他一些连队也被派去援助乌古蒙，直到按照霍姆中校的说法，
"整个第 3 团和冷溪近卫团的 8 个连被部署在乌古蒙或其附近。
部署在那里的部队始终不超过 1200 人"。而这 1200 人（以及幸
存的拿骚士兵）必须牵制住至少 9000 名法军。

　　英国近卫军战士马修·克雷列兵这天的早餐是无法下咽的
一小块烤猪头。他是防守小菜园（与大谷仓相隔一条小径）

的士兵之一。面对数量极大的攻打乌古蒙的法军，菜园几乎无 163
法守住，所以守军奉命撤到墙后，但克雷和另一名近卫军士
兵——"一位非常稳健和英勇无畏的老兵"，在这次短暂的撤
退中与他们的连队失散了。他们不得不留在墙外，与敌军散兵
交火：

> 我不明智地爬上了一座山坡的高处，农庄的外墙就建
> 在这山坡上。我以为在那里就能一个个消灭敌人的散
> 兵……但很快我就发现，我成了他们的目标，因为我的红
> 军服更显眼……我继续与隔着菜园的敌人对射，但他们有
> 一个优势，就是能用篱笆掩护，所以他们的子弹不断击中
> 我背后的墙……我的滑膛枪现在出了毛病，真让人沮丧，
> 但我看看地面，发现地上有一支滑膛枪，于是立刻捡起
> 它，换掉我自己的枪。新的滑膛枪前不久有人用过，还带
> 着热气，我发现它性能极佳。

过了一段时间，克雷注意到，通往农庄场院的一扇大门是
敞开的，于是他和另一名近卫军士兵冲了过去，在一群法军丧
命于门口之后抵达了安全地点：

> 门上到处是弹孔……门口有许多敌人尸体。我特别注
> 意到其中一具是一名法国军官，但很难分辨他们，因为这
> 些死尸看上去都饱受踩踏，满身是泥。

法军通过大门的进攻可能有两次，这是其中一次。大多数
记载此次战役的资料都说法军只有一次成功进入围墙之内，但

克雷说是两次。德意志守军的回忆录也支持他的说法。争夺乌
古蒙的战斗非常激烈而残酷，在这个漫长日子的大部分时间里
都在厮杀。但我们暂时离开这里的攻守双方，因为拿破仑战线
中路的大炮开始轰鸣了，法军向威灵顿山岭的第一次大规模攻
势即将展开。乌古蒙远远还谈不上安全，法军将会调遣火炮来
轰击围墙，下午还会发生一次凶险的危机，但拿破仑的大炮震
撼天空时，麦克唐奈的部下仍旧坚守着乌古蒙，岿然不动。

　　此时，在皇帝战线的中路，大炮在后坐力冲击下后退，向
山谷喷吐浓烟，用实心弹和榴弹猛击威灵顿的山岭。山岭上的
半岛战争老兵们听到了另一种声音，即冲锋曲，这是法国鼓手
在演奏进攻的节奏乐。这鼓点意味着，整个拿破仑战争时代最
大规模的步兵攻势之一即将发动。

∗　∗　∗

　　拿破仑的大炮在震撼圣约翰山战场的空气，同样的轰鸣声
也在撼动巴黎的窗户。荣军院（路易十四建造的军医院，也
是残废军人的养老院）有一门炮在发射。这门炮发射的不是
实心弹，也不是榴弹，而是在鸣礼炮，用硝烟笼罩了大操练
场。"荣军院的大炮在响！"数学系学生埃米尔·拉布雷托尼
埃尔（Émile Labretonnière）回忆道。他问自己的室友（与他
同住巴黎的一套公寓）："你听到了吗？"

　　"肯定是一场伟大胜利！"我们立刻站起来，跑出去
打探消息。这门礼炮在庆祝 6 月 16 日皇帝在利尼大败普
军的胜利。我们去比利牛斯咖啡馆读公报。我们欣喜若
狂！荣军院的礼炮让我们回想起孩提时代令我们心旌摇曳

的那些光荣胜利……我们骄傲得心醉神迷……我记得一名来自格勒诺布尔（Grenoble）的学生卢梭热情洋溢地告诉我们，威灵顿被俘，布吕歇尔丧命！

6月初，埃米尔曾观看大军出征，对雄壮景象肃然起敬。165他说开进的大军"无与伦比"，相信他们"斗志昂扬"，一定战无不胜。利尼大捷的喜讯让他兴高采烈，而巴黎的保王党人垂头丧气，四处散播谣言，企图诋毁皇帝的成就。但这个星期天早上荣军院的炮声与保王党人的阴郁形成对比，而埃米尔和大多数巴黎人一样，等不及聆听皇帝最终的胜利。"终于，"他兴奋地写道，"战斗在继续！"

他说的很对。

* * *

拿破仑和威灵顿运用炮兵的方法很不一样。首先，皇帝在滑铁卢拥有更多火炮，多达246门，而威灵顿只有157门。而且总的来讲，拿破仑的火炮比英军火炮更重型。法军和普军装备的都是12磅炮，而英军最重型的炮仅仅是9磅炮。皇帝是炮兵出身，对自己的火炮信心十足。他喜欢把自己的火炮集中在一个大型阵地里，将其用作进攻，而非防御。在1809年的瓦格拉姆战役（Wagram）中，拿破仑用多达112门的大炮群将奥军打得灰飞烟灭。如今在滑铁卢，他将80门炮集中在一个大炮群内。

当然法军火炮也能起到防御作用，但拿破仑知道在部队推进之前，必须对敌军阵地进行"软化"。这就是大炮群的任务，即在己方步兵或骑兵进攻之前，先打碎敌军阵地。己方的进攻部队会遭到敌人炮火的袭击，所以拿破仑大炮的另一项任务是压制敌人炮火，努力消灭敌人的火炮，或使其丧失战斗力。

威灵顿没有将自己的火炮集中起来使用，而是将其分散在整个战线，用于抵挡法军的进攻。所以从根本上讲，英荷军的火炮是防御武器，并被严格禁止用于压制敌军火炮。如果一个炮兵单位开始与敌人炮兵对轰，那么有可能吸引敌人其他火炮的火力，进而不可避免地导致自己的轮子和炮车被打坏——除非得到修理，否则无法使用。默瑟上尉曾抗拒上级命令，向让他颇为恼火的一个法军炮兵阵地开火，结果亲身体会到了上述真理：

166

> 我冒险做了一件愚蠢的事情，若公爵碰巧在我们这个地段，我一定会付出高昂代价。我放肆地不服从命令，刻意向敌人炮兵阵地缓缓开火，心想，用我的 9 磅炮很快就能打哑他们的 4 磅炮。但我非常震惊地发现，我们开了第一炮之后，起码有六七门口径比我们大得多的敌军火炮做出了反应，我之前根本没发现这些大炮的存在，我们立刻认清它们的火力比我们强得多……我立刻看清自己的愚蠢，于是停止射击，对方也停止了。只有那门 4 磅炮继续像刚才那样射击。但这还没完。我的单位第一个负伤的人就是被那种该死的长射程炮击中的。我永远忘不了这可怜人被打中时的惨叫。那是敌人最后一批炮弹中的一发，将他的左臂打得粉碎。

默瑟的确幸运，公爵没有看到他企图压制敌人火炮的行为。当天晚些时候，威灵顿看到自己的一个炮兵连有如此企图，命令将连长逮捕。这一天开始时——法军在等待地面干燥、展示军容的时候，另一名英军炮兵连长看到拿破仑在远方山岭检阅部队。威灵顿碰巧在附近，炮兵连长请求试开一炮，或许能击毙皇帝。公爵非常粗暴地告诉炮兵连长，军队统帅有更重要的事情要做，而不是互相射击。他不准开炮。英荷军火炮的任务是防守山岭，不是攻击敌人阵地，更不是刺杀皇帝。

拿破仑将大炮作为进攻武器。大约下午1点，他命令大炮群开始轰击威灵顿的阵地。这个阵地上一半的炮是12磅加农炮，其他的是8磅炮或6英寸口径榴弹炮。默瑟说他遭到4磅炮的袭击，但法军没有4磅炮，所以攻击他的要么是6磅炮（这是法军在滑铁卢使用的口径最小的炮），要么是6英寸口径的榴弹炮。榴弹炮能够越过障碍物射击，在这一天能够发挥致命的杀伤作用，因为威灵顿的大部分部队都躲在山岭背后。 ₁₆₇

大炮群在拿破仑阵地的右翼，大炮的位置非常靠前，在面对英荷军的山坡上。他们的目标是威灵顿山岭的左翼，从拉艾圣一直到小要塞帕普洛特。他们的任务是用实心弹和榴弹消耗敌人。这个时代的军人在许多书信和日记中谈到此种炮击的恐怖。巨大的炮弹冲入步兵阵列并爆炸后，步兵被炸得惨不忍睹。正是由于这个原因，威灵顿总是努力将部队部署在背坡上。这样虽然不能完全掩护他们，但能够减弱大炮群的杀伤力。

火炮的射程很短，在650～870码，即600～800米。火炮的尺寸很大。一门12磅炮重近2吨，需要15人操作；每次发射之后，由于巨大的后坐力，需要重新调整这头怪兽的位置。训练有素的炮组能每分钟发射两发，不过这很罕见，而在烂泥

满地的滑铁卢，这几乎是不可能维持的。马克·阿德金
（Mark Adkin）在他不可或缺的著作《滑铁卢指南》（*The
Waterloo Companion*）中计算，拿破仑的大炮群在步兵攻击发
动之前的半个小时内，向威灵顿山岭东段一共发射了约 4000
发实心弹和榴弹。听起来数量相当大，但目标地域既宽又
深，而且很大一部分是炮手看不到的。背坡掩护着英荷军步
兵，尽管并不能提供完全的掩护。弗朗西斯·霍姆中校在被
派去支援乌古蒙之前被部署在山岭右翼、乌古蒙别墅上方，
法军大炮也在轰击威灵顿战线的这一段。在一段时间内，法
军大炮没有给霍姆所在的地段造成很大损害。"他们没有打
中我们的山岭，"霍姆说，"他们打得太高，炮弹从我们头顶
上飞了过去。"但法军炮手逐渐调整了他们大炮上的升降螺
杆，于是炮弹开始落到奉命卧倒的英国兵当中。一发实心弹
"严重击伤"了辛普森（Simpson）中尉，"但他还非常清醒，
知道自己的处境。他唯一的请求是帮助他结束痛苦，但他一
直活到晚上"。

　　若威灵顿像布吕歇尔在利尼那样不利用背坡掩护自己的部
队，而是让己方部队暴露在法军炮手视野内，必然会遭到更恐
怖的伤亡。但法军炮兵只能猜测英军步兵隐藏在何处，并努力
让实心弹掠过山顶、落在背坡的敌人当中。一位法国军官
写道：

　　　　大炮群的炮手"站成一排"，装填火药，将火药塞入
　　膛底，并摇晃导火索，让它们燃烧得更猛烈……在炮手身
　　后是炮长，几乎全都是上了年纪的人，镇静自若地发布命
　　令，仿佛他们在阅兵。80 门大炮一同发射，淹没了其他

所有声音。整座山谷满是浓烟。一两秒钟之后，炮长清晰沉着的声音又一次传来："装填！准备！放！"这一套工序不间断地持续了半个小时。我们几乎看不见自己的战友，而在山谷对面，英军也开火了。我们可以听见他们的炮弹在空中的呼啸声和落地时的闷响，以及滑膛枪被炸成碎片、人被爆炸气浪掀翻到后方20步远且每根骨头都断裂的声音。

火炮的精度很差。炮膛没有膛线，所以游隙会影响每一次发射，另外还有硝烟。这一天几乎没有风，所以硝烟逗留在潮湿的空气中。在第一次开炮之后，法军炮手能否清楚地看见自己的目标，是非常值得怀疑的，但他们知道射击距离，而炮长会在每一次开火前检查大炮的仰角。1835年，英军测试了拿破仑战争时期的火炮，发现距离为600码时，命中率为90%；但随着距离拉大，命中率急剧下降。测试的靶子是宽阔的篱笆（模拟步兵横队），这降低了命中的难度。若面对较小的目标，如单独一门野战炮，就更难命中了。但即便实心弹没有命中目标，也能造成恐怖的伤害。在滑铁卢，法军12磅炮的一发炮弹（口径为4又3/4英寸）一次就击毙击伤26人。对英荷军来说幸运的是，由于威灵顿利用背坡掩护部队，法军大炮群的大多数炮弹都未能造成很大杀伤。

遭到法军大炮群轰击的地域大约有1.5万人的英国－荷兰－德意志部队，但他们几乎全都隐藏在背坡。法军虽然看不到背坡的情况，但知道敌人在那里。法军可以看到英军各营前方较远处的一些军官和散兵，拿破仑军中也有很多官兵知道威灵顿惯于利用背坡。但处于法军视野内的少数敌人，以及部署在前坡上的火炮，目标很小，难以命中。拿破仑的炮兵希望削弱守军防线，但加农炮几乎完全无法达成这个目标；而榴弹炮能够将炮弹抛射到顶峰背后，所以是更有效的武器。

炮声震耳欲聋。80 门炮，即便每分钟只发射一发，也会让空气在强有力的冲击下震颤。大炮群之外的其他火炮也加入了这场刺耳的合唱。在发黑的炮口前，硝烟越聚越浓，炮火将每一门大炮前方地面上的黑麦都打倒，呈扇形倒伏在地上。一名士兵描述称，实心弹从头顶上飞过的声音就像一个沉重的啤酒桶从他头顶上的木地板轰隆隆地滚过。炮声响彻云霄，有人觉得仿佛比利时乡村又下起了昏天暗地的雷暴雨。

用第 92 团一名军官的话说，此次炮击"令人毛骨悚然"，但造成的伤亡并不多。英军步兵要么卧倒，要么坐着，而且厚厚的烂泥也削弱了炮火的威力。榴弹炮的炮弹落地后被烂泥裹住，减弱了爆炸的冲击力。一名汉诺威军官称："若不是大雨软化了泥土，伤亡会多得多，因为在坚硬地面上，炮弹会弹跳而造成很大杀伤。而在烂泥地里，炮弹失去了很大一部分威力。"但有些炮弹还是命中了目标。弗里德里希·魏茨上尉报告称，联军炮兵损失惨重：

> 一个刚刚抵达的炮兵连的 3 门炮未发一弹，就被打烂了。该连的弹药车之一经过第 1 营阵地附近时爆炸了。弹药车燃起大火，拉车的马陷入恐慌，拖着弹药车一个劲地往它刚才来的弹药堆放站跑。一些龙骑兵匆匆赶来，在弹药车一侧狂奔，将拉车的马刺死，这才避免了一场大祸。

联军中的老兵见识过，也听过这样的炮击（不过很少领教过这么猛烈的），但惊天动地的巨响、硝烟，以及伤员与马匹的惨叫对没有经验的新兵造成了很大影响。有一个旅，即比兰特（Bylandt）的旅（士兵为荷兰和比利时人）受到的影响似乎特别大。记载滑铁卢战役的大多数史书都说比兰特旅被错误地部署在前坡，因此蒙受了惨重损失，最终溃散逃跑，但事实上该旅已经撤离前沿阵地，部署在山顶背后不远处。他们前方就是沿着山岭的小径，而这条小径旁有厚厚的树篱。称此次炮击"令人毛骨悚然"的军官伊萨克·霍普（Isaac Hope）中尉说，这些树篱"不能为比兰特的人提供掩护，但能够隐蔽他们，让敌人看不到他们"。

　　在这条小径前方的前坡上，英军火炮完全暴露在法军炮击范围之内。英军在前坡有 34 门炮，有约 1000 人操作。1000人听起来很多，但除了装填弹药、开炮和重新调整大炮位置的炮手之外，还需要人从停在后方的弹药车往前沿搬运弹药。这些人暴露在敌人火力之下，但继续坚持射击，其目标不是笼罩在浓烟下的法军大炮群，而是更远方正在集结、准备进攻的埃尔隆军。远方山岭上有 1.8 万名法军步兵，英荷军的火炮就是在轰击这些队形密集的步兵。

　　英军最重型的炮是 9 磅炮，但还有一些 6 磅炮和榴弹炮。英军倾向于把榴弹炮当成加农炮使用，将炮管压低，以相当平直的弹道射击，而法军常将榴弹炮的炮口抬高到30°。在滑铁卢，英军榴弹炮不需要将炮弹抛射到障碍物后方，因为法军没有像威灵顿那样运用背坡战术，所以榴弹炮被用来直接射击笼罩在滚滚硝烟中的法军炮兵阵地后方的步兵。英军大炮发射的既有榴弹也有实心弹，还有英军的"秘密"武器：榴霰弹。

　　法军很熟悉榴霰弹，但始终未能制造出自己的榴霰弹。它是英国皇家炮兵军官亨利·施雷普内尔发明的，是一种简单的炮弹，被设计成会在敌人上空爆炸，并倾泻出小弹丸。榴霰弹在好用的时候非常好用，不好用的时候非常恐怖。1813 年，在伊比利亚半岛，单独一发榴霰弹杀死了一个法军炮组的所有人和马。但弹壳内小弹丸与火药的摩擦有时非常猛烈，会导致榴霰弹在炮膛内爆炸。这个问题要到半个世纪之后才能解决，不过对炮手来说幸运的是，这种事故很少发生，榴霰弹的圆形外壳算是相当可靠。只有炮手将引信剪到正确长度时，榴霰弹才有效。剪引信的技能对榴弹也有用。榴弹就是一个简单的圆铁球，内部装满火药，用引信点燃。引信是一段绳索，从榴弹伸出来，开炮时引信被点燃。若把引信剪得太短，炮弹会在半空中爆炸，不会对敌人造成杀伤；若把引信剪得太长，榴弹落地时引信还在冒火星，一个勇敢的人有机会将其熄灭。剪到正确长度（什么样的长度算正确，取决于目标与火炮的距离），榴弹会爆炸并将弹壳碎片喷射到 20 码远。滑铁卢的所有炮手都精通剪引信，但双方很多人都报告称，由于烂泥，榴弹的效力下降了许多。法军的参谋军官让－巴蒂斯特·勒莫尼耶－德拉福斯（Jean-Baptiste Lemonnier-Delafosse）少校位于法军左翼，离大炮群轰击英军山岭的地方很远。他在观察乌古蒙的战斗。他背后是一个旅的卡宾枪骑兵，这也是一种重骑兵，和胸甲骑兵一样装备胸甲，穿着到大腿那么高的马靴。勒莫尼耶－德拉福斯所在的山丘遭到了乌古蒙上方英荷军火炮的轰击，很多炮弹落在了卡宾枪骑兵当中。"为了躲避他们的炮火，"勒莫尼耶－德拉福斯回忆道：

这个旅向左转移，富瓦将军看到这一情况，笑道："哈哈！大靴子吃不了苦头！"我们稳稳站着，丝毫不畏惧敌人的炮火。炮火溅起的泥浆笼罩了我们，浸透雨水的地面留下了炮弹的轨迹，看上去像是被大车车轮交叉划过的田地。这对我们是好事，因为很多炮弹被埋进烂泥里，或者沿着烂泥地滚动时被裹住。

乌古蒙上方的炮击提醒了我们，滑铁卢战役并非一系列截然分开的事件，就像一部剧的几幕一样。常有人这样描述滑铁卢战役：将法军攻打乌古蒙描绘为第一幕，埃尔隆军的进攻是第二幕。当然这两个事件是同时发生的。埃尔隆军威胁威灵顿左翼的时候，威灵顿右翼也是浓烟滚滚、炮火喧天、血肉横飞。公爵的战线各处都遭到了攻击。由于硝烟弥漫，他的视野有限；而由于一个小山包遮挡住了乌古蒙，他在山岭上的指挥部几乎完全看不到那里的战况。法军实心弹和榴弹在他附近飞舞，噪声震动着他的鼓膜，不仅是炮声和炮弹爆炸声，还有伤员的哭喊、远方山岭的鼓声以及南北两座山岭上的军乐。一名军官描述称，由于榴弹和实心弹的飞行，空气是"波动起伏的"，而且由于大炮的轰鸣，空气已经在变热了。后来有人说现场的感觉就像走进了一个烤炉。公爵最大的天赋是在这混乱中保持冷静，过滤掉没有威胁的信息，集中注意力于真正核心的事情。他知道法军即将对他的左翼发动大规模攻势，他也曾骑马视察即将遭到进攻的那段山岭的守军，但他愿意放权给负责那一翼的皮克顿将军去应对敌人的威胁。他熟悉和信任皮克顿，正如他信任麦克唐奈能够守住乌古蒙。他在用望远镜观察远方山岭，企图解读拿破仑的意图，但他也将望远镜指向

173

东方。

拿破仑也在眺望东方，因为他和威灵顿都在等待增援部队。威灵顿知道自己需要布吕歇尔的军队。事实上，若不是普军承诺一定会来援助他，他根本不会决定在低矮的圣约翰山坚守。拿破仑在寻找格鲁希军（3.3 万人和 96 门炮），他们的到来将赋予他压倒性的兵力优势，那样他就能打败那个拥有"世界征服者的征服者"这一放肆称号的人。

在东方远处，出现了一支军队的踪迹。交战双方中的一方将得到援助。

*　*　*

这些部队距离战场 6 英里。天气阴沉，时有阵雨。威灵顿公爵估计，他在那一天穿、脱斗篷不下 50 次，因为不时有阵雨横扫战场。即便在晴天，也很难看清远方的军队是什么人，但在这个阴雨连绵、硝烟滚滚的日子，就根本没有办法看清了。能看到的，只有身穿深色军服的骑兵从一片树林出来。但拿破仑已经知道他们是谁了。

他们是普军，冯·比洛军的前卫部队。拿破仑知道这一点，是因为他的一名巡逻骑兵俘获了一名给威灵顿送信的普鲁士军官。这名信使被带到拿破仑面前，告诉皇帝，普军在瓦夫尔安然度过一夜，没有发现法军。"我们估计法军在向普朗斯努瓦前进。"信使说。他的意思是，普军判断格鲁希没有追击他们，而是转身去与拿破仑会合了。普朗斯努瓦就是拿破仑右翼背后的大村庄。

拿破仑一定已经知道，格鲁希并没有前来与他会合。格鲁希在这天早上送来一份消息，几乎和拿破仑发给格鲁希的命令一样让人迷惘：

> 陛下，一切报告和情报均证实，普军在撤往布鲁塞尔，要么打算在那里集结，要么与威灵顿会师后在那里作战……好在夜间天气极其恶劣，他们走得应当不远……我将立刻赶往萨尔阿瓦尔安（Sart-à-Walhain），然后从那里去科尔贝（Corbais）和瓦夫尔。

换句话说，格鲁希其实并不知道普军的位置，也不知道普军在做什么。他相信普军在从瓦夫尔撤往布鲁塞尔，于是北上去追赶。他当然没有办法阻挡布吕歇尔赶往圣约翰山。拿破仑一定知道这些。普军正前来援助威灵顿，已经出现在视线内，而格鲁希还在赶往瓦夫尔。但皇帝向苏尔特元帅口述的给格鲁希的答复，却有着惊人的志得意满：

> 你从科尔贝前往瓦夫尔的行动符合陛下的安排。但皇帝让我告诉你，你必须继续向我们的方向行动，寻求接近我部，防止任何敌军夹在你我之间。我不需要向你指出具体的方向。

这份命令的含义又是模糊不清的。皇帝赞同格鲁希率军北上去瓦夫尔，但同时又要求他向西前进，阻止布吕歇尔的军队与威灵顿会师。但在这份命令送出之前，苏尔特元帅添加了几句紧迫但更切题的话：

> 刚截获的一封信告诉我们，比洛将军即将攻击我部右　　175

翼。我们相信可以看见敌军……因此，切勿耽搁，立刻向我们靠拢，打比洛一个措手不及，将其歼灭。

"切勿耽搁，立刻向我们靠拢"这话足够明确了，也就是指示格鲁希尽快西进，奔向皇帝的战场，攻击正在逼近皇帝右翼的普军。但这份命令直到当天下午晚些时候才送到格鲁希手里，此时他正在与离开瓦夫尔的布吕歇尔后卫部队交战。格鲁希的 3.3 万人和 96 门炮取得了一场胜利，但这毫无意义，因为真正有决定性意义的大战，正在他们西面发生。

格鲁希帮不了拿破仑的忙。我们不知道皇帝是在何时认识到，那 3.3 万人不会前来支持他，但到下午 1 点左右他应当很清楚了。普军已经近在眼前，而格鲁希还在远方。拿破仑如今面对一个进退两难的困境：他前方是威灵顿军队，但他一定知道一股强大的普军在接近他的右翼。他的兵力会远逊于敌人，但他仍然坚持相信自己的胜算很大。"今天早上我们有 90% 的胜算，"皇帝告诉苏尔特，"现在我们有 60%。"更谨慎的将军或许会与敌脱离接触，向南撤退，然后寻找新的机会分割联军，但拿破仑相信胜利已经在握。他只需要击溃威灵顿战线，迫使英荷军抱头鼠窜，然后转身去面对新的敌人。布吕歇尔的军队还很远。其前卫在约 6 英里外，但主力部队一定以纵队前进，在狭窄的乡村小径上缓缓行进。这些纵队需要很长时间才能抵达圣约翰山，到了之后还需要更多时间来排兵布阵，才能作战。皇帝相信自己有足够的时间，但还是调遣了 3500 名骑兵、7000 名步兵和 28 门炮，构建一条面向东方的新战线，以防御他的右翼，抵挡普军的进攻。战役才刚刚开始，拿破仑的计划是正面进攻英军，但已经有 9000 人被纠缠在乌古蒙的战

斗中，现在更多部队被调走，去了另一翼。皇帝原本希望强迫 176
威灵顿抽调兵力去支援乌古蒙，于是削弱其中路，但如今是法
军为了加强侧翼用完了预备队。

即便如此，拿破仑在下午早些时候仍然相信自己可以在普
军参战之前歼灭威灵顿军队。他所依赖的就是埃尔隆军的四个
进攻纵队。

大炮群的火炮停止了射击，因为1.8万名步兵正在通过火
炮战线。在这些步兵进入山谷以前，大炮不会开火，要等到炮
弹安全地越过步兵头顶。但这需要一点时间，因为各步兵营正
鱼贯穿过火炮战线，现在需要组成进攻纵队。中士们在呼喊，
军官们检查部队的队列，同时英荷军的实心弹从队伍中呼啸而
过，榴弹炸裂，喷吐出一股股火焰和危险的碎弹片。

法国步兵终于准备就绪。战鼓再次响起，奏响了冲锋曲，
鲜艳的鹰旗在三色旗上方迎风招展，大炮群的火炮做好再次射
击的准备。四个强大的进攻纵队开始推进。

热罗姆·波拿巴像，François Joseph Kinson 作。热罗姆要证明，自己不是低贱、怯懦和被愚蠢毁掉的窝囊废。他接到了进攻乌古蒙的命令，决心一定要占领它。

《从圣约翰山俯瞰滑铁卢战役，1816 年》。拿破仑的大炮震撼圣约翰山战场的空气。

The Battle

Drawn & Etch'd by G.Cruikshank

Delineated under the inspection of Officers

1817 年的蚀刻画，在亲历此次值得纪念的战役的军官督导下绘制，展现了战场上激烈的厮杀。

Aaterloo.

present at that memorable Conflict.

James Rouse sculp.

《滑铁卢战役》，Denis Dighton 作。法国骠骑兵和波兰枪骑兵与英国步兵交战。

Private Collection

《让 - 巴蒂斯特·德鲁埃，埃尔隆伯爵像》，Ary Scheffer 作。埃尔隆的优势兵力和精锐部队差一点就突破了威灵顿军队。

第1（近卫）骑兵旅（萨默塞特）

第2（联合

皇家近卫
骑兵团

第2近卫
骑兵团

第1（皇家）
龙骑兵团

第1近卫
骑兵团

第1国王近卫
龙骑兵团

第8旅（坎普特）

英王德意志军团第2旅
（昂普泰达）

第95团第1营

第1汉诺威旅
（基尔曼斯埃格）

第2旅
（第1师）
（布儒瓦）

沙坑

吕讷堡
汉诺威营

英王德意志
军团

第2轻步兵营

拉艾圣

胸甲骑兵
被击溃

北

0   200米

0   200码

第1和第4胸甲骑兵团
（杜布瓦）

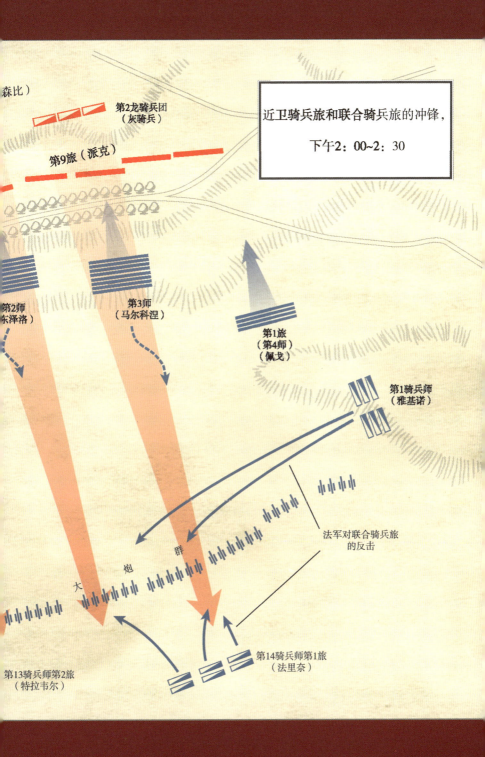

森比）

第2龙骑兵团
（灰骑兵）

第9旅（派克）

近卫骑兵旅和联合骑兵旅的冲锋，

下午2：00~2：30

第2师
（东泽洛）

第3师
（马尔科涅）

第1旅
（第4师）
（佩戈）

第1骑兵师
（雅基诺）

法军对联合骑兵旅
的反击

大　炮　群

第13骑兵师第2旅
（特拉韦尔）

第14骑兵师第1旅
（法里奈）

第八章

那些可怕的灰骑兵，打得多么凶猛！

埃尔隆伯爵让－巴蒂斯特·德鲁埃将军需要证明自己。他在 6 月 16 日东奔西跑地白忙活，从一个战场跑向另一个，却始终没有参战，令拿破仑大怒。但如果他能够突破威灵顿的防线，这一切都会被原谅和忘却。巧合的是，他的大攻势的目标也是公爵阵地较弱的那一半。

威灵顿非常担心自己的西翼，因此对其大大加强，使其兵力达到东翼的几乎两倍，所以他的最强大兵力和大多数火炮都在通往布鲁塞尔公路的西面，而埃尔隆军即将攻打的是威灵顿的东翼。4 个进攻纵队共有 1.8 万名步兵。我们不能忘记，"纵队"这个词容易误导人。我们也许会误以为纵队是一个长方形，就像长矛一样，短边指向敌军战线。而事实上纵队更像是一块砖，长边面向敌人。埃尔隆的进攻是由 4 块这样的砖组成的，每块都是 1 个师的步兵。4 个纵队不是一起前进的，而是以梯队逐次前进。基奥（Quiot）将军的第 1 师在左侧打头阵。他的部下在靠近公路的地方前进，有些士兵走在公路上，他们将攻击拉艾圣的英王德意志军团，以及更远方的山岭。他们得到 800 名胸甲骑兵（重骑兵）的保护，后者在步兵的左侧。基奥师将首先攻击威灵顿的战线，随后第 2、第 3 和第 4 师会接二连三地发起打击。第 2 师在基奥的右侧，再往右是第 3 和第 4 师，这 3 个师将攻击山岭东端，派遣部分兵力攻击坚固的帕普洛特农庄。因此，法军的攻击覆盖了威灵顿战线的整个东段，从拉艾圣到帕普洛特。第 4 师的右侧也有骑兵掩护。

法军一共有 33 个营参加越过山谷的攻势，等待他们的是联军的 17 个营，其中 5 个来自荷兰军队，4 个是汉诺威营，以及最重要的 8 个久经沙场的英国营。这种统计可能让人觉得法军兵力远远超过联军，但并非如此，因为法军的营比英军的小，一般法军的营有 550 人左右，而英军有 650 人，但法军的总兵力的确有优势。进攻方有 4 个营被牵制到两翼的单独战斗中，要么是进攻拉艾圣，要么是帕普洛特，但埃尔隆军的绝大部分兵力都冲向这两座临时要塞之间 3/4 英里长的无遮无挡的山顶。

这看上去像是无遮无挡的山顶。前坡的确有联军的火炮，但除了这些火炮之外，进攻的法军步兵能看到的就只有山顶小路旁的树篱。这些树篱不是严重的障碍。英王德意志军团的炮兵冯·雷特堡（von Rettbury）上尉记载称，部分树篱被砍倒，以方便火炮和部队通行。两侧树篱之间的道路低洼但不深，再往后就是缓和的背坡，大多数守军在那里待命，要么躺下，要么坐着，以躲避掠过顶峰的实心弹。

典型的法军步兵营纵队的正面有两个连，共 9 排，所以每排大约有 60 人。但为了这次进攻，埃尔隆命令部下的 4 个师部署成很不寻常的纵队阵型。每个营构成一个常规的三排横队，然后各营一个接一个，形成一个巨大的矩形。所以马尔科涅将军的第 3 师有 8 个营构成横队，一共 24 排，每个营是 3 排。该师投入战斗时有约 4000 人，所以 24 排中每一排有约

160 人。事实上每排都比这短一些，因为 8 个营都将其散兵派往前方，在纵队前方行动。但在山顶与敌人交锋后，这些轻步兵会回到各自的营。24 排（每排 150～160 人）组成了一个庞大的纵队，这么大的纵队很罕见，不过并非前所未有。埃尔隆为什么做出这样的决定？和在滑铁卢的其他许多法国军官一样，他曾在伊比利亚半岛与英军步兵交锋，他知道两排的英军横队能够给英军更宽的正面，让每一支滑膛枪都能够向法军纵队前部射击，而法军纵队的还击火力很弱，因为大多数人都在纵队偏后的位置，无法射击。

那么，纵队如何打败这样的横队？一个办法是先用炮火和散兵削弱敌人的横队，但英军得到背坡的掩护，所以法军炮火效力不大，而法军散兵需要去对付英荷军散兵，所以埃尔隆一定知道自己的部下必须靠自己去面对杀伤力极强的英军横队。他的解决办法是将横队与纵队结合起来。纵队领头的营已经部署成了横队，即一个法军风格的三排横队，这个横队上的每一名士兵都可以开枪，而之后的各营可以分别向左右展开，就像滑动门一样，以便将横队向左右两边延伸。法军的思想是，纵队在进攻时刻必须改成横队，但改变阵型的时候往往是最脆弱的时刻，尤其是如果训练有素的敌人的横队更宽并且两翼也可以向中路开枪。埃尔隆不寻常的阵型似乎是个解决问题的好办法。毕竟先头营不需要改变阵型，同时可以用齐射火力掩护后面的各营向左右展开。

但在用实践检验这种理论之前，他们必须先抵达英军山顶。要抵达那里，他们必须在联军炮火下穿过宽阔的山谷。前坡的英荷军火炮看到的是不可能打偏的目标，实心弹从法军阵列中猛冲而过，榴霰弹在其头顶爆炸。法军挣扎前进的时候，

184

遭到了霰弹的袭击。

霰弹是拿破仑时代陆军拥有的效力最强的杀伤性武器。它简单而凶险，仅仅是一个锡罐，里面装满弹丸。霰弹有两种——重型霰弹和轻型霰弹，区别是罐内装填的弹丸的重量。霰弹被发射出去之后，锡罐会在炮口炸裂，弹丸会四散射出，于是大炮就变成了一支巨大的霰弹枪。炮手往往会同时发射一发霰弹和一发实心弹。霰弹是近距武器，超过 600 码就没有效力了，而英军一般会在距离敌人仅约 350 码时射击。在这样的距离，四散的弹丸构成的扇面可以达到 100 英尺宽。当然有的弹丸在空中或地面浪费掉了，但在这么近的距离，面对队形密集的敌人，霰弹是一种恐怖的武器。埃尔隆军很幸运，因为面对他们的联军只有 36 门炮，其中一些已经被打坏了。但剩余的联军火炮仍然对法军造成了很大的杀伤。英王德意志军团的炮兵军官冯·雷特堡上尉观察到他的 9 磅炮在最近的法军纵队中打出一个巨大的缺口。这个纵队在他的右侧，所以他的火力可以纵贯整个庞大纵队，他看到许多排法军士兵被实心弹和霰弹如镰刀割草一般打倒在地，于是纵队被打散了。这些火炮的杀伤力极其凶残，但数量太少，无法遏制法军庞大纵队的推进。我们粗略地估计，联军火炮向推进的法军发射了约 600 发炮弹，包括实心弹、榴弹、榴霰弹和霰弹。

皮埃尔－夏尔·迪蒂尔（Pierre-Charles Duthilt）上尉是法军第 45 团的一名军官，该团享有为马尔科涅将军的纵队（第三个前进的师）打头阵的"荣誉"。"轮到我们了，"他写道，

185　　　　进攻的命令下来了，士兵们狂热地欢呼："皇帝万岁！"4 个纵队下了山坡……斜端着枪。我们要爬上对面

的山坡，英军防守着那里的树篱，那里还有火炮在轰击我
们。距离不远，一个普通人步行的话只要五六分钟。但浸
透雨水、非常柔软的地面和高高的黑麦严重地拖慢了我们
的速度。因此，英军炮兵有足够的时间来消灭我们。

早餐用火药调味的年轻新兵路易·康莱属于法军第1师第
28战列步兵团，这是距离公路最近的团。他看到埃尔隆处于
纵队中央，还听到将军呼喊："今天你们要么胜利，要么牺
牲！"

所有人都高呼"皇帝万岁！"，以回应埃尔隆简短的
演讲。鼓手敲起了冲锋的鼓点，各纵队开始推进……此前
敌军火炮只发射实心弹和榴弹，这时开始用霰弹狠狠扫射
我们。我们走了还没有一百步，我们第2营的营长马林就
负了致命伤。我们连的连长迪泽被两发弹丸打倒。副官于
博和鹰旗旗手克罗斯阵亡……英军大炮第二次开火后，掷
弹兵鼓手勒库安特失去了右臂。

勒库安特继续用左手敲鼓，直到因失血过多而倒下，不过
他后来得以幸存。和法军所有鼓手一样，他演奏的是冲锋曲，
法军进攻时总是用这支曲子伴奏。一位年轻的英国军官回忆
说，这支曲子的旋律是"噔当，噔当，噔噔噔噔，噔，噔"，
然后是一个间歇，所有官兵会高喊："皇帝万岁！"约翰尼·
金凯德上尉及其来复枪兵在拉艾圣附近的沙坑内等待。他记得
这些不祥的鼓声，背景是军号，并不时响起"皇帝万岁！"，
而在这一切之上，是震耳欲聋的炮声。这就是战斗的嘈杂。金

凯德觉得，法军似乎希望仅仅用这些声响就"把我们从阵地上吓出来"。

康莱记得，法国军官一直在呼喊："保持队形!"

> 敌人的第三轮炮火将我们营的正面削减到一个连的宽度。"保持队形!"的可怕呼喊又一次响起。这命令绝没有让我们心惊胆寒和绝望，而是产生了完全相反的效果。它鼓舞了我们的勇气，不仅激励我们去夺取胜利，还激励我们为那些在我们面前牺牲的不幸战友复仇。

康莱估计，纵队花了 20 分钟才穿过了潮湿、长着茂密黑麦的田野，而迪蒂尔上尉估计正常情况下只需要 5 分钟或 6 分钟。虽然前进得很慢，迪蒂尔还是觉得法军前进得太匆忙，队形被打乱的风险太大，因为他们太狂热：

> 这种急促和热情变得很危险，因为士兵们在接敌之前还有很长一段路要走，在笨重而稀烂的泥地里行走，很快就疲惫了。这些烂泥能把人的绑腿布撕扯下来，甚至把鞋黏住。队列中很快出现了混乱，尤其是纵队前锋进入敌人射程内的时候。

花了 15～20 分钟才通过山谷，在此期间纵队一直遭到实心弹、榴弹和霰弹的扫射，但仍然坚持前进，现在开始上山了，不过山坡不陡。纵队前方战斗已经打响了，双方的散兵互相射击，但庞大的纵队逼近山顶的时候，法军散兵后撤去加入自己所在的营。他们打退了联军的散兵，但没有翻越顶峰去袭击背坡上的敌军。那是大纵队的任务。

联军炮手发射了最后一轮霰弹，在逼近的法军队伍中打出许多血窟窿，然后炮手们放弃了自己的大炮，撤到背坡上的步兵那里。一名英军炮兵中士恐慌起来，害怕敌人缴获并使用他的大炮，于是将铁钉钉入点火孔，破坏了它的发射装置。联军大炮现在安静下来了，法军大炮担心误伤己方步兵，也停止射击，此时法军步兵已经差不多抵达山顶。在左翼，法军成功将英王德意志军团的来复枪兵逐出了拉艾圣的果园，将其赶进农庄建筑，那里爆发了一些就像乌古蒙争夺战一样的小规模厮杀。拉艾圣周围有高高的石墙环绕，但墙上枪眼很少。但德意志守军还是牵制住了兵力远远多于他们的敌军。奥兰治亲王苗条的比利看到农庄受到威胁，于是派遣一个汉诺威营去支援。就像在四臂村一样，他也坚持要求该营组成横队。这个营在主路西侧前进，法军纵队就在主路的另一侧逼近山顶，但法军的侧翼得到800名胸甲骑兵的掩护。汉诺威人很晚才发现法军骑兵，于是被歼灭了，丢失了军旗。

但拉艾圣的战斗并不是决定性的。那里的德意志士兵遭到攻打，但法军虽然包围了农庄，却没有办法爬墙，也没有办法冲进牢固的大门。谷仓大门没有了，但英王德意志军团封锁了入口，阻挡住法军。在另一翼，帕普洛特守军被法军的强大兵力驱逐出去，但这里的战斗也不是决定性的。只有法军纵队抵达山顶并突破公爵的战线，法军才算胜利。

法军大炮群已经停止射击，巨大的烟团缓缓向东飘走，不再遮蔽山谷。法军胜利在望。他们看到成群的蓝衣士兵已经抵达山顶。在他们身后，是大片血淋淋的、倒伏的黑麦和不计其数的死尸、残废伤员和爬向沉默大炮的伤员，但鹰旗在英军山

188

岭上空迎风飘扬。法军的一名参谋军官望了望拿破仑，观察他的反应。"可以看到他脸上写着满意，一切顺利，无疑在这个时刻他相信自己已经取胜。"苏尔特元帅也相信法军已经得胜，他在观看山谷远方进展缓慢的战事时，甚至还抽出时间，匆匆给一位在巴黎的朋友写了一封信，说战斗进展顺利，胜算极大。

但苏尔特和威灵顿公爵交过手，理应更了解这个对手。

＊　＊　＊

年轻的路易·康莱在穿越山谷的行动中幸存。他看到很多人阵亡或被打残，但他毫发未伤。攀爬山坡很困难，因为泥土都是湿的，被踩倒的黑麦茎秆很容易缠住脚。他接近树篱（标志着山顶）时，右腿绑腿布的带子断了。绑腿布是用来帮助将鞋固定在脚上的，于是他的右脚从鞋里脱了出来。他弯下腰将鞋从烂泥里扒出来，这时一发滑膛枪弹击穿了他的军帽，在印有他所在团番号的金属徽章上打了一个洞。枪弹从他头皮上擦过，从军帽后部穿出。若不是他的鞋陷在烂泥里，他一定已经被打死了。

这发子弹可能是比兰特旅（驻守在树篱之后的荷兰部队）的一名士兵射出的，也可能是退到山顶（那里的洼陷小路两侧有树篱）的一名英荷军散兵发射的。法军暂时停住脚步，不是因为害怕树篱另一面的敌人，而是因为他们现在需要改换为横队。纵队的使命，即将一大群人送过山谷，已经完成了，现在需要借助火力来赢得战役，所以需要横队。

将纵队改为横队，听起来像是纪律严明的机动，但实际上是非常仓促和慌乱的。法军突然意识到，山顶后方还有敌人在

严阵以待。那些敌人站立起来，山顶上的荷兰各营开始射击。　189
打头阵的法军各营开枪还击。迪蒂尔上尉在年轻的康莱以东
300 码处，说他们"冲向"敌人。"我们用刺刀追杀他们，"
他说，"然后穿过树篱……我们到了高地上，欢呼胜利。"

　　尽管法军的攻击打退了比兰特旅的大部分士兵，但法军的欢
呼还是为时过早了。那些荷兰士兵的位置比主力部队更靠前，之
前是在树篱一线，蒙受的损失主要是由于法军的炮击。他们与法
军互相齐射了一会儿，然后溃散了，逃跑的时候遭到英国兵的嘲
笑。一个荷兰营坚持下来作战，大多数逃兵都被集合在后方，然
后返回山顶，此时那里的战斗已经结束了。比兰特旅大多是没有
经验的新兵，他们在四臂村打得很勇敢，但长时间炮击和法军大
纵队的猛攻让他们魂飞魄散。这就是纵队的一个效果。纵队的火
力固然有限，但其规模足以吓倒缺乏经验的士兵。

　　但树篱之后有一些久经沙场的老兵，曾与法军纵队交锋。
他们穿着红色军服，由暴躁易怒的威尔士人皮克顿将军指挥。
默瑟上尉在前一晚见过皮克顿，但没有认出他：

　　　　他穿着一件寒酸的、灰蒙蒙的大衣，戴着一顶破旧的
　　圆顶帽。我当时以为他是一名来自布鲁塞尔的志愿者
　　（我们听说有好几个这样的志愿者到了前线），觉得他提
　　出的很多问题非常放肆，所以回答他时有些粗鲁。他很快
　　就离开了。想想看，我得知他就是托马斯·皮克顿爵士之
　　后，得有多么目瞪口呆！

　　皮克顿将自己的破旧圆顶帽换成了大礼帽。他骑着马，观
察那些越过树篱和小路的法军。此时皮克顿命令他的英国兵前

进。他们当然构成了横队，与秩序混乱的法军纵队有些重叠。
190　第 92 戈登苏格兰高地团的詹姆斯·克尔－罗斯（James Kerr-Ross）中尉描述了法军向山顶推进的情景：

> 我们遇到了一个强大的法军步兵纵队，他们正在我们阵地的前方布阵，前几排士兵向我们开枪，我们没有还击，而是稳步向其进逼。我们前进到距离敌人很近时（或许不到 30 码），敌人的队形乱了，乱七八糟地往回跑。现在我们的火力非常凶猛。

这就是经典的英军步兵战术：不在远距离浪费滑膛枪火力，而是接近敌人，稳住阵脚，让己方训练有素的齐射火力杀伤敌人。皮克顿看到法军在退缩，抓住了这个机会。他喊道："冲锋！""冲啊，冲啊！"旋即一发子弹击穿了他的前额。非常遗憾的是，他在威尔士坟墓前的预感成真了。

但他最后的命令收到了效果。英国兵端着刺刀向前冲，展开一场肉搏战，法军被遏制住了。英军的步兵营之一是来自康沃尔的第 32 团。它离拉艾圣以北的十字路口最近。法军向这个营逼近了。旗手之一是一名中尉，他突然撞上一名法国军官：

> 他抓住了我的旗杆，但我还抓着丝绸旗帜（军旗几乎是全新的）。与此同时，他企图拔出自己的军刀，但还没拔出来，掩护我的掌旗中士斯威策就将矛尖刺入他的胸膛。一名叫莱西的士兵向他开枪。他倒在我脚下，死了。

掌旗中士的任务就是保护军旗，他们的武器是一种在阿金库尔战役也不会显得怪异的武器——戟。这是一支 9 英尺长的矛，矛尖有横档，以防止矛尖插入敌人身体太深。这不是为了怜悯敌人，而是出于务实的考虑。在滑铁卢的一名英国军官观察到，一名敌军枪骑兵刺死了一名英军龙骑兵之后将长枪从尸体上拔出来，要用力拔好几次才能将枪尖拔出，在此期间他很脆弱。横档是为了防止矛尖深深陷入尸体、抽不出来。

舍尔滕斯（Scheltens）中尉属于那个没有和比兰特旅其他营一起逃跑的荷兰－德意志营。"我们营的散兵撤回之后，我们就立刻全体开火。"他们的位置一定距离山顶非常近，因此非常危险：

> 指挥我们掷弹兵连的亨利·罗利维耶上尉手臂被一发滑膛枪弹击中，子弹的弹壳纸还嵌在他的衣袖上冒烟。

现在山顶全线爆发了激战。一些英国步兵营，就像舍尔滕斯中尉的部下一样，在极近距离进行排山倒海般的齐射。各营的齐射动作像波浪一样此起彼伏，各连开枪，然后退下来填弹并等待轮到自己。法军没有很好地整队。他们原本应当扩展成一个横队，覆盖敌人，但从两翼射来的火力将法军士兵打退了。也有一些英军士兵端着 17 英寸长的刺刀，猛攻那些队形凌乱的法军。士兵们呼喊着，咆哮着，战鼓鸣响，军号吹奏，滑膛枪猛击，成千上万人在争夺山顶。英军暂时占据了上风。迪蒂尔上尉觉得这是由于他部下士兵的高昂斗志：

> 就是由于过度热情，我们自己的队列开始混乱，轮到

191

我们遭受新来敌人的刺刀袭击了。搏斗又开始了，随后是一场可怕的厮杀。在这血淋淋的混战中，军官们尽忠职守，努力恢复秩序……因为处于混乱中的部队什么都做不成。

192　　迪蒂尔面对的是英军第 92 团，后者正用刺刀逼退法军；而在第 92 团右侧，约翰尼·金凯德上尉被迫离开他的沙坑，通过十字路口撤到了山顶，他的来复枪兵从那里向最近的法军纵队射击。詹姆斯·坎普特爵士接过皮克顿的指挥权，向金凯德大喊，要求他保证"绝不离开这个阵地！"金凯德向将军做了保证，然后立刻就后悔了，因为：

　　　　向右望去，我看到那边的战场上到处是法军胸甲骑兵，其中一些正径直奔向我所在的树篱缺口。

　　法军骑兵对敌人构成了威胁，法军步兵则杀到了山顶。苏尔特元帅觉得胜利就在眼前，肯定是有道理的。迪蒂尔的士兵虽然乱了阵脚，但他们背后有更多的营，仅凭兵力优势就一定能打退英军。而且这些英军组成了横队，骑兵对付组成横队的步兵就是砍瓜切菜。法国胸甲骑兵刚才对汉诺威士兵的冲杀就是明证，此时汉诺威人的死尸堆满了靠近拉艾圣的地方。英军各营理应组成方阵，但是那样虽然能帮助他们抵御骑兵，却让他们在法军步兵的齐射下显得很脆弱。这又是石头剪刀布的游戏。

　　这时，骑兵开始冲锋。

　　然而，那是英军骑兵。

* * *

西蒙·贝尔纳男爵（Baron Simon Bernard）是皇帝的一名副官。他三十五六岁，聪明机敏，原来是工程师，后来参军。他在莱比锡战役中表现突出，但在拿破仑第一次退位后向路易十八国王宣誓效忠，并晋升为将军。拿破仑从厄尔巴岛返回后，他又一次改换阵营。贝尔纳将军又一次成为皇帝的副官。

战斗的嘈杂声渐渐加强的时候，他带领一个轻骑兵团向东进发。这一天的风不大，是西风，所以炮声和滑膛枪的枪声（有人说枪声像是干燥的荆棘燃烧的声音）被风吹到骑兵们耳边。他们在搜索战场以东地形复杂的乡村。

过了一会儿，贝尔纳将军翻身下马。他的骑兵团隐蔽在一片树林内，他自己徒步向东走。他有很多技能，其中之一是绘制地图，所以他懂得如何判读乡村地形。他利用低洼地形、灌木树篱和树木来掩蔽自己。过了一段时间，他抵达了拉恩河隘道的边缘，在那里蹲伏下来。他下方的拉恩河由于大雨而暴涨，但他对自己看到的拥挤在隘道远端的士兵更感兴趣。他用望远镜观察。

他希望看到的是蓝色军服。果然。他知道普军在这片崎岖难行的乡村前进，但他还是希望能看到格鲁希的人马在河流的远岸。不过，他看到的是普军步兵的深蓝色军服。隘道另一端的士兵还在左肩挂着卷起来的毯子。除了普军之外，没有任何一支军队有这个习惯。好消息是，河谷隘道很陡峭，高高的河岸满地烂泥，很容易滑倒。普军炮兵没有便捷的道路可走，这个障碍对敌军工兵来说是一场噩梦。那么，法军还有时间，但不多了。

他回到自己的战马上，去向拿破仑汇报。

贝尔纳将军在这一天毫发未伤，但他背叛了路易十八、投奔皇帝，所以在战后的法国待不下去，最终移民美国。他的工程师背景在美国派上了大用场。他在弗吉尼亚州建造了门罗堡，并参与设计了切萨皮克和俄亥俄运河。

但现在他必须报告皇帝，普军距离法军右翼已经非常近，到了十万火急的关头。这意味着必须尽快突破英荷军，否则这将演变成一场三支军队的大战。

英军山顶的上空，鹰旗还在高高飘扬。

* * *

以滑铁卢战役为题材的画作当中，最有名的可能是巴特勒夫人刻画苏格兰皇家灰骑兵团冲锋的辉煌杰作。这幅画的标题是《永远的苏格兰！》（Scotland Forever!），如今陈列在利兹艺术画廊。这幅画虽然壮观，但非常误导人。它是在滑铁卢战役66年后创作的：巴特勒夫人利用她丈夫在军队的关系，安排该骑兵团向她冲来，她则坐在画架前。灰色的高头大马全速驰骋，由一名挥舞利剑的军官率领，一大群骑兵径直向观赏者的眼睛冲杀而来。这是从敌人的视角看的，令人魂飞魄散。

历史上那次真实的冲锋也的确令人胆寒，但在巴特勒夫人的画中，英军骑兵是在平坦土地上冲锋的，而事实上英军重骑兵需要通过洼陷的道路、树篱和英军步兵，然后才能逼近敌人。有 4 个团①参加了此次冲锋。没有人能确定是谁命令重骑兵冲锋，可能是威灵顿，更有可能是阿克斯布里奇勋爵。冲锋

---

① 原文有误，应为 7 个团。

的时机非常完美。近卫骑兵旅从主路上猛冲下去，然后从西向东依次是第 1 皇家龙骑兵团和第 6 恩尼斯基林龙骑兵团，最左翼是苏格兰皇家灰骑兵团，分别是英格兰人、爱尔兰人和苏格兰人。他们全都是重骑兵，骑的是高头大马，装备的是凶残的骑兵重剑，这是一种剑刃笔直的武器，既可以刺杀，也可以劈砍。轻骑兵用的是军刀，一种用来劈砍的武器；而重骑兵是战场上的突击队，利用重量、攻击范围和力量来突破敌人。参加此次冲锋的一共有 1300 名①这样的骑兵。他们在英军步兵后方，构成两个横队。步兵不得不匆匆让开，让骑兵通过。有的步兵被战马踩倒在地，有的则抓住了骑兵的马镫，被骑兵一起带走。骑兵冲击了整面山岭，最西端的骑兵在公路上，所以一直延伸到帕普洛特上方的山峰。这种排山倒海的冲击和出其不意的奇袭效果，都是法军始料未及的。

约翰·迪克森记得，自己在这天早上观看了拿破仑军队在阳光下的检阅。他是苏格兰皇家灰骑兵团的一名下士。他所在的团全都骑白马（也就是所谓的灰马），跟在第 92 团（在四臂村打得非常艰苦的苏格兰人）后面。他听到旅长丹尼斯·帕克爵士（Sir Denis Pack）向第 92 团呼吁："大家必须前进！你们面前的一切都必须让开！"他指的是已经逃跑的比兰特旅各营。于是苏格兰高地士兵上了刺刀，从山毛榉和冬青树篱中通过，穿过道路，向 20 步之外的法军进行一轮齐射。就在这时，迪克森听到命令："苏格兰灰骑兵，冲锋！"

> 我们队伍中立刻一片欢腾……我用马刺催动我勇敢的

---

① 原文有误，应为 2000 多人。

雷特尔。我们像疾风一样出发了……翻腾了一会之后，它向前猛冲，发出长长的嘶鸣，打着响鼻，风驰电掣般纵身越过冬青树篱。看到一排排灰色骏马极速驰骋，鬃毛在风中飘荡，它们疾驰时低着头，马蹄卷起地面的草皮，真是无比壮观！身着红衣、头戴熊皮帽的士兵在高声欢呼，军号手吹响"冲锋号"。过了第一道树篱之后，道路深陷，两侧是高高的、倾斜的堤岸。要冲下去而不坠马，真是困难；但事故极少……我们全都心潮澎湃，穿过道路的时候开始高呼："万岁！第 92 团！苏格兰万岁！"我们听到苏格兰高地的风笛在演奏……我清楚地看到我的老朋友，风笛手卡梅隆独自站在一座小山丘上，在周围的嘈杂中镇静自若地演奏《约翰尼·科普，你醒了吗？》（"Johnny Cope, are you waking yet?"）[1] 我在第二排。我们紧抓缰绳，冲下山坡，来到庄稼地里，可以看得见苏格兰高地士兵带羽饰的军帽，听到军官们向他们呼喊，命令他们以班为单位后撤。下一个瞬间，我们已经冲到了他们当中。可怜的家伙！他们当中一些人没来得及避开我们，被撞倒在地……他们全是戈登团的，我们经过的时候，听到他们呼喊："杀呀，灰骑兵！苏格兰万岁！"我血脉愤张，把军刀握得更紧。很多苏格兰高地士兵抓住了我们的马镫，兴高采烈地和我们一起冲向战场。法军发出响亮而刺耳的喊声。就在这时，我看到了第一个法国人。那是一名年轻的燧发枪兵军官，挥剑向我砍来，但我挡住了他的剑，打断

---

[1]　这是一首苏格兰民歌，以詹姆斯党人起义（18 世纪上半叶，目的是帮助被废黜的国王詹姆斯二世及其后代，即斯图亚特王族复辟）为背景。

了他的胳膊；下一秒钟，我们冲进了敌群。因为硝烟滚
滚，前方 5 码之外的地方我们都看不见……法军像老虎一
样凶猛地搏斗……我们从一座陡峭的山坡上猛冲而下，他 196
们不得不退缩。然后最前方的敌人开始喊叫"投降"，扔
下了他们的滑膛枪，解开他们的皮带。戈登团士兵立刻冲
上来，将法军往后驱赶。现在我到了最前排，因为我们的
很多战友牺牲了。

苏格兰皇家灰骑兵团向山岭东端冲锋。法军的大纵队是从
西面逐次推进上来的，所以迪克森及其战友攻击的那个法军的
师还没有抵达山顶，他们也再没有机会上山了，因为英军骑兵
在法军队伍中冲杀出一条条血路，将其击溃。年轻的路易·康
莱在最靠近布鲁塞尔公路的纵队，这个纵队是梯次推进的最前
沿。他所在的营穿过山谷时，忍受了联军的炮击，他看到鼓手
虽然失去了右臂，却还在坚持敲鼓。他所在的纵队抵达了山
顶，大家觉得这足以让他们取胜，不料他们刚刚抵达洼陷的
路，就遭到了第 1 皇家龙骑兵团（英军一个重骑兵团）的攻
击。康莱说他们没有时间组成方阵，于是他的营被击溃了。

这就是法军选择的阵型的极大劣势。由连续多个构成横队
的营组成大纵队看上去威风凛凛，而且若有机会可以扩展成一
道令人望而生畏的战线，齐射出毁天灭地的猛烈火力，但一个
组成三道横队的营要花很长时间才能改为方阵，而且在改换阵
型的过程中会受到前方和后方的营的妨碍。他们没有足够的空
间或时间去组成方阵。与苏格兰灰骑兵团一同冲锋的弗雷德里
克·克拉克（Frederick Clarke）少校判断，敌人企图构建方
阵，但"第一个，也是离敌人骑兵最近的那个方阵没有充足

时间完成阵型转换，苏格兰灰骑兵团就直接从他们队伍里冲杀了过去"。于是，英军重骑兵冲进了方寸大乱的各纵队。康莱描述道：

> 随后是真正的冲锋。我们每个人都与战友分隔开，各自为了保住性命而拼杀。军刀和刺刀砍向敌人，因为我们的队形太密集，无法开枪。

康莱在纵队的尾部，但英军骑兵已经一路砍杀，冲过了整个纵队，将法军各营分割开。康莱突然发现自己孤身一人，于是做出了理智的选择。他投降了。英军步兵跟随骑兵一起攻上来，他们拿走了他的武器和背包（里面装着他的所有东西）。法军背包是深受英国人喜爱的战利品；它们比英军背包的质量更好，也更舒适。

在东面迪克森下士骑着雷特尔杀入敌阵的地方，迪蒂尔上尉努力召集他的部下，他觉得士兵们因为太狂热而丧失了秩序。

> 正当我将一名士兵推进队伍的时候，我看到他被军刀砍倒在我脚下。我转过身。英军骑兵强行冲到了我们中间，把我们砍成肉泥。如果步兵构成了方阵，那么最优秀的骑兵也很难突破，甚至是根本不可能突破；然而一旦步兵的队形乱了，队伍被穿透，那么抵抗就毫无意义了：骑兵可以恣意屠戮步兵，自己几乎没有风险。现在发生的就是这种情况。我们可怜的士兵们站直身子，伸出胳膊端着刺刀，但攻击范围仍然不足以刺杀那些骑着高头大马的骑

兵。而在这场混战中开的几枪对我们自己人和对英军一样
致命。就这样，我们面对残酷无情的敌人，无力自卫。敌
人沉浸在战斗的狂热中，竟然拿刀砍我们的鼓手和横笛
手。就在这个地点，我们的鹰旗被敌人夺走了。

迪蒂尔的第 45 战列步兵团被苏格兰皇家灰骑兵团歼灭
了。查尔斯·尤尔特（Charles Ewart）中士属于苏格兰皇家
灰骑兵团，是一个特别强健的汉子。他绘声绘色地描述了他
如何缴获法军鹰旗。那一定发生在第 45 团与苏格兰灰骑兵
团厮杀的尾声，因为他提到出现了一名枪骑兵，所以尤尔特
可能是策马冲下山坡，在第 45 团企图撤过山谷的时候（此
时法军骑兵也出动了，企图援救步兵）夺取了第 45 团的
鹰旗。

198

　　我是在第一次冲锋的时候缴获敌人鹰旗的。我和这个
敌兵拼死争夺鹰旗。他向我的腹股沟部刺去，我挡住了这
一记攻击，砍中了他的脑袋。此后我遭到敌军一名枪骑兵
的攻击，他向我掷来长枪，但我用剑将长枪打到了右侧。
然后我用剑从他下颚往上砍，穿透了他的牙齿。随后我又
遭到一名步兵的攻击，他向我开枪之后，端着刺刀向我冲
来。但他很快就输掉了这场战斗，因为我挡住他的刺杀，
从上往下劈砍他的脑袋。争夺鹰旗的战斗就这样结束了。
随后我企图拿着鹰旗继续追随战友前进，但被将军拦住
了。他对我说："勇士，把鹰旗拿到后方。你今天做的已
经足够多了！"于是我服从命令……我将鹰旗带到了布鲁
塞尔，成千上万人看到它，都高呼万岁。

作为奖赏，尤尔特被晋升为军官。一直到今天，爱丁堡的
"皇家一英里"（Royal Mile）①还有一家以他的名字命名的酒
吧。拿破仑在远方山岭观战，据说曾评论道："那些可怕的灰
骑兵，打得多么凶猛！"

第 1 皇家龙骑兵团也夺得一面军旗，属于法军第 105 团，
它位于路易·康莱的营的前方。肯尼迪·克拉克（Kennedy
Clark）上尉记述了此事。他说，他所在的骑兵中队：

> 越过树篱，前进了 200～300 码，法军步兵的第一道
> 横队已经瓦解。我观察到我左侧的敌军步兵群中有一面
> "鹰旗"，旗手正在拼命带着它撤往纵队后方。我立刻骑
> 马过去，喊道："控制军旗！"同时我的战马已经冲到了
> 那里，我挥剑刺入那名举着"鹰旗"的军官的身体右侧。
> 他跟跄了一下，向前跌倒，但我觉得他在战友的压力下应
> 当没有倒地。

跟随肯尼迪·克拉克的下士弗朗西斯·斯泰尔斯抓住了鹰
旗，带着它策马离开了。

并非所有骑兵都像尤尔特或斯泰尔斯那样一帆风顺。列兵
哈斯克（Hasker）原是织袜工人，后来加入了骑兵。他是个循
道宗教徒，向法军胸甲骑兵冲锋的时候与一名敌人用剑打斗，
但他和那个法国兵都不想死战，于是各自骑马离开了。这个法
国人的呐喊——可能是"皇帝万岁！"——令哈斯克肃然起

199

---

① "皇家一英里"是爱丁堡老城区的一条通衢，由连续多条街道组成，长约
　 1 苏格兰里（比英里长一点，约 1.81 公里），不过中文语境里一般还是
　 称为"一英里"。

敬，于是哈斯克觉得自己也应当有一句战斗口号，但他在这个关头能想出来的只有"上帝与基甸的剑！"于是他高声呼喊这一句，但突然他的战马被绊倒在地：

> 我站稳脚跟之前，一名胸甲骑兵冲了上来，挥剑向我的脑袋劈砍。我很快脸朝下跌倒在地。很快一个敌人骑马冲过来，用长枪刺我。我转过身，然后又被一个从我身边走过的人用剑刺。很快又有一个人端着火枪和刺刀走上来，举起双臂，用刺刀刺向我的身侧，靠近心脏的地方……我的一根手指被砍断，我身上负了十几处伤，就这样躺在那里流血，很快就全身是血了。那时，法军士兵还抢走了我的表、钱、水壶、背包和长裤，尽管英国陆军的枪弹从四面八方射来。

可怜的哈斯克在当天余下时间和随后一整夜都躺在他倒下的地方。最终他得到救援，爬上一辆马车，被送往布鲁塞尔，到了那里才得到医治。

但英军重骑兵的冲锋完全打乱了埃尔隆军的大攻势。大纵队被切碎，英军骑兵在凌乱的法军之间恣意挥剑劈砍，而英军步兵从山顶下来劫掠财物和抓俘虏。比利时军官舍尔滕斯中尉（就是他的上尉的衣袖上嵌着冒烟的滑膛枪弹壳纸），帮助英军集合战俘：

> 一名法军营长鼻子上被砍了一刀，现在他的鼻子只有一点点皮肉还连着，挂在嘴上面。他对我说："你看他们把我们弄成什么样！"这可怜的家伙原本可能更惨。我保

护了这场溃败中的两名法国军官。他们向我做出共济会的手势，于是我把他们带到后方，他们在那里会得到保护，不会像其他战俘那样被搜身和抢走财物。

法军在山顶距离胜利原本已经只有咫尺之遥。庞大的纵队受到了步兵火力的遏制，但最终法军的兵力优势还是发挥了作用。然而英军骑兵潮水般从山顶涌下，深深插入法军纵队，令其惊慌失措。在英军冲锋之后的几分钟里，法军一片混乱。英军骑兵还在攻击孤立的法军，其他法军步兵则尽快撤退。虽然没有人提到这一点，但法军步兵在撤退过程中一定组成了一些方阵以自卫。"成百上千的步兵扑倒在地装死，而英军骑兵从他们身上践踏过去。"金凯德回忆道："我一辈子都没见过这样的景象！"威胁金凯德的胸甲骑兵被英军近卫骑兵旅击退了。近卫骑兵旅是与苏格兰皇家灰骑兵团、第 6 恩尼斯基林龙骑兵团和第 1 皇家龙骑兵团同时发起冲锋的。"冲锋"这个词有些夸张了，因为他们的路径需要穿过小路、树篱，越过壕沟，而且正如威廉·克莱顿上尉说的，"地上到处是烂泥……行动开始不久之后，烂泥就变得非常深……所以我们前进的时候，很难催动战马快速奔驰起来"。

201　　但近卫骑兵旅的约 800 名骑兵向兵力与他们差不多的法军胸甲骑兵发起了冲锋。法军的优势是穿着胸甲，而且他们的剑刃比英军长 6 英寸。英军的优势是兵力更多，下坡的冲击力更猛，而且拥有突袭效果。一名军官回忆说，重骑兵与重骑兵的厮杀声就像"补锅匠在干活"。法军被打退，有些胸甲骑兵不幸被困在拉艾圣旁的洼陷小路上，他们的退路被一道鹿砦（用粗树枝组成的障碍物，虽粗糙却有效）挡住。这些骑兵挤成一团，脱身不得，全被残酷地屠杀了。血腥厮杀在继续，直到仍然坚守拉艾圣果园的一些法军步兵居高临下地向英军骑兵射击。这些法军步兵很快也撤退了，让英王德意志军团继续控制着这座孤立的农庄。

英荷军步兵将约 3000 名俘虏驱赶到后方，夺走他们的武器和财物。在法军攻势的右翼，最东边的纵队攻击了帕普洛特农庄，但随着其他纵队撤退，这个纵队也后退了。法军对威灵顿中路和左翼的大攻势差一点就成功，但如今一败涂地，埃尔隆军的幸存者艰难地走回、一瘸一拐地挪回，或者爬过山谷撤退。

与此同时，在威灵顿的右翼，乌古蒙出现了危机。

英军骑兵被胜利冲昏了头脑，决定仅凭他们自己的力量打赢整个战役。

法国第 2 卡宾枪骑兵团的一套损坏的胸甲。

Lady Elizabeth Butler 的《永远的苏格兰！》（1881 年）虽然壮观，但非常误导人。"他们全是戈登团的，我们经过的时候，听到他们呼喊：'杀呀，灰骑兵！苏格兰万岁！'我血脉偾张，把军刀握得更紧。很多苏格兰高地士兵抓住了我们的马镫，兴高采烈地和我们一起冲向战场。法军发出响亮而刺耳的喊声。就在这时，我看到了第一个法国人。那是一名年轻的燧发枪兵军官，用剑向我砍来，但我挡住了他的剑，打断了他的胳膊；下一秒钟，我们冲进了敌群。"

Leeds Museums and Galleries (Leeds Art Gallery) U.K.

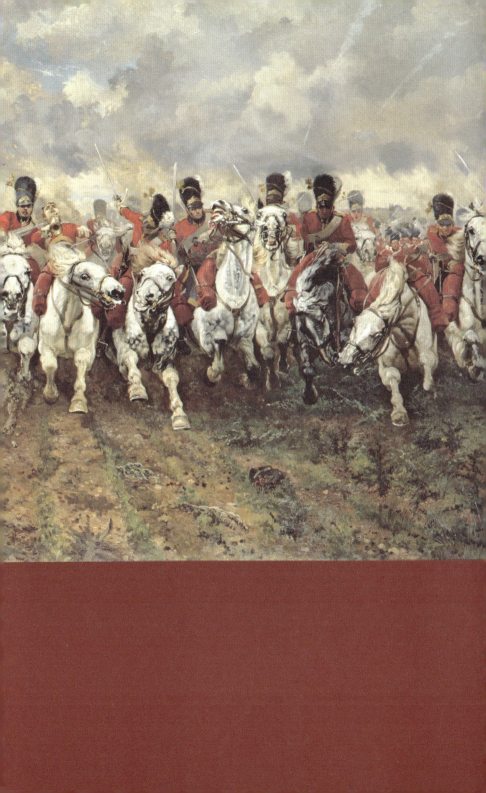

Desperate conflict between the 42.ᵈ Highlanders & a totally

第 42 苏格兰高地团在滑铁卢战场，1815 年。

...dy of French Cuirassiers in which the latter were

托马斯·皮克顿肖像，Sir Martin Archer Shee 作。皮克顿在四臂村身负重伤，两根肋骨被一发滑膛枪弹打断。在滑铁卢，他率领部下冲锋，殒命沙场。

《争夺军旗》，Richard Ansdell 作。现存于爱丁堡城堡大厅，描绘了查尔斯·尤尔特中士缴获一面法军鹰旗的场面："……然后我用剑从他下颚往上砍，穿透了他的牙齿。随后我又遭到一名步兵的攻击，他向我开枪之后，端着刺刀向我冲来。但他很快就输掉了这场战斗，因为我挡住他的刺杀，从上往下劈砍他的脑袋。争夺鹰旗的战斗就这样结束了。"

1815年6月18日，布吕歇尔向滑铁卢进军

让瓦尔　前卫

里克

离开瓦夫尔
下午2：00

第5旅
（蒂佩尔斯基）

齐膝的前卫，
下午6：00

圣兰贝特教堂

奥安

第14旅
（里赛尔）

法军与普军的
第一次冲突，
下午3：30

险峻山谷
造成耽搁

圣雅各教堂

拉恩河

第13旅
（Hake）

第四军（比洛）

第15旅
（罗斯庭）

上午
离开

帕普洛特

弗里谢蒙

拉艾

巴黎森林

第16旅
（希勒）

库蒂尔

先头各旅于
下午4：30抵达

拉恩河

于贝蒙树林

普朗斯努瓦

下午2：00离开瓦夫尔

第三军
（蒂尔曼）

瓦夫尔

第一军（齐滕）

第4旅
（许特）

第2旅
（皮尔西）

第3旅
（雅戈）

留在瓦夫尔

比尔日

西）

旅
夫特）

第7旅
（布劳泽）

第8旅
（博泽）

圣罗贝尔教堂

利马尔

帕普洛特

迪尔河

北

2千米

2英里

第九章

我们报仇了！杀得多么厉害！

他的名字是勒格罗（Legros），绰号是"破坏者" 207
（l'Enfonceur）。他是攻打乌古蒙的法军某步兵营的一名少尉。
他非常魁梧，有人说他是"巨人"。他是从基层擢升起来的，
即将在史册中写下他的名字。

乌古蒙的北门面对英军控制的山岭。一条小径通向北门，
今天还能看得到。不过今天大门两侧的墙比1815年时矮得多。
大门是向内开的，在当天大部分时间都没有封闭，因为那是向
乌古蒙守军输送弹药的最佳路径。守军承受了极大压力，到下
午三四点钟已经三面受敌。

当天下午的某个时间，巨人破坏者率领约30名或40名步
兵，强行打开了北门。他携带着一把工兵斧。工兵为军队承担
工程业务和劳动，配备用来伐木的大斧子。而在勒格罗这样的
人手里，工兵斧也是一件致命的近战武器。我们不确定破坏者
到的时候，大门是敞开的，还是他把大门打破的。有的说法 208
是，他用斧子砍坏了大门的一扇，但更有可能的情况是，法军
的进攻将一些英军散兵从阵地驱赶到别墅东侧，这些散兵从大
门撤入农庄内部，而没来得及关门。勒格罗少尉带领他的部下

和一个少年鼓手猛冲进院子。

对麦克唐奈来说，战局非常绝望。勒格罗的猛攻肃清了大院子，如果更多法军通过大门，那么守军就将从内部被攻破。而且更多法军正在涌来。

麦克唐奈意识到，最重要的任务不是杀掉勒格罗及其战友，而是封闭大门，以阻止更多法军进入。他率领一小群士兵绕过入侵者，然后将大门关闭了。他们顶着门外敌人施加的压力，一些人在缓缓封闭的缺口处中弹。他们对背后正在厮杀的勒格罗的士兵置之不理。其他守军从窗户和门口射击，向入侵者倾泻火力。最后，大门被关上并封闭。麦克唐奈及其部下转身去对付勒格罗。被堵在院子里的所有法军，除了少年鼓手之外，全都被杀死。

威灵顿公爵有一句名言是，撰写一场战役的故事，仿佛讲述一场舞会的历史。在令人眼花缭乱、头晕目眩的色彩、噪声和混乱中，每一个时刻都发生了太多事情。很少有一场战役像滑铁卢战役这样得到如此细致的研究和详尽的调查，并且产生了汗牛充栋的著作，但仍然有一些难解之谜。勒格罗的进攻是否与埃尔隆军攻势同时发生？还是更晚一些？法军第一次攻击乌古蒙的时候，冷溪近卫团已经在守卫那里了吗？莫里茨·比斯根（Moritz Büsgen）上尉是荷兰某拿骚营的一名军官。根据他对乌古蒙战斗的描述，似乎在勒格罗进攻之前，麦克唐奈的部队被命令离开农庄建筑物，比斯根的部下接管了他们留下的阵地。"从现有的防御准备工作来看……显然这个阵地之前有人占据过。"比斯根写道。一位历史学家提出，是苗条的比利命令英国近卫军离开乌古蒙，这固然是非常愚蠢的命令，但我们无法想象麦克唐奈会服从这一命令，因为他知道公爵对他寄予了极大信任。比斯根还提到，法军在大约下午 3 点 30 分发动了一次攻击，这一次是通过一个偏门。其他人都没有记载这次攻击。年轻的近卫军士兵马修·克雷曾被困在墙外，后来安全地撤进了门内，他看到：

> 麦克唐奈中校手里搬着一大块木头，或者是树干。他的一面脸颊流着血，他的战马躺在不远处，也流着血。他搬着木头匆匆赶往大门，也就是敌军又一次进攻的方向。敌人的这次进攻被狠狠打退了。

克雷身上可能没有表，他也没有说他撤到安全处、看见麦克唐奈搬运木头的时间。但他记载了法军在此后的另一次袭击，这一次可能指的就是勒格罗一群人的进攻，因为克雷说这股法军的唯一幸存者是一个少年鼓手。就是克雷把这孩子安全地安顿在一个附属房屋内。他估计法军在用大炮轰击大门，但其他人都没有说到这一点。不过在下午某个时间，确实有法军调遣炮兵来攻打别墅。

法军可能有两次杀入了乌古蒙，两次都被打败。同样，乌古蒙守军中可能既有英军也有荷兰部队，但目击者的记述让人非常糊涂。问题源于大家的爱国主义。英国人的记述会强调英军的成绩，很少记录盟军（英王德意志军团除外）的功劳；而荷兰人、汉诺威人或拿骚人的记述同样有偏见，会突出自己的战功。乌古蒙战斗的史料之一是拿骚列兵约翰·莱昂哈德未出版的回忆录。和比斯根一样，莱昂哈德说防守农庄的是拿骚士兵，在描写守军击退来自树林的进攻时，根本没有提及英国近卫军：

210　　　　我们刚刚在枪眼前摆开阵势，大群法军就从树林里杀
了出来……但太晚了！我们放出暴风骤雨般的枪弹……威
力极强，我们前方的草地上很快躺满了法军死尸……我们
遭到四次攻击……但每一次法军都被击退。

这似乎很清楚了：拿骚士兵打退了法军的每一次进攻。比
斯根上尉的说法与此类似，尽管他承认一些冷溪近卫团士兵被
派来"支援我指挥的营"，但这说明比斯根是乌古蒙守军的指
挥官。但英国近卫军军官乔治·伊夫林（George Evelyn）的回
忆录中说："法军以优势兵力进攻，荷兰人立刻放弃，临阵脱
逃。"麦克唐奈的副手弗朗西斯·霍姆中校写道，英军于 17
日晚占领了别墅，直到次日上午 11 点才得到拿骚部队的增援。
他不屑地写道："拿骚部队起初到了可能有 600 人。但打了一
个钟头之后，就一个也看不到了；他们全逃跑了……此后除了
少数掉队士兵之外，全没了影子。"谁说的是真的？我们怀
疑，真相应当在这两个极端之间。麦克唐奈肯定是守军的指挥
官，但勒格罗进攻的时候，荷兰部队肯定也在战斗，因为其中
一人，一名拿骚中尉被斧子砍掉了一只手，砍他的人可能就是
破坏者勒格罗。不管苗条的比利下了什么命令，英国近卫军都
不可能在 18 日上午撤离了乌古蒙。没有一本回忆录提及这一
点。而我们掌握的回忆录有好几部。那么，比斯根为什么坚持
说，他抵达的时候，英军已经撤离了乌古蒙？或许他带领部下
进入了别墅，而别墅不在建筑群的外围，所以完全可能是空荡
荡的。不过，这种解释也只是猜测。至于荷兰人逃跑的说法，
我们有充足的证据表明他们留下来了。列兵莱昂哈德描述了花
园内装饰性小径旁的鹅耳枥被火力扫倒，而别墅围墙因为

"猛烈炮火或我们头顶上的瓢泼大雨"而倒塌。然而，没有其
他参战者提到这场战斗期间刮起了暴风雨。"天空，"他写道，　　211

似乎变成了烈火的海洋，农庄所有房屋都燃烧起来。
我脚下的土地开始战栗，我眼前的地面出现了很大的裂缝。

　　这或许是对这场鏖战的很好描摹。在乌古蒙及其周边有数
千人死亡，如果幸存者的记述并不总是连贯有序，我们也必须
原谅他们。

　　争夺乌古蒙的战斗在继续。威灵顿曾说封闭乌古蒙大门是
整个战役最具决定性的行动。后来，一位性情古怪的教士希望
为"滑铁卢战役中最勇敢的军人"提供一笔年金，于是请求公
爵做这个艰难的评判，即谁能享此殊荣。威灵顿选择的是麦克
唐奈。而麦克唐奈坚持要与詹姆斯·格雷厄姆中士分享这笔钱，
后者是个爱尔兰人，在这些最艰难的时刻守候在麦克唐奈身边。
他俩领了两年的年金，但随后这位慷慨的教士就破产了。但威
灵顿在必须做出选择的时候，提名了麦克唐奈（还有格雷厄
姆），这是很重要的。格雷厄姆在帮助麦克唐奈封闭大门之后，
救了 25 岁的亨利·温德姆（Henry Wyndham）上尉的性命。一
名法军士兵爬上了大门旁的高墙，用滑膛枪瞄准了温德姆，但
格雷厄姆抢先开枪。温德姆活到了 1860 年，他家的女眷总是抱
怨他的房子太冷而且有穿堂风，因为（按照她们的说法）自他
参加封闭乌古蒙大门的行动以来，就再也没有关过一扇门。

　　乌古蒙的大门的确被封闭了，但围攻远远没有结束。法军
开始炮击农庄，而在西面，在将战场一分为二的主路远方，英
军骑兵在疯狂地驰骋。

＊ ＊ ＊

威灵顿公爵对英军骑兵始终没有很大信心。他在战后写道：

212

> 我认为，我军骑兵严重缺乏纪律性，比法军骑兵差很
> 多。虽然我们的一个骑兵中队抵得上法军的两个中队，但
> 四个英军中队就不是四个法军中队的对手了。兵力越多，
> 纪律性就越重要。我们的骑兵懂得飞速前进，但维持不了
> 秩序。

在所有的军事美德中，公爵最看重的就是秩序。有了秩
序，部队面对敌人的炮火也能保持沉着冷静，能够在恐怖的炮
击之下坚守，能够承受住近距离的齐射。公爵痛斥他的军队是
"地球上的渣滓"这句臭名远扬的话，是在英军秩序崩溃时说
出来的。那是在他的维多利亚大捷之后，当时英军夺取了敌人
的辎重，包括法军在占领西班牙期间掳掠的所有战利品。英军
士兵的纪律瞬间灰飞烟灭，开始了抢劫、偷盗和谋杀的狂欢。
有了秩序，其他事情才有可能办得到。而英军骑兵秩序的败坏
是有名的。在半岛战争期间，威灵顿信任英王德意志军团的骑
兵，但对自己的骑兵始终保持谨慎的态度。的确，在 1812 年
的萨拉曼卡战役中，重骑兵发动的冲锋为英军赢得了胜利，但
当时指挥他们的是约翰·勒·马钱特（John Le Marchant）少
将，他或许是整个拿破仑时代英国最优秀的骑兵指挥官，但在
此役中阵亡。

近卫骑兵旅、第 6 恩尼斯基林龙骑兵团、第 1 皇家龙骑兵
团和苏格兰皇家灰骑兵团粉碎了埃尔隆的进攻，这是了不起的

战功。法军纵队被切割成许多碎片，张皇失措，快速撤退，丢下了3000名俘虏和差不多同样数量的伤员或死者。英军骑兵在长长的山坡上分散开，手持血淋淋的剑。号手吹响了集结号，但几乎所有骑兵都不理睬这召唤。"我们的人失控了。"一位参谋军官承认道。他们可以看到，山谷对面就是拿破仑的大炮群，曾轰击英军山岭的成排的大炮。这些大炮为了避免误伤还位于被英军控制那一侧山谷的埃尔隆军的幸存者，仍然保持沉默。大炮群不在法军山岭的顶端，而是在它前方相当远的地方。英国骑兵无法抵制这个诱惑。他们调转马头，向这些大炮发起了冲锋。迪克森下士看到尤尔特中士携带缴获的鹰旗去了后方。迪克森说，此后，"我们催马前进，寻找胜利的机遇"。他和战友们看到了另一个纵队〔几乎可以肯定是迪吕特（Durutte）将军的人〕在法军攻势的最右端：

> 号手里夫斯……从我身旁骑过，吹响了"集结号"，我们的人从四面八方涌过来，其中还有一些第6恩尼斯基林龙骑兵团和第1皇家龙骑兵团的人。我们立刻开始了一场凶猛的攻击……法军各营似乎让出空档来，放我们通过，所以在这五分钟之内，我们一路砍杀地从数千人的法军中冲了过去。我们现在到了坡底。那里颇为泥泞，地面很滑。我们互相鼓励，冲向山岭上的法军炮兵阵地，它们之前对我军的队伍造成了极大伤害！地形很艰险，尤其是我们穿过一片农田边缘的时候。烂泥有我们战马的膝盖那么深，我们挣扎着前进。我勇敢的雷特尔已经疲惫不堪，但我们还是往前冲。这时汉密尔顿中校纵马上前，向我们喊道："冲啊！往那些大炮冲！"然后他一阵风似地冲向

213

那些可怕的炮兵阵地，就是它们之前给苏格兰高地士兵造成了严重伤亡……然后我们冲到了敌人炮兵阵地上，我们报仇了！杀得多么厉害！我们用刀砍敌人炮手，把敌人的马匹打残，切断它们的挽绳和马具。我向法国人劈砍的时候，听到他们呼喊："见鬼！"我的剑砍中他们的时候，他们的齿缝里发出长长的嘶鸣……我们冲到敌人炮兵车夫当中的时候，他们就坐在马背上哭泣；我们觉得，他们还只是孩子。雷特尔大发脾气，撕咬和踢打挡住它去路的所有东西……法军步兵撤退时，凌乱地从我们身旁跑过。

214　　迪克森估计英军骑兵摧毁了 15 门大炮，其他骑兵估计的数量更多，但因为没人下马去破坏大炮的火门，所以每一门大炮应当都被修复并重新利用了。迪吕特将军看到自己的纵队被打乱，观察着英军骑兵越过山谷的冲锋，评论道："他们要么是喝醉了，要么不知道如何控制自己的战马。"

数百名英军骑兵骑着气喘吁吁的战马，如今到了战场的法军一侧。法军抓住这个机会，派遣枪骑兵和猎骑兵攻击他们。法军骑兵从东面冲过来，对英军施以重创。迪吕特将军说："在这一次交锋时，我最深刻地理解了长枪对军刀的优势。"英军骑兵企图撤回他们控制的山谷一侧，但法军骑兵骑着战马，将他们打倒在地。布罗·德·柯麦尔（Bro de Comères）上校是法军第 4 枪骑兵团的团长：

　　我亲自率领各中队，喊道："孩子们，前进！我们一定要消灭这些乌合之众！"士兵们答道："前进！皇帝万岁！"两分钟之后，我们与敌军骑兵交锋了。我们迅速突破了三排敌人，并狠揍其他敌人。这场混战非常恐怖。我们的战马践踏着死尸，伤员们发出惨叫。

德·柯麦尔上校不幸手臂负伤，但最惨的还是英军骑兵，他们在泥潭中挣扎，拼命逃避更轻型和灵活的法军骑兵。威廉·庞森比爵士（Sir William Ponsonby）是英军联合骑兵旅（下辖第 1 皇家龙骑兵团、苏格兰皇家灰骑兵团和第 6 恩尼斯基林龙骑兵团）的旅长，他也和其他骑兵一起冲锋。现在，他精疲力竭的战马深陷于烂泥，于是他将一些纪念品和贵重物品交给自己的副官，请他转交给他的家人，然后等待不可避免的噩运。后来发现他的尸体上有七处被长枪刺出的伤。中校弗雷德里克·庞森比爵士是倒霉的威廉爵士的远房堂弟，双臂都负了伤，最后被军刀砍得从马背跌落下来，人事不省。他苏醒时，看到一名法军枪骑兵矗立在自己面前。"你还没死啊，流氓！"枪骑兵轻蔑地对他说，仿佛他是个小孩。然后，枪骑兵用 9 英尺长的长枪向庞森比肺部刺去。庞森比躺在那里，浑身是血。撤退的法军步兵抢走了他身上的东西，后来一名法军散兵在他身上架枪射击，然后普军骑兵又从他身上踩过去。但他最后还是幸存下来，于 1837 年去世，享年 54 岁。

英军骑兵原本是不用长枪的，但他们在滑铁卢的经验促使他们也开始使用这种武器。约翰·迪克森骑着他的母马雷特尔，安全撤回己方阵地。尽管英军轻骑兵出动去掩护重骑兵仓皇撤退，但仍有数百人未能生还。一段时间内，主路以东的山谷里一片狼藉。已经投降且被抢走背包和财物的路易·康莱还在英军控制的山坡上。

突然我听到命令："小跑！"法军枪骑兵和胸甲骑兵来援助我们了。英军龙骑兵不得不抛下我们，去打退法军骑兵的这轮攻击，于是我利用这突然间的自由，躲进附近一片麦田。法军骑兵凶神恶煞般地攻击英军龙骑兵，用刀砍，用枪刺，非常凶悍，英军不得不撤退，把不少人丢在了战场上。于是我抓住机会，跑过田野，回到了我的单位……我看到旁边就是一名在混战中丧生的英国龙骑兵军官。他的头被军刀砍裂，脑浆四溢。他的怀表袋上挂着一根非常精美的金链。虽然我很匆忙，还是暂停片刻，抢走了这根金链和一块美丽的金表。

康莱与他所在营的残部会合了，与离开他们时相比，他发了一笔横财。混乱渐渐平息。幸存的英军骑兵返回了自己的山岭。到下午 3 点，山谷又一片空荡荡了，除了地上的死尸、垂死挣扎者和痛苦挣扎的伤员。两军的炮手各自回到炮位，开始射击。埃尔隆军的大攻势原本已经胜利在望，却被齐射火力、刺刀和英军重骑兵粉碎了。英军重骑兵消灭了法军的庞大纵队，随后却愚蠢地毁掉了自己。参加冲锋的骑兵中大约有一半伤亡或被俘；现在剩余的骑兵又在山岭后集结起来。山谷暂时平静了一会儿，但这间歇是不可能维持很久的。皇帝的时间已经不多了。

216

* * *

拿破仑曾说："伟大的战役是用炮兵赢得的。"不过他说过很多类似的话，所以我们很难知道他什么时候是在严肃地发表意见。他喜欢发表语气干脆、宣言式的言论，其中包含一点真理，估计是为了挑逗对方与他争辩，而且这种争辩的结果一定是他获胜。不过，他的确热爱他的炮兵。现在大炮全线开火，用实心弹和榴弹轰击整个英军山岭。还有一些大炮在轰击乌古蒙，不过那里的战斗不在拿破仑的视野之内。

拿破仑始终没有去左翼查看乌古蒙的战局。不过他一定接到了他的人马在那里受挫的报告，因为是皇帝本人命令调用榴弹炮攻击那座要塞。在几乎整个战役期间，拿破仑一直待在距离主路很近的地方，要么在洛索姆农庄（Rossomme）（位于佳姻庄以南一段距离），要么在佳姻庄附近。他穿着一件灰色大衣，很多人能看到他在那片高地踱来踱去。他从那里可以观察硝烟弥漫的战场。他的部下从客栈拿来了一张灯芯草椅面的椅子和一张小桌子。他坐了很长时间（有人说他疲惫无力地深陷椅子里），凝视面前桌上摊开的地图。他用小根稻草剔牙，或者用望远镜盯着硝烟。他的弟弟热罗姆后来说，拿破仑曾短暂地离开战场，让医生用水蛭处理他的痔疮。我们知道皇帝相信这种疗法，但我们远远不能确定他是否在这个命运攸关的日子接受过这样的治疗。

滑铁卢战役之后的岁月里，这片战场成了一个受欢迎的旅游胜地，众多导游中有一个叫德科斯泰（Decoster）的人。他自称在战役当天上午被法军俘虏，被强迫向拿破仑介绍周边乡村的情况。拿破仑向一个当地人询问地形地貌，比如山岭那边是什么，各条小径通往何处，是有道理的，但德科斯泰的故事颇有些异想天开的成分。皇帝尽可能地透过浓烟观察战场，但没有骑马去视察正在为他作战的各单位。他的副官们代他查看前线，骑马穿梭于山岭，送来战局新情况和消息。法军山岭上有一座可供瞭望的塔楼，那是一个高耸而摇摇欲坠的木质建

217

筑，可能是战役不久前由土地测量人员建造的，以便绘制地图。肯定有一些法国军官从塔楼顶端观察战场，但没有人说到拿破仑曾亲自爬上塔楼。

而在此期间，威灵顿公爵一直骑着他的战马哥本哈根。在战役的大部分时间，他待在十字路口的榆树旁，但在重大危机的时刻，他总是身处受到威胁的部队。埃尔隆的纵队抵达山顶前不久，威灵顿去看了皮克顿。但随着时间流逝，他越来越多地待在右翼。他后来宣称自己得到了"上帝的手指"的保护，因为尽管他身旁有许多伙伴伤亡，他和哥本哈根却毫发无损。他始终是一个"亲身实践"的将军，亲自向各营发布命令，而拿破仑满足于让奈伊为他主持作战。有人说皇帝有一种第六感，能够察觉危机降临的时刻，随即发动天才般的攻击，打垮敌人。如果他真的有第六感，那么它在 1815 年 6 月 18 日抛弃了他。此次战役中发生了很多危机，但拿破仑始终未能发动出其不意的攻击，去利用英荷军的破绽。威灵顿说拿破仑在战场上相当于 4 万人；法军士兵无疑对皇帝顶礼膜拜，甚至热爱他，并以一种狂热的勇气为他作战。但威灵顿亲临前线也有极大价值。他没有得到官兵的崇拜或热爱，但他受到尊重。他骑马巡视前线的时候，中士们呼喊命令他们的士兵："看前方！保持安静！大鼻子来了！"他们知道他最重视的就是秩序。他珍视自己的士兵，他们也知道这一点。很多人在回忆中都颂扬了公爵亲临火线的行为。战斗最激烈的时候，霰弹、实心弹和滑膛枪弹在英荷军队列中肆虐的时候，威灵顿常常就在几步之外。下午，一名英国军官注意到他身边只有一名副官，"其他参谋人员都阵亡或负伤了"。而据这名军官的说法，威灵顿"镇静自若，但看上去思绪万千和面色苍白"。他看上去无比沉着，并不是因为他真的很沉着，而是因为他必须表现出这样的姿态。填弹和射击的士兵们脸上布满火药燃烧造成的斑点，耳朵受到噪声的冲击，视线由于硝烟弥漫而只有几码远，身边的战友流血牺牲或奄奄一息，此时士兵们会瞥一眼公爵。如果大鼻子看上去愁云满面，那么士兵们就会恐慌起来。但如果公爵看上去非常沉稳和自信，那么一切应当都还好。

　　然而，事实上他既不镇定也不自信。有人听到他喃喃低语：“要么普军快来，要么天快点黑！”人们看到他不时地看表。后来他常说，他在滑铁卢是险胜。“我从来没有这么接近失败过。”他不断向东方眺望。拿破仑也是这样。他们在眺望远方的山岭，寻找军队的迹象。公爵知道普军即将赶到，若不是他相信这一点，就绝不会在此地决战了。他的军队被逐渐消耗，战斗却还在继续，他知道自己急需普军的支援。拿破仑知道自己只剩下一个机会，那就是抢在普军赶到之前打垮威灵顿。现在，一场赛跑开始了。但对布吕歇尔和他的普军部队来说，这变成了一场障碍赛。

* * *

　　普军在拉恩河谷东侧停住脚步。布吕歇尔十分匆忙，但别无选择，只能等待落在后方很远的纵队赶上前锋。他催促部队赶路。据说他向士兵们说道：“前进！我听你们说这是办不到的，但必须办得到！我已经向威灵顿承诺，你们肯定不希望我食言吧？孩子们，再努把力，我们一定胜利！”

　　人们总会不由自主地喜欢布吕歇尔。他时年72岁，此时仍然因为利尼的冒险而蒙受伤痛，身上还散发着烈酒和大黄搽剂的臭气，但他满腹热情、精力充沛。在这一天，拿破仑的表

219　　情写满了对敌人阴郁的鄙夷（尽管他低估了敌人），威灵顿的
脸上是冷冰冰、精于算计、掩饰担忧的镇静，而布吕歇尔激情
澎湃。他能听到战斗的嘈杂声，战场就在他西面 3 英里或 4 英
里处，他知道自己的部队将决定战局。然而，尽管他急躁而狂
热，但他知道自己必须小心谨慎地接近战场。

拉恩河隘道的远方有法军部队。那是轻骑兵，不大可能与
普军展开一场激烈的对射，但如果布吕歇尔派遣少量部队赶
去，或者将各单位一点一点地送过去，就有可能将法军步兵引
诱到拉恩河远方的浓密树林，他的部下就可能被逐个击破。他
必须集结足够的兵力先渡河，让他们在河对岸能够自卫，同时
等待主力部队过河。于是，他在等待。

拉恩河隘道在今天看来算不上严重的障碍，但在 1815 年
6 月 18 日，这条小河因为前一天的倾盆暴雨而水位猛涨，河
谷两岸原本就很陡峭，如今满地烂泥，艰险难行。为了让拉车
的马能够歇歇脚，路上有长长的阶梯，现在这些阶梯能够帮助
普军炮兵走过这段险路，但大炮比大多数大车都重得多，通过
陡峭而滑溜的河岸时需要许多人员来控制它们笨拙的躯体。骑
兵不得不将他们的马匹牵过去，步兵跌跌撞撞地攀爬，但普军
缓缓通过了这道既是心理上也是实际上的障碍。过了河谷之
后，布吕歇尔就没有多少撤退的机会了。如果他的部队被法军
击败，就将被困在法军和河谷之间，极有可能被全歼。但布吕
歇尔有没有担忧这种前景，是值得怀疑的。他一心想渡河、通
过树林，然后冲进拿破仑的右翼。他的一个选择是简单地加入
威灵顿军队，将普军各团补充到英荷军战线，但格奈森瑙主张
从更南面走，袭击拿破仑军队的后背，那样就有机会将其包
围，最终彻底消灭法军。布吕歇尔同意了，所以普军的第一个

目标是普朗斯努瓦村。

但他们得先渡过拉恩河。普军轻骑兵是第一个过河的，220
与巴黎树林（位于河谷西侧）内的法军骠骑兵发生冲突。指
挥这群法军的是马塞兰·德·马尔博（Marcellin de Marbot）
上校：

> 我把引领（普军纵队的）骠骑兵和枪骑兵打退了两
> 次。我努力尽可能久地拖住敌人，以争取时间。他要从险
> 峻而泥沼般的道路过来，非常困难。

法军丧失了一个良机。洛鲍将军[①]在这片树林以西不远处
有6000名步兵，如果这些步兵被部署在拉恩河谷入口处，那
么就能阻挡普军好几个小时。但拿破仑给洛鲍下达了非常具体
的命令：在听到格鲁希的大炮从普军后方袭击他们之前，不得
攻击普军。于是洛鲍留在原地，等待始终没有来的炮声。而普
军各单位逐个安全过河了。他们在巴黎树林集结，骑兵打头
阵，后面是步兵，炮兵在公路上。过河需要时间，因为拉恩河
上只有一座狭窄桥梁。但到下午三四点钟，普军主力已经过
河。理应攻击普军的格鲁希还在向瓦夫尔进军，他的侦察兵发
现普军后卫部队在防守那座城镇。拿破仑或许在祈祷格鲁希赶
紧到滑铁卢，然而元帅即将在滑铁卢战场12英里之外打响一
场单独的战斗。

冯·穆弗林将军/男爵是威灵顿身边的普军联络官，此时

---

① 乔治·穆东，洛鲍伯爵（1770~1838年），1831年凭借为路易·菲利普
　　国王效力的功劳，晋升为法兰西元帅。此时他是法军第六军的军长。

和布吕歇尔之间保持着紧密通信。英军与普军之间已经建立了联络，但还需要一些时间，普军才能以足够兵力与敌人决战。但冯·穆弗林没有任何疑问，英军急需同胞的支援。"下午 3 点之后，"他在回忆录中写道，"公爵的处境万分危急，除非普军能够尽快驰援赶到。"

221　　　因为，在下午 3 点之后，法军向威灵顿战线发动了最疯狂、最猛烈的攻击。

* * *

　　乌古蒙在熊熊燃烧。法军榴弹炮向高墙内投射榴弹。如果他们不能将守军逐出，或许能够火攻。大火促使威灵顿发布了他最有名的命令之一。他身边携带一些驴皮，用来书写命令（因为驴皮足够光滑，可以擦干净之后重新使用），把马鞍的鞍桥当作写字台。他骑马沿着山脊走，向下凝视乌古蒙，写信给麦克唐奈。这道命令值得全文引用，因为我们要记住，它是在敌人火力之下、在震耳欲聋的噪声冲击下写出来的。命令非常清晰晓畅：

> 我看到火从干草堆烧到了别墅屋顶。但你的人必须坚守火还没有烧到的地方。注意不要让任何人因为屋顶或楼层坍塌而伤亡。屋顶或楼层坍塌之后，你应当占领花园内毁掉的围墙，尤其是如果敌人有可能通过大火进入房屋内部的话。

　　我们可以说，麦克唐奈简直不需要这样的命令，他不需要威灵顿的细致指示，也会采取威灵顿希望的行动。但威灵顿事无巨细，都要照顾到位。马修·克雷经历了别墅之外的冒险之后，此刻在主屋上层的一扇窗户后向外射击。他注意到，这些窗户的位置比其他建筑物都高，他们的火力"令敌军散兵颇为烦恼"。

　　　敌人注意到这一点，向我们发射榴弹，将我们防御的房子点燃了。我们的军官站在房间门口，不肯让任何人离开，除非我们的阵地完全无望、再也守不下去。我们觉得脚下的地板随时都可能坍塌，我们撤退的时候又有好几个人多多少少负了伤。

　　大火摧毁了主屋，它后来再也没有重建。大火烧到了小教堂，很多伤员就躺在那里，但大火蔓延到悬挂在小祭坛上方的十字架并将其烧焦之后，就熄灭了。有人说这是个奇迹。其他伤员在谷仓内，那里也着火了，但有的伤员没有被及时撤出，被活活烧死，惨叫声不绝于耳。还有一些马匹也在那里被烧死，它们的苦难使这一天的灾祸更添一分。但守军还在坚守。下午某个时间，皇家运输部队中一名勇敢的车夫催动马匹，驾车冲上了小径。贺拉斯·西摩（Horace Soymour）上尉（阿克斯布里奇勋爵的副官之一）要求这名车夫将一车弹药送给守军：

　　　我仅仅向他指出哪里需要他，他就勇敢地驾车出发了，一口气下山，冲向农庄，我看到他到了大门口。他的马匹一定损失掉了，因为他的车遭到了凶猛的火力袭击。我确信不疑，近卫军的弹药需要感谢这个人的服务。

这提醒我们去铭记滑铁卢的所有英雄们。勒格罗少尉及其部下、詹姆斯·格雷厄姆中士、查尔斯·尤尔特；双方的许多勇士。但也有人胆小如鼠。有些人主动要求送伤员去后方，然后就再也没有回到前线。精英单位里也出现了这样的事情。安德鲁·巴纳德（Andrew Barnard）将军/爵士[①]指挥第 95 来复枪兵团。他在战后写道：

> 我遗憾地说，在敌军的胸甲骑兵出现之后，我们团有很多人无故退回后方。战斗之后，有多达 100 人擅离职守。这让我非常恼火，因为这是我们团第一次出现这种情况。金凯德说，在法军骑兵冲锋之后，很少有人脱离部队。那些逃往后方的人当中有很多是我绝对没有想到在此种情况下会做出这种事情的人。

223　巴纳德麾下的来复枪兵之一爱德华·科斯特洛在四臂村负了伤。他与同一单位的战友一同撤退，但在滑铁卢战役当天奉命返回布鲁塞尔疗伤。他穿过树林向北走，看到树林里有"成群"的人：

> 有比利时人，也有英国人，他们点着篝火，忙着做饭，把战友抛下，让他们与敌人厮杀。他们看上去没有负伤。

我们必须记住，留在战场的人比逃跑的人多得多。一些伤

---

① 安德鲁·巴纳德此时的军衔为上校，1819 年升少将，1851 年获得最终军衔——上将。

员被命令返回后方，他们听到这命令无疑会松一口气，但很多伤员不肯下火线，宁愿和战友待在一起。有些人有正当的理由离开战场。第6恩尼斯基林龙骑兵团的3个中队（相当于该团幸存者的一半）奉命押送一大批法军战俘去布鲁塞尔。这些战俘能活下来，已经很幸运。威廉·许特（Wilhelm Schutte）是不伦瑞克部队的一名军医。他在给父母的信中写道："我们的人满腹地狱般的怒气。"然后他举了一个例子：

> 下午4点，大约100名法军俘虏被带进来；其中一人抓住有利机会逃跑。一名骠骑兵追上去，用手枪打穿了他的脑袋；其他人冲上去用刀刺他，就连伤员也抓起木块或者能找到的其他东西，上去殴打他，直到他粉身碎骨。

到下午三四点钟，不断有人潮水般地从战场向北撤退。大多数有正当的理由，要么是伤员，要么是扶助伤员寻找军医的人，不过照料伤员的并非全都是医生。伊丽莎白·盖尔（Elizabeth Gale）年仅五岁，是第95团一名米复枪兵的女儿，她和母亲随同该营到了圣约翰山。多年后伊丽莎白回忆了她如何帮忙撕扯纱布制作绷带，甚至帮助母亲包扎了一些伤口。伊丽莎白活到了95岁高龄，是滑铁卢战役最后的幸存者之一，1904年去世。在她去世不久前，一位记者采访了她：

> 她清楚地记得，几名伤员在营地中死去。她母亲掀开了覆盖一名死者的布，她看到死者的眼睛睁着，空洞地盯着战场的方向，这让她非常害怕。

奈伊元帅从南岭看到成群的人脱离战场，撤往北方的布鲁塞尔。大多数是伤员，有些是逃兵，很多是去取弹药的车夫，还有数千名被押走的俘虏。这些人马和大车的大潮，就是滑铁卢战役下一场宏大戏剧的直接动因。

《威灵顿的命令，滑铁卢战役，1815 年》。"我看到火从干草堆烧到了别墅屋顶。但你的人必须坚守火还没有烧到的地方。注意不要让任何人因为屋顶或楼层坍塌而伤亡。"

《冷溪近卫团防守乌古蒙农庄》，Denis Dighton 作。在乌古蒙及其周边有数千人死亡，如果幸存者的叙述不是很连贯一致，我们必须原谅他们。

National Army Museum, London

《封闭乌古蒙大门》，Robert Gibb 作。

《詹姆斯·麦克唐奈爵士像》，William Salter 作。麦克唐奈在这个星期日的任务是以 1500 名近卫军和 600 名荷兰 - 德意志联军防守乌古蒙，抵挡约 9000 名法军步兵，后者最终集中力量赶走了守军。

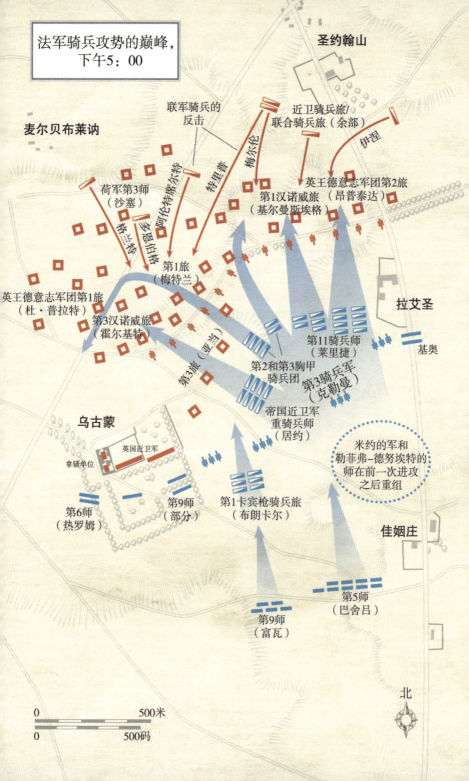

法军骑兵攻势的巅峰，
下午5：00

圣约翰山

联军骑兵的
反击

近卫骑兵旅/
联合骑兵旅（余部）

麦尔贝布莱讷

梅尔伦

伊涅

荷军第3师
（沙塞）

阿伦特帕尔特

格兰特

多恩伯格

特里普

英王德意志军团第2旅
（昂普泰达）

第1汉诺威旅
（基尔曼斯埃格）

第1旅
（梅特兰）

拉艾圣

英王德意志军团第1旅
（杜·普拉特）

第3汉诺威旅
（霍尔基特）

第3旅
（亚当）

第11骑兵师
（莱里捷）

基奥

第2和第3胸甲
骑兵团

第3骑兵军
（克勒曼）

乌古蒙

帝国近卫军
重骑兵师
（居约）

英国近卫军

拿骚单位

米约的军和
勒菲弗－德努埃特的
师在前一次进攻
之后重组

第6师
（热罗姆）

第9师
（部分）

第1卡宾枪骑兵旅
（布朗卡尔）

佳姻庄

第5师
（巴舍吕）

北

第9师
（富瓦）

0   500米

0   500码

第十章

世界上最壮美的部队

威廉·利克（William Leeke）毕业于剑桥大学，是德比郡
霍尔布鲁克教区的牧师。他著有多部旨在改良英国圣公会的严
肃著作。但在他学习神学和成为牧师之前，曾是一名军人。
1815 年，他 18 岁，是第 52 步兵团的一名掌旗官。他在记述自
己军事生涯的回忆录中写道，掌旗官是"容易遭炮击的职位"：

> 而且没有别的事情好做。对作战军人来说，遭炮击是
> 最不愉快的事情。我常常努力用眼睛追踪我方炮弹从我们
> 头顶上掠过时的轨迹。观察一发实心弹从你头顶上掠过、
> 向敌人飞去，要比看到敌军炮弹向你飞来容易得多，不过
> 后面这种情况时有发生。我说的是 6 磅炮、8 磅炮、9 磅
> 炮或 12 磅炮发射的炮弹。

利克举着他们团的军旗之一。不过该团的两面军旗经历过
维梅鲁（Vimeiro）、拉科鲁尼亚、布萨科、丰特斯德奥尼奥罗
（Fuentes d'Onoro）、罗德里戈城（Ciudad Rodrigo）、巴达霍斯
（Badajoz）、萨拉曼卡（Salamanca）、维多利亚、尼韦尔、奥

尔泰（Orthez）和图卢兹战役的炮火，已经差不多只是光溜溜旗杆上的破布。第 52 团是滑铁卢战役中最大的一个步兵营，兵力超过 1000 人，其中约一半是半岛战争的老兵。该团很快将得到一个赢得荣耀的机会，但目前必须忍耐"对军人来说最不愉快的事情"。利克牧师继续讲述他的故事：

> 我们在超出英军阵地相当远的位置等待一个多小时之后，一缕阳光照在我们身上。我注意到我们前方有一些铜炮，位置似乎在法军山坡上较低的地方，比其他炮离我们更近。我清楚地看到法军炮兵在进行全套工作，用海绵清理一门炮，并重新装填弹药……它开炮后，我看到了炮弹，它似乎径直向我飞来。我想，我应当移动位置吗？不行！我抖擞精神，笔直地站着，右手捧着军旗。我不知道炮弹飞行的具体速度，但我觉得从我看到炮弹离开炮口，到它击中我们前方的方阵，应当有两秒钟。炮弹没有击中我正前方的四个人，而是打中了他们右侧的四个人。它是以一定的仰角发射的，击中最前面那人膝盖以上的地方，落在四个人当中最后面一个的脚下，将他严重炸伤，然后弹跳起来，从我手持的旗杆一两英寸之外掠过，从方阵后部上空飞走，没有造成更多伤害。第一排和第二排的两个人向外倒下，我估计他们很快就死了；另外两人往内倒，倒在方阵内。最后面一个人负伤时发出了非常响的惨叫，但一名军官和蔼地对他说："士兵，不要这么吵。"他立刻镇定下来，保持安静。

231　　利克的营构成了方阵。他们原先是预备队，但威灵顿将他们调到战线右翼，此处到目前为止还没有遭到攻击。有些人说，在埃尔隆军被击退、英军骑兵随后愚蠢的大败之后，战场上"安静"了下来。但"安静"是相对而言的。噪声仍然在冲击人们的鼓膜，乌古蒙也在熊熊燃烧且遭到围攻，但在一段时间内法军没有再尝试穿过山谷。埃尔隆军的幸存者在拿破仑战线的右翼重整旗鼓，准备再战，但负责战术指挥的奈伊元帅此刻在第 52 团对面的法军左翼。他骑着马，所以位置更高一些，而且他在法军山岭的一座小丘之上，能够借助望远镜观看浓烟缭绕的英军战线。

他看到的景象让他欢欣鼓舞。他看到的是法兰西得救。他看到的是胜利。

实际上他看到的是山岭上一些分散的英荷军大炮，以及后面的步兵。他应当能看到法军榴弹炮在这些步兵当中制造的爆炸硝烟，但吸引他注意力的是发生在这场厮杀更远方的事情，因为他的位置足够高，能看到威灵顿战线后方的情况。他看到那里有数百人或许数千人在撤退。他看到大车向北走，伤员在战友搀扶下撤退，俘虏被押走。于是，他得出了结论：威灵顿正在脱离接触，企图撤退。简而言之，他看到英军在逃跑。他也知道，一名优秀的军人绝不能允许敌人不受骚扰地轻松撤退。就在两天前，他就犯下了这样的错误，让威灵顿从四臂村顺利逃脱。奈伊因此遭到了拿破仑的狠狠训斥，因此他绝不能重蹈覆辙，再被训斥一顿。他可以看到，威灵顿的人马在北上通往布鲁塞尔的路上匆匆撤退，队伍拉得很长，这意味着留在山岭上的部队一定少了，而且每分钟都在继续减少，所以这就是救赎他自己、为法兰西赢得胜利的时刻！

他命令骑兵冲锋。

　　起初他打算派一个旅的胸甲骑兵进攻，于是命令近 900 名身穿特色鲜明的胸甲的重骑兵冲击乌古蒙与拉艾圣之间的英军山岭。但旅长德洛尔（Delort）中将①停止了前进。他向另一位将军抱怨道：

> 我只接到了本师所在军的军长的命令。由于这争吵，全旅停止了行动。这时奈伊元帅本人到了，焦躁得怒气冲冲。他不仅坚持要求我们服从他的第一道命令，还以皇帝的名义要求另外两个师也冲锋！我还很犹豫，向他指出，不应当用重骑兵攻击居高临下、拥有很好阵地的步兵，何况敌人步兵并没有被削弱，完全有能力自卫。元帅吼道："前进！法兰西的命运在此一战！"我不情愿地服从了。

　　爱德华·米约（Edouard Milhaud）将军是德洛尔的上级军长，原本应当是他下令给德洛尔，但米约也兴奋异常。他命令德洛尔冲锋，然后与帝国近卫军轻骑兵师的指挥官握手，并敦促他："我们马上冲锋！和我们一起！"于是帝国近卫军轻骑兵师也加入进来，此后有更多骑兵加入了这次突击。米歇尔·奥德内（Michel Ordener）上校指挥第 1 胸甲骑兵团，他怀疑军事史上是否还存在"如此之多的骑兵同时冲锋的其他例子"。事实上，1807 年法军骑兵在埃劳（Eylau）②风雪中那次著名冲锋的规模差不多是这次的两倍，但奥德内（他参加过

---

① 原文有误，德洛尔中将应为法军第 14 骑兵师的师长。
② 1807 年 2 月 7 日和 8 日，在东普鲁士的埃劳（今天俄罗斯的加里宁格勒州的巴格拉季奥诺夫斯克），拿破仑指挥的法军击败俄罗斯与普鲁士军队。

埃劳的冲锋，不过可能在令人睁不开眼的暴风雪中看到的东西
有限）说他从未见过如此强大的骑兵兵力。900 人增加到将近
5000 人。

奈伊元帅身先士卒。此时是下午 4 点。起初我们的冲
击无坚不摧。虽然冰雹般的枪弹击打着我们的头盔和胸
甲，虽然前方洼陷小径的上方部署着英军火炮，我们还是
冲到了山顶，像闪电一样从敌军大炮之间冲杀而过。

233

这里的关键词是"起初"。因为随后发生的可能是这个超
乎寻常的日子里最超乎寻常的一件事。起初奥德内可能认为奈
伊做出了正确的选择，因为他的战马登上英荷军山岭顶端的时
候，他看到"敌军辎重和大群逃兵匆匆沿着道路向布鲁塞尔
逃窜"，他还看到英军大炮被抛弃，法军骑兵"像闪电一样"
从大炮之间冲过，但随后他看到了别的东西。

英军方阵。英军并没有逃跑。威灵顿并没有脱离接触，也
没有企图撤军。路上的确有人马和车辆，但大多数英荷军还在
山岭上，严阵以待。联军的火炮的确被抛弃了，但这是临时性
的，因为炮手躲到了方阵内部。这些火炮已经杀伤了一些法军
骑兵，射出的实心弹撕裂了他们的阵列，让一些被打残和垂死
的战马留在山谷内，然后英军火炮又在致命的近距离发射霰
弹，最后炮手才逃到最近的步兵方阵内。

所以现在是骑兵与步兵对抗，每一名骑兵都肯定知道迪蒂
尔写过的话："如果步兵构成了方阵，那么最优秀的骑兵也很
难突破，甚至是根本不可能突破。"法军骑兵起初似乎是突破
了英荷军战线，但实际上迎头撞上了骑兵最害怕的、最糟糕的

障碍。山顶的宽阔高地上到处是方阵，至少有 20 个，它们大致组成了棋盘形，所以即使一名骑兵安全地从一个方阵旁跑过，也会立刻遇到第二个，然后会遇到更多方阵。每个方阵都伸出森林一般的刺刀，喷吐火舌。在这个时刻，对奈伊元帅来说，理智的做法就是承认自己犯了错误，将骑兵撤离险境。但奈伊元帅在战斗中很少是理智的。他相信勇气和激情能够推动他的部下克服任何困难，这也许是真的，但勇气和激情不能促使马匹冲向方阵。

随后的战况对双方来说都非常残酷。约翰尼·金凯德说到滑铁卢战役时称，他从未听说过"一场敌对双方全都死亡的战役，但这可能是个例外"。联军当然已经得到预警，知道法军骑兵将要冲上来。他们之前也看到骑兵黑压压地冲过山谷，因此有时间准备迎敌。这就是为什么年轻的掌旗官利克所在的营组成了方阵。炮兵也做好了准备。奥古斯塔斯·弗雷泽爵士（Sir Augustus Frazer）指挥骑炮兵，他骑马来到默瑟上尉那里，下令："尽快套车！全速前进！"默瑟记述道：

> 我和弗雷泽一起前进，他的脸被烟熏得像烟囱清洁工一样，他右臂的衣袖被滑膛枪弹或霰弹撕扯开，但只是皮肤受了一点擦伤。我们一起前进的时候，他告诉我，敌人集结了数量极多的重骑兵，就在他要带我们去的地方的前方（乌古蒙与沙勒罗瓦公路之间大约 1/3 的距离），我们极可能马上接到占据阵地的命令。"但公爵的命令很明确，"他补充道，"如果他们坚持冲杀过来，你不要暴露你的人，而是带领他们撤到最近的步兵方阵。"他说话的时候，我们已经爬上了主阵地的背坡。我们感受到了一种

234

新的气氛：那里的空气热得让人窒息，就像火炉里喷吐出的热气。我们被浓烟团团围住……炮弹从四面八方像犁地一样深深划过地面。炮弹和枪弹像冰雹一样。似乎伸出手臂都很危险，手臂会被打掉。

英荷军部署在山岭的平坦顶端，正在接近的法军骑兵构成了一个不可能打偏的目标。法军说他们在"冲锋"，"像闪电一样"前进，但其实很少有人能够全速猛冲。他们的攻势受到了威灵顿战线前方的大堡垒——拉艾圣和乌古蒙的限制。这两座要塞射出的火力迫使法军骑兵往队伍中间挤，造成极大的压力，以至于一些马匹被两侧的马挤得四蹄离地。而且他们要通过湿漉漉的地面，上山仰攻，并且要冲过大腿那么高的、棘手的庄稼——此地的庄稼都还没有被踩倒。默瑟说领头的骑兵是以"小快步"走来的。他的炮兵连部署完毕后，他估计敌人已经距离不到100码。他命令发射霰弹。"我看到，第一轮射击就打倒了好几个人和他们的马。"他的另外五门大炮开始射击：

> 杀得他们人仰马翻，一瞬间地面上就躺满了人和马。他们仍然坚持靠过来。第一轮炮击让他们放慢速度到踱步，但看上去他们的确即将从我们头上踩踏过去。我们所在位置的地势比他们所在的地方低一点，我们前方有一条高约1.5英尺或2英尺的堤道，这让我们的霰弹威力增加了许多……炮击的效果极其惨烈。

默瑟说他的大炮"位置的地势比他们所在的地方低一点"，这很有意思。他肯定在山顶，但此处的山岭顶端是平坦

的，呈现一片相当宽的高地，而英军方阵离这片高地的外边缘
相当远，这片高地即将成为杀戮场。默瑟的火炮在近距离射击
法军骑兵，默瑟引用了法军的一份资料，他确信其中在说他的
大炮。"透过烟雾，"这名法军骑兵写道，

> 我看到英军炮兵抛弃了他们的大炮，部署在路下方的
> 几乎全部 6 门炮都被抛弃。几乎一瞬间之后，我们的胸甲
> 骑兵就冲到了敌人方阵前，他们的火力是锯齿形的。我觉
> 得，现在那些炮兵要被砍成肉泥了；然而没有，那些魔鬼
> 还在用葡萄弹射击我们；我们就像草一样被砍倒。

数千名骑兵在努力攻击方阵，但计算一下就知道形势对他
们非常不利。假设英军一个步兵营有 500 人，构成一个等边的
方阵，那么每一面有 4 排，每排约 30 人。所以，方阵的四边
就一共有 480 人，剩余的人是军官和士官，位于方阵中心。在
方阵的每一边，30 人半跪在地，端着滑膛枪，刺刀朝外。30
人蹲伏在第二排，刺刀也密密匝匝地朝外。再往后是 60 人站
立着用滑膛枪射击。30 人的正面宽度约 52 英尺，这是我们假
设的方阵边长，但一名骑兵需要的空间比步兵大得多，宽度差
不多有 3 英尺，接近 4 英尺，所以只有 14 名或 15 名骑兵能冲
击方阵的正面。骑兵也可以好多排一起上，但最前面一排还是
不能多于 15 人，而这 15 人要面对 120 人，其中一半在用滑膛
枪射击。这还只是理论上的。方阵通常是矩形，不是正方形，
但这种算法仍然有效。如果骑兵冲击方阵，会被子弹打倒。人
和马都会痛苦万分地倒下，后面的骑兵会被抽搐的马蹄踢打，
被倒下的人马阻挡而畏缩。只要一轮齐射，骑兵的冲锋就会乱

236

作一团。来复枪兵伊尔斯（Eeles）中尉把这情形描述得栩栩如生。法军胸甲骑兵冲到了距离他所在的方阵"30码或40码"的地方：

> 我们连放出一轮齐射，再加上第71团的火力，打倒了很多马，所以敌人几乎无法继续冲锋。我确信不疑，此时敌军的一半都集中在这片战场；少数人和马被击毙，更多人负伤，但大部分人都是被掀翻在垂死者和伤员的身上。

所以，大多数被打倒的敌人只是跌倒在前面几排死者和伤员的身上。即便齐射没有命中（缺乏经验的士兵往往会打得太高），骑兵还是没有办法冲入方阵，因为他们的马会避开这样的障碍。英王德意志军团在加西亚埃尔南德斯突破法军方阵，是因为法军的齐射打死了一名骑兵和他的马，人和马的尸体的重量就像撞城槌一样在方阵正面打开了一个缺口，后面的骑兵乘势冲入，但那场战役是在干燥坚实的地面上打的，而滑铁卢的骑兵不得不在烂泥和乱蓬蓬的庄稼地里前进，况且兵力已经被实心弹和霰弹大大削弱。一名英国皇家工兵军官躲在第79团的一个方阵内。据他估计，太多英军士兵在第一轮齐射时打得过高，因为滑膛枪弹对骑兵没有造成很大杀伤，但法军骑兵还是策马转向，从方阵侧面的旁边超过——当然受到了更多滑膛枪火力的袭击。在最前面几个方阵之后，还有更多方阵、更多刺刀与更多滑膛枪。奈伊将他的骑兵带进了死亡陷阱。

骑兵并非不可能突破方阵。加西亚埃尔南德斯的战例主要

是靠运气和偶然，但骑兵突破方阵的绝大多数情况是由于步兵
畏敌而自行溃散。骑兵冲锋是令人心惊胆寒的景观。魁梧的骑
兵乘坐高头大马，身穿胸甲，头戴钢盔和羽饰，马蹄声如同雷
霆，高高举起剑和刀劈砍。目睹这一切的步兵可能吓得魂飞魄
散。没有经验的新兵可能因此而惊慌失措，方阵可能被炮火和
滑膛枪火力打散，让骑兵有机会冲进去完成血腥的屠戮。1809
年的瓦格拉姆（Wagram）战役中，法军猎骑兵突破了奥军的
一个方阵。这个方阵刚刚向另一个骑兵单位放出一轮齐射，然
后法军猎骑兵从一个斜角杀向刚刚开过枪的方阵正面。骑兵突
破方阵的战例非常罕见，于是指挥这支胜利猎骑兵的上校立刻
得到晋升，以此作为对他的奖赏。

　　就连久经沙场的老兵看到骑兵冲锋的壮观景象，也可能战
栗。汤姆·莫里斯（Tom Morris）中士（其长官的怀孕妻子从
四臂村徒步前往布鲁塞尔）在方阵中，看到胸甲骑兵冲过山
顶。

238

　　　　他们的外表就足以让人恐惧。他们的身高没有低于 6
　　英尺的，头戴钢盔，身穿胸甲……面对这样威风凛凛的敌
　　人，我觉得我们一丁点儿胜算都没有。

　　里斯·豪厄尔·格罗诺夫（Ress Howell Gronow）是第 1
近卫步兵团的一名掌旗官。他所在的营被留在伦敦，作为
仪仗队，但年轻的格罗诺夫（他从伊顿公学毕业刚刚三年）
一心想随军去佛兰德，于是借了 200 英镑去赌博，最后赢
了 600 英镑，拿这钱买了马。他没有请假就去了比利时。
此刻，他没有在圣詹姆斯宫门前站岗，而是守候在山岭上。

他说，没有人能够忘记"那次冲锋的恐怖和壮美"。

从远距离看，那似乎是一长条排山倒海般移动的线，不断推进，像大海的惊涛骇浪在阳光照耀下熠熠生辉。这支骑兵大军向我们冲锋，一直到离我们非常近的地方，似乎大地都在他们的马蹄下震颤。似乎没有任何东西能够抵挡这恐怖的大群骑兵的猛冲。他们是著名的胸甲骑兵……曾在欧洲大多数战场上扬名立威。在令人难以置信的极短时间内，他们已经冲到了距离我们 20 码的地方，呐喊："皇帝万岁！"我们的长官下了命令："准备迎战骑兵！"前排的所有士兵都单膝跪下，沉稳的手握着枪，构成一道密密匝匝的枪尖壁垒，面向杀气腾腾的胸甲骑兵……法军骑兵的冲锋非常勇敢；但我们精准的火力将人马都击倒在地，没过多久，他们的队伍就乱作一团……一次又一次，不同的骑兵团，龙骑兵、枪骑兵、胸甲骑兵、近卫军卡宾枪骑兵，不断尝试突破我们的钢铁壁垒。

法军有些骑兵携带卡宾枪（短管的滑膛枪），向方阵射击，但格罗诺夫估计这些火力"效果甚微"，因为骑兵在混战中很少有机会重新填弹，而英军步兵能够娴熟地装填弹药。"我们的士兵，"格罗诺夫记载道，"奉命只有在面对大群敌军时才可以开枪。"即使滑膛枪的精度再差，在 20 码距离面对一整个骑兵团，也不可能打不中。而且英国士兵还被命令去射击法军战马，因为倒下和负伤的战马对其他骑兵来说是棘手的障碍。"可怜的战马中弹后痛苦万分，真是可怜。"格罗诺夫说。英军的滑膛枪火力产生了极好的效果。沉稳而残酷无情的齐射完全消解了骑兵的冲击力。据他说，滑膛枪火力：

> 打倒了许多战马，制造了难以言表的混乱。第一排胸甲骑兵的战马，尽管骑兵们拼命努力，还是在距离我们方阵大约 20 码的地方止步不前，战栗着，口吐白沫。不管骑兵如何催动，它们就是不肯冲向一排排的刺刀。

绿衣的来复枪兵也组成了方阵。来复枪的枪身比滑膛枪短，但刺刀更长，可达 23 英寸。来复枪兵约翰·刘易斯（John Lewis）目睹胸甲骑兵"全都身披甲胄"地冲来。格罗诺夫可能觉得法军的卡宾枪火力没有杀伤力，但刘易斯不会同意：

> 我们全都聚拢起来，组成一个方阵。他们冲到距离我们 10 码的地方，发现对付不了我们；于是他们用卡宾枪向我们射击，然后径直向我们侧面冲来。这一刻，我右手边的士兵中弹，鲜血从他腹部和背部喷涌而出，就像一头猪被割了喉咙；他向一侧倒去。我跟他说话。他只说了一句："刘易斯，我要死了！"然后就牺牲了。在这期间，我们不断向帝国近卫军射击，他们撤退了。但他们常常从我们侧面冲来并开枪；我在填弹时，他们的一发子弹射来，击中了我的来复枪，离我的左手不到 2 英寸。这时我正在用右手将子弹填入枪膛。敌人的子弹打断了我的枪托，把枪管也打弯了，于是我的子弹没办法入膛。就在这时……一发 9 磅炮的炮弹飞来，将我们连的中士炸成两截；他离我不到三排远，于是我丢下自己的来复枪，去拿

他的枪。

格罗诺夫将冲锋的骑兵比作"惊涛骇浪"。法军骑兵果然像浪涛拍打海岸一样，冲上来，又退下去。法军骑兵刚刚撤离山顶，联军炮手就从方阵里跑出来，再次开火。默瑟上尉命令给他的大炮同时装填霰弹和实心弹。法军骑兵就在50码或60码外重新编队，然后又一次冲上来。他下令："开火！"

> 这效果太骇人了，敌人的最前排几乎当场全部倒地；实心弹穿透了他们的队列，在整个纵深造成混乱……大量敌人向我们的大炮冲来，真是令人震惊……那些踩踏着人和马成堆尸体前进的人刚走几步，自己也中弹倒下，让后面的骑兵更难以前进。每一门炮开火之后，人和马就像草被镰刀割一样，纷纷倒地。

但还有更多法军冲来，插入各个方阵之间的缺口，在那里被滑膛枪火力击倒。法军骑兵冲锋的时候，联军方阵非常安全，因为法军骑兵围在方阵周围。所以，法军炮兵停止了射击，但当骑兵撤退后，法军火炮又立刻开火了。因为骑兵仅仅是撤到山顶之外的一段距离，所以英军步兵无法卧倒掩蔽。于是，英军方阵遭到了实心弹和榴弹的猛轰。法军还将骑炮兵调到前沿，将其部署在高地外围，这些火炮也加入了炮击。约翰·刘易斯记述道：

> 我左手边士兵的左臂被9磅炮的炮弹打掉了，从手肘上方一点的地方完全断掉。他转过身，用右手拉住我。他

血如泉涌，流得我满裤子都是。

汤姆·莫里斯中士判断，一些法军炮手和骑兵一同前进，将一门英军大炮调转炮口，发射他所谓的"葡萄弹"，这几乎肯定指的是霰弹。"我们的处境，"他写道，"真的太可怕了。"

> 我们的士兵成群地被敌人炮火打倒。大约在这个时间，一发大型榴弹落在我们前方不远处。引信还在燃烧的时候，我们就在想，它要杀死我们当中多少人。它爆炸之后，我们大约有 17 人死亡或负伤。

掌旗官格罗诺夫被方阵内的景象震惊了。"我们连 1 码的距离都走不了，"他写道，

> 因为地上躺满了我们负伤的战友或者死尸；伤员和垂死挣扎者的高声呻吟最让人毛骨悚然……我们的方阵简直成了医院，里面到处是死者、奄奄一息的人和肢体残缺的士兵。法军骑兵的冲锋看上去非常可怕，但其实能让我们松一口气，因为那样的话敌人的炮兵就不会再向我们射击了。

令人震惊的是，奈伊坚持用骑兵冲锋。他一个方阵也没能突破，却仍然带领骑兵一次次冲上山，杀入训练有素的滑膛枪火力交织成的大网。而且他坚持要求更多骑兵加入冲锋，最后参战骑兵的规模几乎与埃劳的冲锋差不多；此刻可能有 9000 名骑兵去冲击敌人的 2 万名步兵。奈伊看到一个旅的卡宾枪骑兵（身穿钢制胸甲）在乌古蒙附近一片低洼的地域守候。该

旅的旅长布朗夏尔（Blanchard）将军被克勒曼将军命令不要
参加这疯狂的冲锋，但据克勒曼回忆，奈伊元帅：

> 骑马跑到该旅，对其无所作为大发脾气。他命令该旅
> 去冲击 7 个或 8 个英军方阵……而且那些方阵侧翼有众多
> 火炮。卡宾枪骑兵不得不服从，但他们的冲锋没有成功，
> 半个旅的人倒在了战场上。

"这是法兰西拥有的最精锐部队。"富瓦将军看到骑兵一
次次奔向毁灭，这样评论道。法军一名步兵军官谈及胸甲骑兵
时说："我看到了他们的金色胸甲。他们从我身边经过，我以
后就再也没有看见他们。"

有时骑兵会在方阵之间停下。他们这是在挑逗英军步兵开
火，因为所有人都知道，骑兵突破方阵的最佳时机就是方阵刚
刚结束一轮齐射、后两排步兵装填弹药的时候；瓦格拉姆战役
中的奥军方阵就是这样被突破的，但英军步兵接受的训练是整
排或整连地开枪，所以始终有一些滑膛枪是填好弹药、可以射
击的。法军骑兵一点儿胜算也没有。他们继续前进，从方阵旁
走过，遭到射击，遇到了在步兵方阵最后方守候的英军轻骑
兵。一些法军骑兵企图在返回时逃避满是滑膛枪的方阵，于是
绕过乌古蒙后部，安全地返回法军控制的山谷一侧。他们是胸
甲骑兵，他们的战马已经十分疲惫，很多还负了伤，但这些骑
兵找到了一条低洼小径，那里似乎是安全返回法军战线的通
道。然而，此处并不安全。小径被鹿砦阻挡住，英军第 51 团
（来自约克郡）和一个团的不伦瑞克人在附近守候。第 51 团
的威廉·维勒（William Wheeler）中士在五天后在给父母的信　243

中描述了当时的情况：

> 我们看到他们过来，就做好准备，向他们开枪。一瞬间就结束了。我们填好弹药、硝烟消退的时候，只剩下一名法军孤零零地逃过我们前方的山脊。罗斯上尉从不伦瑞克人手里救下了另一名法军。我去查看我们火力的效果。我从未见过这么小的空间内出现这样的惨景：大约 100 人和他们的马躺在那里。那些被子弹击毙的人还算幸运，因为还活着的人很快就被负伤的马踢死、踩死了。

维勒只看到一名幸存者，但其实还有一些人。一名法军步兵少校看到这些幸存者逃回他们那一侧的山谷：

> 我们看到浓烟升起，就像燃烧的干草堆冒出的烟……我们跑到那里，看到 15 ~ 18 名胸甲骑兵……人和马都伤痕累累、狼狈不堪，浑身是血和黑色烂泥……一名少尉将这些人集合起来，他们是穿过半支敌军的可怕而致命旅程的幸存者。战马大汗淋漓，我们之前看到的浓烟竟然是它们的躯体发出的热气……这是多么恐怖的一次冲锋！

法国骑兵一次次卷土重来，一次次又被打退。英军第 14 团来自白金汉郡，是参加滑铁卢战役的英军各营中唯一不曾参加威灵顿伊比利亚半岛战争的部队。该营指挥官为泰迪（Tidy）中校[①]，被部下称为"老弗兰克"。他的女儿记载了他给目睹

---

① 原文有误，应为少校。

可怕的法军骑兵冲锋的缺乏经验的士兵们的建议：

> "我的小补锅匠们！"他说道，"稳住！只要你们留在现有阵地，魔鬼也动不了你们一根汗毛！但如果你们逃跑，它会把你们一个个全都吃掉！"

"稳住"就是关键。士兵们必须坚守，因为只要方阵不散，法军骑兵就拿他们没办法。维勒中士很仰慕：

> 我们方阵冷静无畏的勇气，尽管我们常常遭到法军炮火的毁灭性打击，或者在炮击停止 1 分钟内被敌人重骑兵团团围住，他们会猛冲到我们士兵的枪口下，砍杀方阵里的人。但这没有用，他们没有突破任何一个方阵。

但法军骑兵同样很勇敢，一次又一次穿过地狱般的炮火，迎头顶着无比凶猛的滑膛枪弹幕冲锋。苏格兰皇家第 1 步兵团的约翰·布莱克（John Black）中尉简直有些怜悯敌人。"这是你能想象到的最壮美的景象，"他在给父亲的信中写道，

> 这些人身披光辉灿烂的铠甲，以全副灵魂呐喊"皇帝万岁！"，全速向我们冲来。我们的士兵也用最大嗓门呼喊着。我们放出一轮猛烈的齐射，他们的前两排全部倒地。他们策马奔走，我们的士兵用最恐怖的手段攻击他们，直到他们骑马绕过山的外围，从另一面冲下来，遭到同样的阻击，转向……我们的后方。他们从那里发动了第三次冲锋，枪骑兵在最前沿。胸甲骑兵几乎被全歼，剩余

的少数在枪骑兵后方。他们冲到离我们 10 码远的地方，但我们的火力非常猛，他们承受不住，中路溃散，一部分骑兵从我们方阵侧面跑过，其他人从另一面跑，所以这两边和方阵正面的火力都集中到他们身上，还有一些士兵跑到山顶上，居高临下地向他们射击。世界上最壮美的部队的 500 人或 600 人只有 5 个人和 4 匹马逃走，你能相信吗？但凭荣誉起誓，我说的是真的。

世界上最壮美的部队纷纷阵亡，但英军也损失惨重。法军骑兵没有给他们造成多少伤害，但在每两轮冲锋之间，法军炮兵会持续开火。英军方阵中不断响起"保持队形！"的命令。有些方阵萎缩成了三角形。实心弹掠过山顶，闯入方阵。维勒中士看到希尔"老爹"（Daddy）将军（他指挥威灵顿军队的右翼）来到第 51 团的方阵，讨杯水喝，因为他口干舌燥。他拿着一名列兵的木水壶喝水的时候，一发实心弹打死了他旁边的四个人。至少对奈伊元帅来说，骑兵冲锋失败了。他的又一匹战马在他胯下中弹死亡，令他大受挫折。有人看到他用剑抽打英军一门炮的炮管。虽然他自己没有意识到，但他其实也在消耗英荷军的兵力，因为只要英荷军必须构成方阵以抵挡骑兵的威胁，他们就是训练有素的法军炮兵的绝佳靶子。

在法军骑兵两轮冲锋之间，英荷军炮手会抛弃大炮，但法军骑兵撤退后，他们就立刻回到炮位上。这些骑兵不会后撤很远。好几位目击者称，法军炮兵会撤过山顶，但在他们重新整队、准备发动新一轮无望的攻击时，英军还能看见他们的军帽和钢盔。一共有多少次冲锋？没有人知道。有人说是七八次，有人说是十二次，甚至更多，法军自己恐怕也不知道。他们不顾一切地一次又一次冲锋，直到他们再也承受不了如此惨重的损失。在两轮冲锋之间，骑兵准备下一次进攻的时候，法军大炮撕咬着英荷军战线。一名英军营长记载道：

> 我们有 3 个连几乎全部死于炮火。一发炮弹打死打伤了 **246**
> 第 4 连的 25 人；另一发炮弹打死了可怜的菲舍尔——他是我
> 们的上尉，以及我们连的另外 18 人……我正在和菲舍尔说
> 话，他的脑浆突然全溅到我身上，他的脑袋被炸得粉碎。

第 71 团的列兵约翰·史密斯（John Smith）描绘得非常形象："肢体、手臂、脑袋向四面八方横飞，但都没有碰到我。"他说，法军骑兵是"我们见过的最勇敢的军人，向我们冲锋了很多次，但我们如同岩石，岿然不动……他们 50 人或 60 人成群倒地，人和马纠缠成一堆"。死掉的战马非常多。在战役早些时候，在法军骑兵大冲锋之前，默瑟上尉看到邻近一个炮兵连的炮手将一匹负伤的马从他们的大炮和前车处赶走，但这可怜的牲口不断返回，希望和其他马待在一起。他们终于将它彻底赶走，它躲到了默瑟的马群中。"我心里作呕，"默瑟回忆道，"还感到深深的怜悯。"

> 一发炮弹将这匹马头部的下半部分完全炸飞了，从眼睛往下都没有了。但它还活着，并且完全清醒，知道周边的情况。它那圆滚滚、清澈的眼睛似乎在哀求我们不要将它从伙伴身边赶走。我命令蹄铁匠结束它的痛苦。几分钟后，他报告完成了任务，用军刀刺入了这匹马的心脏。就连他也流露出感情。

　　一些法军散兵跟随骑兵前进，他们给英军制造了很大麻烦。法军骑兵在较低的山坡重组队形的时候，法军散兵从高地边缘狙杀英军炮手。默瑟的部下想用霰弹扫射这些散兵，但他从上级那里接到的命令是节约弹药，何况用霰弹攻击一群分散的散兵非常浪费，可能不会起到多少效果。于是，默瑟决定自己必须给部下树立榜样。他骑着马在自己大炮的炮口前走来走去：

247　　　　　　这让我的部下安静了下来；但那些魁梧的蓝衣绅士们

（法军）看到我竟敢如此挑战他们，立刻把我当作靶子，刻意要向我展示，他们的枪法是多么烂，并证实炮兵的那句古老谚语："离目标越近，就越安全。"一个敌兵的子弹迫使我退缩，但没有打中；于是我向他摇晃自己的手指，骂他是流氓之类的。那混蛋一边填弹，一边咧着嘴笑，然后又端枪瞄准……或许是为了延长我受折磨的时间，他的动作非常慢。我感觉仿佛过了一个时代。不管我转向何方，他那可恶的卡宾枪都指着我。最后砰的一声，他终于开枪了，子弹从我后脖颈不远处掠过。

　　骑兵冲锋持续了大约两个小时。这是极大的浪费，为了微不足道的目标毁了拿破仑的大部分骑兵，而且更重要的是，消耗了宝贵的时间。奈伊元帅顽固地坚持一种没有效果的战术，而拿破仑却在佳姻庄附近观战，没有加以干预。相比之下，威灵顿身临火线，骑马从一个营走到另一个营，有时在一个方阵内躲避，有时利用自己战马的速度躲过敌人骑兵的猛冲。他亲临一线是非常重要的。士兵们观察他的动向，看到他非常沉着冷静，于是从中汲取信心。他向军官们讲话，确保大家在惊天

动地的嘈杂声中能听到他的话："该死的家伙，原来只会蛮
干！"他鼓舞大家坚持忍耐，承诺此役胜利之后便会有一个和
平时期。还有人听见他说，要么普军尽快赶来，要么快点天
黑。但这一天距一年中白昼最长的日子很近，所以还要至少四
个小时天才会黑。

但在法军骑兵惨遭屠戮的某个时间，遥远东方传来了炮
声。英荷军方阵或法军骑兵队伍当中可能没有人注意到这声
响。联军的炮声、滑膛枪的脆响、远处滑膛枪弹击中胸甲的声
音（据格罗诺夫说，就像"猛烈的冰雹击打玻璃窗的声音"）、
雷霆般的马蹄声，都会将远方的炮声淹没，但这声音至少对法
军来说是非常不祥的，因为那是最早一批普军的炮声。滑铁卢
战役变成了一场三支大军的会战。

248

* * *

普军在糟糕的道路上忍受了漫长而艰险的行军，在此期间
他们听到圣约翰山的炮声越来越近、越来越响。通过崎岖难行
的拉恩河谷之后，他们进入了林木葱茏的巴黎树林，树林中只
有一条泥泞小径通往西方。他们所有的人炮和弹药车不得不由
疲惫的马匹在满是车辙的路上拖曳前进。这要花很长时间。让
部队一点一点、一个营接着一个营地逐次抵达战场，是没有意
义的，那样的话他们会被法军轻松吃掉；全军必须以战备状态
同时抵达战场，于是布吕歇尔在树林里整理队形。

有几个方案可供他选择。他可以转向北方，在山岭上与威
灵顿的人马会合；或者他可以大胆地向南进攻，力图包围法
军。他选择了后一种方案。冯·比洛将军的军队没有参加利尼
的战斗，此时将进攻普朗斯努瓦村方向，这个村庄位于拿破仑

阵地的后方。第一轮攻势将有 3.1 万人参加，他们从树林出来，在树林外的田野组成营纵队之时，可以看到普朗斯努瓦的教堂尖顶，那是一个地标。

冯·齐滕（von Zieten）将军的第一军在利尼损失惨重，此时将跟随冯·比洛的部队奔赴战场。第一军的路线偏北，因为他们的任务是与山岭上的英荷军连成一片。这一天不断有信使来回穿梭，但布吕歇尔此时派遣了两名骑兵军官去告知威灵顿公爵，他即将赶到。这两名军官穿着特色鲜明的普军制服，纵马沿着公爵左翼的正面前进，此时那里的地面还到处是埃尔隆步兵的死尸。英荷军看到两名普军军官，全都欢呼雀跃。

大约下午 4 点半，普军戏剧性地从树林中冲出，所以在利尼和四臂村失败的侧翼包抄战术终于成功了。当初拿破仑希望埃尔隆在利尼攻击普军侧翼，而布吕歇尔希望威灵顿攻击拿破仑的侧翼，都未实现。两天后，普军成功实施了侧翼包抄。拿破仑曾祈祷杀到战场的是格鲁希，然而格鲁希还在瓦夫尔，他在那里发现了普军后卫，向其发动了进攻。格鲁希在错误的地点打了一场错误的战斗，他原本应当攻击的敌人此时却在攻击拿破仑。"我们的士兵精疲力竭，"弗朗茨·利伯写道，"但老布吕歇尔没有给我们喘息的时间。"

> 我们从元帅身边经过……我们的士兵开始高呼万岁，因为看到"老头子"总是让大家很高兴。"孩子们，安静点，"他说，"闭上嘴巴。胜利之后，有的是欢呼的时间。"他发布了那道著名的命令……包含这样的话："我们一定会胜利，因为我们必须胜利。"

利伯所在的科尔贝格团属于预备队，他们看着冯·比洛的部队穿过开阔地，开赴远方教堂尖顶的方向。骑兵、步兵和炮兵一起前进，这是一次"全兵种协同"攻势。奈伊元帅派遣法军骑兵冲上死亡山坡时，恰恰未能实施这种多兵种联合攻击。法军大炮开始与普军的重炮对射。为了跟上前进的步伐，普军火炮每隔几分钟就要向前移动。这是一场经典的攻势：大炮和步兵一同前进，由骑兵支持，前方有散兵行动。法军骑兵不断威胁普军散兵线，但只冲锋了一次。普军骠骑兵部队的冯·科隆布（von Colomb）少校率领部下将法军骑兵赶走。过了一会儿，冯·科隆布奉命攻击一个法军方阵，他要求自己团里的士兵志愿报名。冯·科隆布喊道："志愿者，前进！"全团都策马跟了上去。

开阔地没有掩蔽处，没有背坡可以掩护部队。双方的炮兵都看到了很容易命中的靶子。奥古斯特·珀蒂耶上校看到一发实心弹：

> 削掉了一名骑兵中队长的头部，将另一名中队长的战马的两条腿打断，还打死了雅基诺（Jacquinot）上校的坐骑，他是第 1 枪骑兵团的团长，还是师长的兄弟。一下子，第 1 枪骑兵团的三名高级军官落马倒地。

250

洛鲍将军的兵力不及敌人，被打退下来，但他身后就是普朗斯努瓦，该地区最大的村庄。法军和普军在利尼和圣阿芒的狭窄小巷学习到，村庄内的巷战是多么残酷；他们此刻在普朗斯努瓦面临同样的磨难。村内的房屋都是石质建筑，教堂墓地也有石墙。洛鲍将村庄化为一座要塞。他必须守住这里，否则普军就可以冲到拿破仑部队的背后，切断布鲁塞尔公路。洛鲍没有辜负拿破仑，他的部队顽强地守卫着普朗斯努瓦，但普军兵力越来越强，很快布吕歇尔的各营就威胁要将整个村庄包围。洛鲍向上级求援。

约翰·冯·蒂尔曼（Johann von Thielmann）中将也请求支援。他是普军后卫部队的指挥官，留在瓦夫尔，抵挡格鲁希军的攻击。格鲁希有 3.3 万人，冯·蒂尔曼的兵力只有他的一半，但普军可以据守迪尔河（River Dyle）这道天险。战斗非常激烈，尤其是争夺瓦夫尔的基督桥（Bridge of Christ）的战斗。但法军兵力更强，所以格鲁希可以包抄蒂尔曼。蒂尔曼派人给布吕歇尔送信，请求增援。

布吕歇尔的回答是："一根马尾都不给他。"布吕歇尔知道瓦夫尔的战斗如今无关紧要。正如格奈森瑙所说："冯·蒂尔曼吃不吃败仗，并不要紧。只要我们在这里打赢就行。"

这是夏季的傍晚。山谷上空笼罩着厚厚的硝烟，如今普朗斯努瓦的大炮也喷吐出浓烟。普朗斯努瓦攻防战开始了，但与此同时，在北面，威灵顿的战线损失惨重、被大大削弱的地方，法军又一次发动了进攻。

* * *

奈伊元帅的骑兵冲锋虽然骁勇，却完全无望，因为他将大量人马派去攻打岿然不动的步兵方阵。

如果奈伊将一些火炮调到更接近前线的地方，倒是可以用炮火突破英军的方阵，或者他可以用步兵消灭敌人的方阵。这就是拿破仑战争的石头剪刀布游戏的现实。如果你能迫使敌军构成方阵，那么就可以调遣步兵横队来攻击方阵，用滑膛枪火

力将其打垮。到下午非常晚的时候，奈伊元帅终于尝试了这种
战术。他命令8000名步兵攻击英军方阵。一位历史学家指出，
拿破仑允许骑兵继续冲锋，是因为骑兵的存在迫使英荷军构成
方阵，于是在炮火下就很脆弱。法军炮火无疑对威灵顿的军队
造成了极大杀伤，但英军削弱的程度足够让法军步兵突破其战
线吗？

　　这8000名步兵隶属于雷耶将军的军，他没有被牵制到乌
古蒙争夺战当中。乌古蒙的激战还在继续，但法军还没有取得
任何进展。滑膛枪弹还在锤击围墙，榴弹在浓烟滚滚的主屋残
骸处爆炸，果园和菜园内死尸堆积起来。但乌古蒙还在坚守。

　　乌古蒙别墅的守军能看到法军纵队爬上他们东侧的山坡。
8000名步兵在前进，战鼓齐鸣，鹰旗飞舞。滑铁卢是一场宏
大的战役，极其激烈，极富戏剧性，所以雷耶8000名步兵的
此次进攻常被人忽视，仿佛它是一场不起眼的小规模交锋，但
它其实很值得注意。在整个半岛战争中，法军最大规模的一次
步兵攻击的规模也就是这样，当时有8000名法军冲向拉尔武
埃拉的恐怖杀戮场。此时，奈伊元帅命令巴舍吕（Bachelu）
将军的师和富瓦将军的师冲上长长的山坡。他们的任务是部署
成横队，用滑膛枪火力淹没英军方阵，但英军只有在受到骑兵
威胁的时候才会组成方阵，而法军骑兵已经精疲力竭。他们一
次又一次地冲锋，表现出莫大勇气，但太多的骑兵已经在山坡
上牺牲。他们再也没有冲锋的能力了，所以步兵爬上山坡的时
候已经没有骑兵支援，这意味着英军可以用横队来迎战他们。
英军的横队有四排深，因此火力有限，但各营营长知道法军骑
兵可能卷土重来，所以选择了四排横队这种折中方案，因为它
能比较迅速地转换成方阵。

252

法军步兵在乌古蒙下方弹痕累累的树林列队，然后向前推进。他们将散兵派遣到前方，这些人与英军散兵发生了冲突，双方都利用不计其数的死人死马作为掩护。在法军狙击兵的背后，攻击纵队在前进。"我们刚刚从树林走出来，"特雷夫松上校（巴舍吕将军的副官之一）记述道，

> 滑膛枪弹和霰弹就像暴雨一样倾泻到我们头上。我在巴舍吕将军的旁边，他中了弹，坐骑也死了……我们端着刺刀冲到英军战线时，迎头撞上了烈度令人难以置信的火网。我们的士兵成百地倒地死亡，其他人不得不匆匆撤退，否则一个人也回不来了。

"匆匆撤退"是一种说法。富瓦将军的一个旅在巴舍吕师的左侧，他的说法更为直率：

> 我们快要冲到英军阵前的时候，遭到非常猛烈的霰弹和滑膛枪火力袭击。这是死亡的冰雹。敌人……的前排士兵单膝跪下，伸出密密麻麻的刺刀。巴舍吕将军的纵队先逃跑了，他们的逃窜引发我的纵队也开始逃跑。就在这时我负伤了。一发子弹击穿了我的右臂上部，不过没有伤到骨头。我以为只是擦伤，于是留在战场上。所有人都在逃跑。在乌古蒙树林旁边的山谷内，我收拢了我的残部。敌人没有追上来。

英军步兵的火力又一次展现出极强的杀伤力，横队又一次战胜了纵队。几秒钟之内，8000 人就被打败，被滑膛枪齐射

的火力轰下山岭，被霰弹打得粉身碎骨。幸存者从这恐怖的山 　253
谷逃跑，地上因血流成河而非常滑溜，到处是死马、死人和伤
员。满地凌乱地散布着被打落马背的胸甲骑兵逃跑时抛弃的胸
甲，以及大量剑鞘，因为很多法军骑兵刻意丢弃了剑鞘，以表
示自己在胜利之前绝不收剑入鞘。

　　派遣没有得到任何掩护的步兵去攻击虽受创但阵型完整的
英军，非常愚蠢，就像派遣没有步兵掩护或充分炮火支援的骑
兵去攻击英军方阵一样愚蠢。如果皇帝真的认为牺牲自己的骑
兵就可以歼灭威灵顿的步兵，"死亡的冰雹"和"烈度令人难
以置信的火网"就证明了他大错特错。如果法军想要突破威
灵顿的战线，在石头剪子刀的致命游戏里就必须表现出比这高
超得多的技艺，因为富瓦将军和巴舍吕将军刚刚发现，英军各
营虽然受到重创，但仍然有能力发射出排山倒海般的滑膛枪
火力。

　　远距离的炮击重新开始。英军在山顶往后撤，榴弹炮的炮
弹落在他们当中，实心弹掠过平顶的山岭，但这场战役是不可
能由炮兵打赢的。法军必须再次进攻英荷军战线，目前为止他
们的每一次努力都失败了。但就在这时，法军急需的成功降
临了。

　　这是威灵顿战线中路遇到的最严重危机。

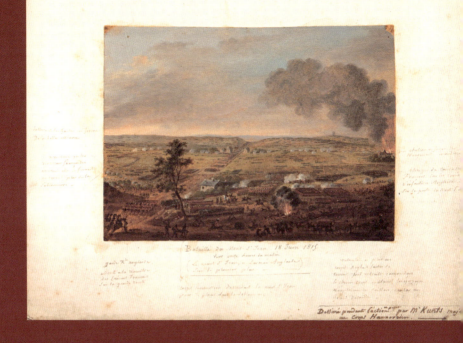

《圣约翰山之战》：这幅画是汉诺威部队的孔茨少校在战役期间绘制并注解的。右侧可见乌古蒙在熊熊燃烧。

《滑铁卢战役中，法军骑兵攻击英军方阵》，Denis Dighton 作。拉艾圣和乌古蒙射出的火力迫使法军骑兵往队伍中间挤，造成极大的压力，以至于一些马匹被两侧的马挤得四蹄离地。

National Army Museum, London

《法国胸甲骑兵向苏格兰高地士兵冲锋》（细部），Felix Philippoteaux 作。法军骑兵的冲锋是极大的浪费，摧毁了拿破仑的大部分骑兵，却没有什么效果；更重要的是，浪费了宝贵的时间。

Apsley House, The Wellington Museum, London, UK

《威灵顿公爵在战场鼓舞步兵》，Robert Alexander Hillingford 作。威灵顿亲临火线，骑马从一个营走到另一个，有时在一个方阵内躲避，有时利用自己战马的速度躲过敌人骑兵的猛冲。他亲临一线是非常重要的。

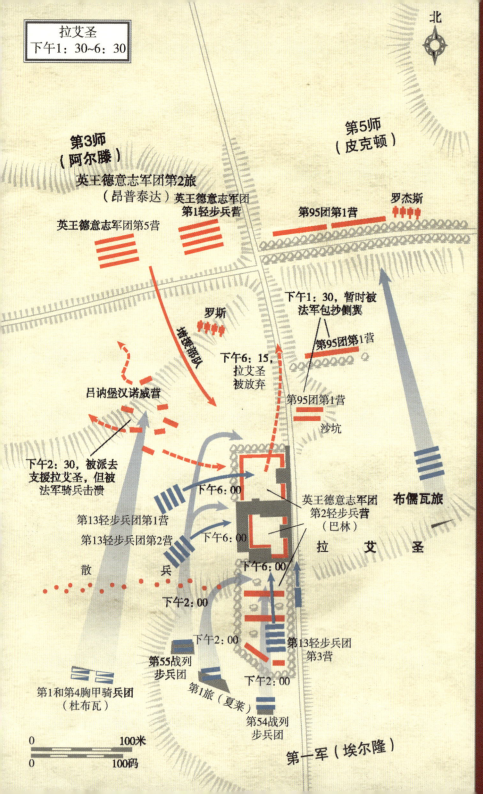

拉艾圣
下午1：30~6：30

北

第5师
（皮克顿）

第3师
（阿尔滕）

英王德意志军团第2旅
（昂普泰达）英王德意志军团
第1轻步兵营

英王德意志军团第5营

第95团第1营

罗杰斯

罗斯

下午1：30，暂时被
法军包抄侧翼

第95团第1营

吕讷堡汉诺威营

下午6：15，
拉艾圣
被放弃

第95团第1营

沙坑

下午2：30，被派去
支援拉艾圣，但被
法军骑兵击溃

下午6：00

下午6：00

英王德意志军团
第2步兵营
（巴林）

拉 艾 圣

布儒瓦旅

第13轻步兵团第1营

第13轻步兵团第2营

散 兵

下午6：00

下午2：00

第55战列
步兵团

第1和第4胸甲骑兵团
（杜布瓦）

第13轻步兵团
第3营

下午2：00

第1旅（夏莱）

下午2：00

第54战列
步兵团

0   100米
0   100码

第一军（埃尔隆）

第十一章

大家自卫！大家自卫！到处都是敌人！

法军大炮持续轰击英军战线的时候，威灵顿公爵说："先生们，这是很猛的炮击。我们看看，谁的炮击更持久。"

公爵的策略非常简单。他早就决定在这道山岭坚守，希望能牵制住拿破仑，直到布吕歇尔赶来。此时布吕歇尔已经到达战场，但普军的前进似乎非常缓慢，让人心焦。威灵顿表现出镇静自若的样子，但士兵们注意到他经常看表。后来公爵说，表的指针慢到了肉眼无法察觉的地步。普军向普朗斯努瓦的攻击迫使法军从两座山岭之间的主战场抽调兵力，但威灵顿及其部下目前还感受不到敌人兵力的削弱。他们仍然遭到密集炮火的轰击，而法军正在山岭上集结步兵，准备向公爵的阵地发动新的攻势。

拿破仑"美丽的女儿们"在猛击威灵顿的山岭，但仅仅靠炮兵是无法驱逐英荷军的。法军必须发动新的进攻。目前为止，法军的举动无意中帮了威灵顿的忙。法军为了等待地面干燥，推迟了进攻，而这一天的每分每秒都很宝贵，这对公爵来说简直是上帝的馈赠。后来埃尔隆以笨重的队形进攻，士兵们无法组成方阵，于是被英军骑兵突破。而奈伊在极度乐观的狂傲中，竟然用皇帝的骑兵去冲击英军的火力网。现在，在普朗斯努瓦周围的炮声猛烈响起之时，法军总算做对了一回。

拉艾圣（字面意思是"神圣的树篱"，带有神秘气息）是公爵阵地的中央壁垒，这座要塞位于布鲁塞尔 - 沙勒罗瓦主路旁的山岭前方。这是一座相当大的农庄，不过远远没有乌古蒙那么大，完全是石质建筑。离法军最近的地方有一座果园，更远的地方是农家场院，而最靠近英军山岭的地方，离十字路口约 200 码处，有一座菜园。农家场院的三面有房屋，第四面是路旁，得到一堵长长石质高墙的保护，墙上有两个门。农家场院的南面是一个大谷仓，谷仓的门很大，可以向田野敞开，法军骑兵就是从这里冲锋的。但在大雨如注的大战前夜，守军为了生火取暖，将两个大门拆除、砍碎并烧掉了。农家场院的西侧是一排马厩和牛棚，而北面就是农舍，一条从场院通往菜园的小径穿过农舍。

在整个战役期间，农庄遭到攻打。但与乌古蒙不同的是，此地的英军未能做好防御准备。谷仓大门已经不复存在，法军能够轻松地冲进来。而且，外墙也没有凿出枪眼。英军工兵都被派去加固乌古蒙的防御工事，拉艾圣被忽视了。英军的一名参谋军官对这些疏忽感到愤恨：

> 守军兵力不足，工兵被调走。此地缺少防御手段，却被说成足够牢固。夜间没有采取任何措施来加强防御。原本理应在夜间搭建脚手架、凿出枪眼、修复大门、拆除部分屋顶、扔掉干草并保证弹药充足。

即便如此，德意志守军还是打退了法军的每一次进攻。法军占领了果园和菜园，但被固若金汤的方形石屋和英王德意志军团的来复枪火力阻挡住了。埃尔隆军被打败和撤退时，菜园被守军夺回。但是，法军散兵还留在果园里。他们企图放火焚烧谷仓屋顶，但场院内有个小池塘，所以守军能够及时灭火。指挥守军的是经验丰富、颇具才干的格奥尔格·巴林（George Baring）① 少校。战斗打响时他有 400 人，下午得到了一些增援，现在指挥着约 800 人。

他们的存在给法军制造了很大麻烦。攻击威灵顿山岭的法军必将遭到英王德意志军团的来复枪，以及农庄后方不远处和路对面沙坑内英军的来复枪袭击。拉艾圣阻止了法军直接攻击威灵顿山岭的中路，迫使他们在拉艾圣和乌古蒙之间前进，或者在拉艾圣与英荷军战线左翼背后的建筑群之间进攻。

所以尽管拉艾圣的防御准备不足，但仍然给法军攻势造成了重大障碍。法军整个下午都在尝试占领它。巴林写道，敌人"打得非常勇敢，我之前从来没见过法国人这么勇敢"。敞开的谷仓大门被封堵起来，现在部分被敌人的死尸阻挡住，守军还在谷仓外墙凿出了粗糙的枪眼，敌人炮火也在外墙上打出了一些窟窿。双方都通过这些窟窿射击。下午晚些时候，在突破英军左翼的企图失败之后，奈伊元帅奉命拔掉拉艾圣这根眼中钉。他集结了埃尔隆军的各营，率领他们沿着公路北上，这一次他还带来了骑兵和机动炮兵。

虽然奈伊没有机会知道，但法军对拉艾圣攻击的结果是没有悬念的，因为守军的弹药即将告罄。巴林派出了多名传令

260

---

① 格奥尔格·冯·巴林男爵，他是汉诺威人，此时担任英王德意志军团第 2 旅第 2 来复枪（轻步兵）营的营长。他的名字也可写作 Georg Baring。

兵，绝望地恳求弹药支援，但没有弹药被送来。弹药都在山岭后方，随时可以分配，但不知为何，巴林的消息都没有被传达给弹药的负责人，于是守军的弹药继续减少。巴林写道："清点弹药之后，我发现平均每人只剩下三四发子弹！想想看我是什么感受！"

就这样，在西沉的太阳和逐渐稀薄的云朵下，在硫黄气味的大团浓烟之下，法军又一次发动了进攻。他们包围了农庄。随后发生的故事，一名幸存的德意志士兵讲得最精彩。他是来复枪兵弗雷德里克·林道（Frederik Lindau）。巴林称赞他为英雄，因为在下午早些时候，林道头部两次负伤，长官命令他返回山岭找医生，他却拒绝离开战友。他用浸透朗姆酒的纱布包扎了自己的头部（这样的包扎是不够的），坚持战斗，血不断从伤口渗出，流到他脸上。法军的总攻开始时，他在谷仓内：

> 我们身后的枪眼没有足够的人员把守，于是法军透过这些枪眼，猛烈地向我们射击。我和一些战友站在这些枪眼前，于是敌人的火力弱了一些。我刚开了一枪，一名法军抓住我的来复枪，要将它拽走。我对身旁的战友说："看！那狗东西在拽我的枪。"他说："等着，我刚装好子弹。"他开了枪，那名法军倒了下去。这时另一名敌人抓住我的枪，但我右侧的战友用刺刀戳了他的脸。我把枪抽回，准备装填的时候，一大梭子弹从我身旁飞过……其中一发子弹打掉了我的羊毛包袱，另一发子弹打碎了我的枪的击铁。为了换一个新击铁，我走到池塘，里斯（Reese）中士在那里奄奄一息。他已经不能说话，我想把他的枪拿走。一摸就知道这是支好枪。他凶巴巴地瞪了

我。我拿了另外一支枪——这里地面上到处是枪，然后回到自己的枪眼处。但我很快就把子弹打完了，于是翻看牺牲战友的弹药袋，它们大多已经空荡荡了……不久之后，我听到一名军官在农庄里呼喊："大家自卫！大家自卫！到处都是敌人！"我看到好几个法军爬到了墙头。其中一人跳了下来……就在那一瞬间，我将刺刀插入了他的胸膛。他跌倒在我身上，我将他掀翻，但我的刺刀弯了，只能丢掉。我看到我的上尉在屋门口与法军肉搏。其中一个敌人正要向掌旗官弗兰克（Frank）开枪，但格莱莫（Graeme）中尉用剑刺穿了他，然后砍到另一个敌人脸上。我想跑过去帮忙，但突然自己也被法军包围了。我好好地利用了自己的枪托。我挥舞着枪托，直到我的来复枪只剩下枪管，但解救了自己。我听到背后一声怒骂……注意到两名法军将霍尔策曼上尉赶到了谷仓里。我正要过去帮忙，一名法军抓住了我的胸口……然后另外一个敌人用刺刀戳我。我将扭住我的法军推到一边，结果他被戳中了；他放开了手，喊道："上帝呀！我的上帝！"然后倒下了。我匆匆跑向谷仓，希望从那里逃跑，但我发现谷仓入口被一大群人堵住了，于是我跳过一面隔板，霍尔策曼上尉和一些战友站在那里。很快，一大群法军冲了进来……

林道被俘了。他很幸运。他之前抢来的很多战利品又被法军抢走，但俘获他的法军没有杀他。法军在战斗的狂怒中屠杀了许多企图投降的守军。原先驻防的400人中只有42人从通过农舍的狭窄走廊逃走。其中之一是乔治·格莱莫中尉：

262

我们全都需要通过一条狭窄走廊。我们想在那里停下，发动一次冲锋，但办不到；敌人向走廊里开枪。一名法军就在五步之外，端枪瞄准我，这时我们连的一名军官用刀戳他的嘴，从脖子里穿刺出来；他当场倒下。现在他们一窝蜂涌了进来。

巴林少校讲述了后来的故事。尝试通过走廊逃走的人并非全都能抵达花园，因为狭窄的走廊被死尸和垂死的人堵住了：

在这里受罪的人当中有掌旗官弗兰克，他已经负了伤；他用军刀刺死了第一个攻击他的敌人，但同时他的胳膊被另一名敌人的子弹打断了；他走到了一间卧室，躲在一张床后。还有另外两人也躲在同一个房间，但法军紧随而来，喊道："绝不能饶了你们这些绿鬼子！"当着弗兰克的面将那两人打死。

掌旗官弗兰克藏在床后，始终没有被敌人发现。格莱莫中尉也躲过了敌人，冲过菜园，返回山岭顶端。这场激战还在持续的时候，奥兰治亲王苗条的比利命令英王德意志军团的一个营前进到农庄，以救援那里的守军。该营的指挥官昂普泰达（Ompteda）上校[1]抗议道，法军有骑兵支援他们的步兵，他的营没有办法同时对抗敌人的骑兵和步兵，但乳臭未干的奥兰治亲王自以为是地命令经验比他丰富得多的昂普泰达服从命令。昂普泰达执行了命令，阵亡了，他的营几乎被法军胸

---

[1]　昂普泰达是英王德意志军团第 2 旅的旅长。

甲骑兵全歼，又一面军旗被法军缴获。苗条的比利又出了一 263
个昏招。

拉艾圣失守，是因为守军的弹药耗尽，所以士兵们不得不
用刺刀、剑和枪托与兵力远超过他们的敌人厮杀。威灵顿本人
承担了此次失败的责任。多年后，第五代斯坦诺普伯爵（Earl
Stanhope）记载了他与公爵的一次对话，公爵：

> 哀叹道，拉艾圣的失守，罪责在指挥那个地段的人，
> "就是奥兰治亲王"；但公爵立刻纠正道："不对。其实是
> 我的错，因为我原本应当亲自注意那里。"

法军在攻击中损失惨重，但他们占领了拉艾圣，这意味着
他们能够将骑炮兵调到这座农庄。他们在房屋里派驻了士兵，
还派遣散兵上坡去骚扰英荷军战线。尤其是法军大炮对威灵顿
的人马造成极大杀伤，因为它们现在距离敌人更近，可以发射
霰弹。16 岁的掌旗官乔治·凯佩尔（George Keppel）属于第
14 团，该团奉命去支援威灵顿受到威胁的中路战线。因为敌
人的骑兵近在咫尺，所以该营不得不组成方阵。第 51 团的一
名号兵之前和散兵一起出动，现在撤退了，误以为第 14 团是
他自己的单位，躲进了第 14 团的方阵。凯佩尔记得这名号兵
说："在这里，我又安全了。"

> 他话音刚落，一发实心弹就把他的脑袋打掉了，他的
> 脑浆溅到我们全营官兵身上。军旗和掌旗官们被溅得特别
> 多。掌旗官之一查尔斯·弗雷泽（Charles Fraser）是一位
> 优秀的绅士，谈吐特别文雅，他慢吞吞地拉长调子说：

"真是恶心透顶！"

264　　　大家都笑了。第 14 团很年轻，没有和威灵顿一起在伊比利亚半岛作战过。大约一半士兵和一半军官的年龄不超过 20 岁，现在该团损失惨重，因为按照凯佩尔的说法，法军炮手"将我们完完全全地控制在炮火射程内"。该团奉命卧倒，但凯佩尔在一面鼓上坐下，轻轻拍着上校战马的口鼻。

　　　　突然间，我屁股底下的鼓被掀翻了，我被摔得趴倒在地，感到右脸颊被打了一下。我伸手去摸头，觉得我的半张脸都被打飞了，但其实皮肤连擦伤都没有。一发榴弹击中了那匹马，正好打在我的手和头部之间，把马当场打死了。我脸上被打的那一下，是被马嚼子上作为装饰的突起的王冠打的。

　　　榴弹、霰弹和实心弹狠狠轰击着第 14 团。"如果我们在这个暴露的地方再待久一些，我应该就不能活下来讲这个故事了。"凯佩尔写道。但后来该团奉命后撤，离山顶远一点，因为那里已经过于暴露，任何部队都坚持不下去。

　　　奈伊看到英军后撤，也看到威灵顿战线的中路人手不足、摇摇欲坠。威灵顿的中路部队在炮火下损失很大，奥兰治亲王又毁掉了英王德意志军团的整整一个营。但法军也遭到了削弱。占领拉艾圣的部队损失极大，力量不足以向山顶发动新的攻势，于是奈伊给拿破仑送去急信，请求增援。增援部队可以沿着主路径直上来，能够在拉艾圣的大炮和法军骑兵（他们已经缴获英王德意志军团的一面军旗）支援下，突破英荷军阵地的中路。这的确是个机会，奈伊也看到了这个机会；他只需要更多部队。

拿破仑拒绝了。"他觉得我在哪儿能给他找到增援部队？"　265他讥讽地说道，"他是不是觉得我能变出军队来？"

但他确实有部队可以调用。那就是皇帝的预备队，帝国近卫军。它没有参加今天的战斗，仍然完好无损。但拿破仑将大多数近卫军都留在后方，作为预备队。有些近卫军被派往普朗斯努瓦，普军正在那里猛攻，气势非常凶悍，以至于普军大炮发射的实心弹开始落到皇帝身后的布鲁塞尔 – 沙勒罗瓦公路上。但大多数近卫军被留作预备队，可以调去支援奈伊。然而，皇帝在等待。

现在，傍晚时分，英军山岭上最艰难的时刻到了。仿佛法军感受到了英军的薄弱，加强了炮击。法军的一些大炮部署在拉艾圣和十字路口的榆树之间。"我们非常愿意向那些大炮冲锋，"第 30 步兵团的掌旗官爱德华·麦克莱迪（Edward Macready）回忆道，

> 但在我们部署的时候，大炮两翼的法军骑兵会把我们杀得血流成河……现在大家倒要看看，哪一方的定力最强，能够承受最长时间的杀戮。在这关键时刻，公爵常常来视察我们；他无比冷静沉着。他经过我们方阵的后方时，一发榴弹落在我们的掷弹兵当中，他勒住马去查看榴弹爆炸的后果。有些人被炸得粉身碎骨，而他仅仅拉了拉自己战马的缰绳……没有一位领袖像他那样得到士兵们的绝对信任，但"没有人会爱戴他"；不管他走到哪里，都会听到压低嗓子的"保持安静！看前方！公爵来了！"……

然后大家都精神抖擞，仿佛在阅兵。他的副官坎宁（Canning）上校和戈登（Gordon）上校在我们方阵附近中弹倒地，坎宁上校在方阵内死去。傍晚，威灵顿走近我们的时候，霍尔基特（Halkett）[①] 骑马到他面前，报告了我们的脆弱状态，恳求公爵允许我们撤退。

威灵顿的答复非常冷酷。他说，他不可能答应霍尔基特将军的请求。"战场上的每一个英国人都必须在我们目前的阵地上宁死不退。"形势多么严峻，从这件事情可以看得出来：第 30 团奉命将团旗转移到后方。"很多人批评这个举动，"麦克莱迪说，"但我看到我们亲爱的破破烂烂的老军旗被送到安全地带后，一辈子从来没有这么喜悦过，也从来没有这样视死如归过。"

只有在十万火急的时候，才会将军旗送到后方。这样能避免在战败的情况下军旗落入敌手，让敌人得意扬扬。其他营也在考虑把军旗送走。掌旗官詹姆斯·霍华德（James Howard）属于第 33 团，也就是公爵的老部队。6 月 18 日是年轻的霍华德的生日。他在给兄弟的信中写道："我们打得很激烈。那场面，那血腥，我永生难忘。"拉艾圣失陷之后，霍华德看了看四周：

> 我们能看到的部队就只有我们旅和近卫军的一个旅。我们非常孤立……我以为战局非常糟糕。我们决心将所有军旗送往后方，我们自己则要坚守到最后一兵一卒。我们

---

① 科林·霍尔基特少将/爵士，英军第 3 师第 5 旅的旅长。

就在那儿，坚守阵地。让我们欢欣鼓舞的是，来了很多援兵。

威灵顿亲自带来了援兵。这是他最后的预备队。目前他能做的，就是让他的人马留在山岭上，并尽量躲避敌人的炮火。但当各营撤到背坡以躲避实心弹和榴弹的时候，山顶就被敌人的散兵主宰了。法军派遣了数千散兵去骚扰英荷军战线。攻克拉艾圣之后，法军得以占领英军山岭绝大部分的前沿山坡，法国腾跃兵在那里非常活跃，而在他们的背后，法军骑兵隐藏在浓密的硝烟中。第 52 团的掌旗官利克写道：

> 各团站立在山顶之后约 40 步的地方，所以基本上避开了敌人炮火。实心弹的呼啸还在继续，很多实心弹从我们头顶掠过，其他的则打中了我们阵地的顶端，从我们身上弹跳过去，也有的实心弹已经是强弩之末，落到地上，缓缓向我们滚来。我们组成横队的时候，一发实心弹像板球一样向我们滚过来，速度非常慢，我打算伸出脚去拦住它。我的掌旗中士迅速恳求我不要那么做，并告诉我，那样很可能严重炸伤我的脚。我们以横队站立的时候，就在我前方 2 码的地方，躺着一只死了的小三色猫。它可能是因为害怕而跑出乌古蒙的，因为乌古蒙是距离我们最近的房屋。

榴弹以曲线弹道飞跃山顶，造成了更大破坏，不过第 23 团一名 17 岁列兵捡起了一发正在冒烟的榴弹，它的引信还在发出嘶嘶声，烧得越来越短，已接近榴弹中央的火药。这孩子将它抛出去，就像投球一样。它爆炸了，没有造成任何伤害。实心弹的弹道比较平直，对那些得到背坡掩护的人来说不是那么危险，但即便如此，还是有很多实心弹从士兵们头顶上掠过，他们不得不低头躲闪。第 52 团那位富有魅力的团长约翰·科尔伯恩爵士（Sir John Colborne）告诉大家不要躲闪，否则别人会以为他们是第 2 营。至少在两营制的团里，一般的习惯是第 1 营作战，第 2 营留在基地，承担新兵训练任务。这严厉的批评发挥了效力，士兵们昂首挺胸，站得笔直。第 52 团可能不太需要害怕实心弹，但山顶的法军散兵给他们造成了不少伤亡。帕特里克·坎贝尔（Patrick Campbell）上尉是一位连长，此前在休假，当天下午才返回团里。他说公爵骑马走过的时候，敌人火力特别密集。

　　第 52 团隔壁是第 1 近卫步兵团的一个营，它和第 52 团一样，因为害怕法军骑兵再次冲过山顶，组成了方阵。方阵特别容易受到散兵的袭击，成为他们的活靶子，而在山顶的法军散兵非常多。公爵看到这种情况，接过第 1 近卫步兵团的指挥权，命令它改为四排的横队，并亲自率领横队向前推进。他们用滑膛枪齐射火力将法军散兵驱逐下山。掌旗官利克从第 52 团的两个方阵之一看到了这一幕：

　　　　我们看到一群骑兵过来了，但近卫军的营迅速组成了方阵，干脆利索。敌军骑兵不敢与方阵对战，吃了一轮子弹，沿着第 52 团的正面冲过去，又遭到一轮凶猛的射击，于是这群骑兵几乎被全歼。第 1 近卫步兵团第 3 营井然有序地撤回原先的阵地。

其他营效仿近卫军，组成了横队去驱逐法军腾跃兵。尽管英军步兵纪律性极强（利克语调平直的叙述足以证明英军步兵在这凶残环境里表现出的绝好纪律和高超技能），但仍然无法防止炮弹造成的杀伤。榴弹四处开花，实心弹从队列中掠过，法军散兵潮水般涌回来。但法军散兵至少给联军帮了一个忙：一名法军神射手开枪击中了奥兰治亲王的左肩。苗条的比利离开战场去求医，这意味着他不会给己方造成更多损害了。法军可不需要他的"帮助"。默瑟说，"乌云般的散兵"逼近了英军山岭，猛击英军阵地，同时大炮在持续轰鸣，炮弹尖声嘶鸣着划过浓烟滚滚的山谷。随着天色渐晚，影子越拉越长。可怜的巴林少校被从拉艾圣驱逐出来，他和少数幸存者加入了英王德意志军团的另一个营。他发现了一匹被法军炮兵抛弃的军马，于是翻身上马，但五发子弹击中了马鞍，另一发子弹将他的帽子打掉。他写道：

> 这场杀戮似乎没有止境，非要到其中一支军队被彻底歼灭为止。我现在骑的马是今天一天时间里我骑的第三匹。它头部中弹，腾跃又倒下来的时候压在我右腿上，把我紧紧压进肥沃的泥土里。我使尽浑身解数，也没办法从马身下挣脱。

269

他最终得到营救，但他注意到威灵顿战线的中路"防守很弱，失去了章法"。此时他在第27步兵团右侧，该团是英荷军损失最惨的单位之一。这是一个爱尔兰团，是从预备队调上前沿加强威灵顿中路的，离位于拉艾圣的法军很近。爱尔兰士兵坚守阵地，但也在那里牺牲：他们的19名军官有

16 人阵亡或负伤；一共 700 人左右，损失了多达 463 人。战役结束时，第 27 团还是方阵阵型，但方阵里已经大都是死人了。第 73 苏格兰高地团曾在四臂村血战，他们方阵内的士兵不愿意排得太密集，可能是害怕敌人的下一发实心弹会沿着刚刚屠戮他们战友的路径射来。指挥官哈里斯中校骑马到了缺口处，说道："孩子们，既然你们不肯，那我来吧。"可能就是这句话劝服士兵们尽忠职守，恢复了队形。在第 73 团遭受磨难期间，公爵来到他们的方阵，询问指挥官是谁。约翰·加兰德（John Garland）上尉回忆道："我回答：'是哈里斯中校。'然后公爵'指示我通知哈里斯中校，组成横队，但如果我们遭到胸甲骑兵的攻击，就重新改成方阵'。"横队，哪怕是四排的横队，面对炮火也比方阵要坚强得多。

可怜的加兰德负了重伤，在布鲁塞尔一家医院住了几个月才返回家乡多塞特，后来将自家房子命名为四臂村小屋。他与威灵顿的这次邂逅也印证了公爵始终处于最危险的前沿，随时向部下发出建议或命令。拿破仑是在远方观战，但威灵顿需要亲眼看到、亲耳听到战局进展。他短暂地接管了一个近卫营的指挥权，然后沿着山岭巡视前线，鼓舞将士，并让将士们看到他，这是最重要的。英军参谋军官肖·肯尼迪（Shaw Kennedy）谈到公爵的"冷静"，他的"精准和活力"，以及他"百分之百的沉着"。

公爵给人留下的印象是，在战役的所有阶段，不管局势多么严重，他都完全镇静自若。他相信自己有能力引导正在他周围肆虐的风暴；从他当时说话的坚定态度看，显然他下定决心要坚守当前阵地，直到最后。

公爵一定知道，拿破仑会做最后一次努力，去突破他的战线；公爵能做的，就是让自己的战线严阵以待，所以联军官兵必须忍耐炮击。马克·阿德金对本次战役惊人的统计数据做了最优秀的分析，他估计公爵军队伤亡人数的 2/3 是由于炮击，而且大多数伤亡也是在这个阶段产生的。山岭全线血肉横飞，死神徘徊。奈伊元帅可能是正确的。再来一次炮兵、骑兵和步兵协同有力的猛攻，一定能够突破威灵顿已经薄弱很多的战线，但拿破仑拒绝给奈伊增兵，于是给了公爵喘息之机。他利用这一时间重整旗鼓，而且由于普军冯·齐滕军的先头部队已经抵达山岭东端，公爵可以从最左翼调兵到中路。他命令赫西·维维安（Hussey Vivian）少将爵士将他的轻骑兵旅调到山岭中路，但维维安是一个聪明而经验丰富的骑兵指挥官，已经预料到公爵会下这样的命令，所以已经前往山岭中路了。他率部队来到英国步兵正在承受磨难的地方：

> 我从未见过如此可怕的景象：地面完全被死尸和垂死者覆盖，炮弹和榴弹来势汹汹，比我听过的滑膛枪响都要密集。我们有些士兵退缩了。

退缩的士兵是一些缺乏经验的年轻不伦瑞克士兵，他们惊慌失措地从山顶的残杀中撤退。维维安的骑兵拦住了他们的退路，但公爵亲自将这些退散的士兵收拢，率领他们返回山岭。他还把一个兵力很强的荷兰－比利时营带到了山岭，这是他最后的预备队之一。亨利·杜佩里耶（Henry Duperier）的姓氏

271

是法国的，但他是英军第 18 骠骑兵团的一名军官，在维维安将军麾下效力。他被安排到这些缺乏经验的新兵后方，观察他们的军官：

> 用鞭子抽打士兵（就像西班牙牧人用鞭子驱赶牛群一样），催动他们去前线嗅火药味……我也像那些比利时军官一样，用剑威逼那些调头想逃跑的士兵，警告他们，若是不回前线，我就戳死他们。这种威胁发挥了我们需要的效果，他们全都坚持下去了。

公爵将自己的各营组成强大的四排横队，成功肃清了山顶的大部分法军散兵，使得第 95 团的来复枪兵得以狙杀盘踞在离十字路口很近的法军炮兵。但英军横队不能在山顶久留，因为害怕遭到更远方法军大炮的轰击，所以一旦联军步兵后撤，法军散兵又潮水般涌上来。对联军的很多人来说，此时就是整个战役中最危急的时刻。法军占领了公爵阵地的前坡，法军大炮对守军造成了极大杀伤。但陷入危局的不是公爵，而是皇帝，因为普军已经到了战场，此时拿破仑的时间已经不多了。

* * *

冯·比洛元帅的部队将法军逐出了普朗斯努瓦。这是一场极其凶残的近距离肉搏战，双方用刺刀和枪托在小巷和农舍花园内厮杀。大炮向狭窄街道发射实心弹和霰弹，街上硝烟滚滚，满地血污。一些法军士兵坚守着村庄西部边缘的一些房屋，但他们有可能被在村庄两侧田野里前进的普军包围。

拿破仑不能丢掉普朗斯努瓦。它就在他的战线后方，如果落入敌手，就会成为布吕歇尔的基地，普军就会长驱直入、冲向布鲁塞尔公路。如果那条公路被切断，那么法军就没有可以撤退的道路了，他们就会被包围。于是，皇帝派遣他的青年近卫军去夺回普朗斯努瓦村。

青年近卫军是帝国近卫军的一部分，而帝国近卫军是皇帝钟爱的精英部队。要想加入近卫军，士兵必须参加过三次战役，并且他的品行（指的是纪律方面，而不是道德方面）要得到证明。近卫军士兵享有更好的装备、更高的军饷和特色鲜明的制服。近卫军有自己的步兵、骑兵和炮兵，所以组成了军队中的军队。根据传统，近卫军一般担任预备队，在需要他们的时候才参加战斗，向敌人发出致命一击。自然而然，法国军人对近卫军享有的特权颇有些怨恨，但绝大多数士兵还是渴望被选入近卫军。近卫军的绰号是"长生军"（the Immortals），这有点讽刺意味，因为很多战役中，近卫军根本没有参加战斗。而近卫军自称为"抱怨者"（grognards），因为他们常担任预备队，眼睁睁看着其他人战斗，感到受挫。虽然大家对近卫军有些不满，但也很仰慕。近卫军对拿破仑忠心耿耿，都是久经沙场的勇士，打起仗来像老虎一样凶悍，他们自夸战无不胜。任何敌人都不敢低估他们的战斗力或者效率。

青年近卫军是散兵，但他们也可以像其他步兵营那样组成横队或方阵。在滑铁卢的青年近卫军兵力只有 4700 人多一点。洛鲍的部队寡不敌众，被逐出普朗斯努瓦后，皇帝派遣了青年近卫军全部 8 个营去收复普朗斯努瓦。指挥这支青年近卫军的是纪尧姆·菲利贝尔·迪埃姆（Guillaume Philibert Duhesme）将军，他是法国大革命的孩子，一个非常卑鄙的角色。他是劳工的儿子，凭借精明强干攀升到高层，但他也腐化、贪婪、残忍，还是个虐待狂。他学过法律，后来成为军人，对拿破仑颇有些疑忌，认为皇帝背叛了法国大革命的许多原则（这是完全正确的），但迪埃姆是一位优秀的军人，不容忽视，所以拿破仑将青年近卫军托付于他。迪埃姆是轻步兵战术的专家，他撰写的薄薄教科书《轻步兵历史概论》（*Essai Historique de l'Infanterie Légère*）在 19 世纪大部分时间里都是该主题的权威著作。

轻步兵受到的训练是要独立地思考和行动，所以非常适合进攻普朗斯努瓦。青年近卫军开始前进，遭到村庄外围房屋的滑膛枪火力袭击。但迪埃姆不准部下还击，而是率领他们径直冲上大街小巷，用刺刀肃清那里的敌人。这种战术奏效了，普军跌跌撞撞地逃出村庄，甚至被追击了一段距离。在这场凶残的激战中，迪埃姆将军头部负了重伤，两天后去世。

青年近卫军圆满完成了任务，捍卫了帝国近卫军的传统，然而冯·比洛的部队每分钟都得到增援，因为更多普军越过了拉恩河谷，穿过树林，奔赴战场。普军发动反击，将法军逐出村庄西侧的房屋，并围攻石墙环绕的教堂墓地。约翰·冯·希勒（Johann von Hiller）上校是普军两个纵队之一的指挥官，他回忆道：

> 我们成功缴获一门榴弹炮、两门加农炮、好几辆弹药车，俘虏 2 名参谋军官和数百名士兵。教堂墓地周围的开阔广场被房屋环绕，敌人坚守在那些房屋里，我们无法将其逐出……在 15～30 步的距离上，爆发了一场激烈枪战，

普军各营最终损失惨重。

青年近卫军在殊死搏斗，但布吕歇尔可以派遣更多人加入混战，所以青年近卫军渐渐不可避免地被打退了。普军夺回了教堂及墓地，然后争夺每一间房、每一座花园，在两侧都是燃烧着的房屋的小巷里厮杀。青年近卫军寡不敌众，面临绝境，不得不撤退。

拿破仑的预备队还有 13 个营的帝国近卫军。他将这些预备队部署在南北两面，构成防线，以防止普军在普朗斯努瓦取得突破。但为了阻止普军占领普朗斯努瓦，他又派了两个营的老近卫军去支援在村内苦战的法军。这两个营的老近卫军端着刺刀冲进硝烟和混战，他们的到来鼓舞了村内的法军幸存者，于是普朗斯努瓦争夺战再次逆转，这一次是法军占上风。新近抵达的老近卫军杀到地势较高的教堂墓地，将其占领，驻扎在墓地的石墙内。即便此时，他们仍然承受着巨大压力。有一次他们的将军珀莱男爵抓起宝贵的鹰旗，喊道："猎兵，跟我上！挽救鹰旗，或者死在它周围！"近卫军重整旗鼓。后来，珀莱发现 些近卫军士兵割断普军俘虏的喉咙，感到十分憎恶，阻止了屠杀战俘的行为。至少目前珀莱稳住了法军防线，普朗斯努瓦仍在皇帝手中，所以拿破仑后方的威胁解除了。

但冯·比洛的部队并不是唯一抵达战场的普军部队。汉斯·冯·齐滕中将的第一军在下午早些时候离开了瓦夫尔，选择了比冯·比洛部队更偏北的路线。他们耽误了一点时间，因为皮尔西（Pirch）将军的第二军走的是与冯·比洛相同的偏南路线，于是冯·齐滕军和皮尔西军（各自有数千人以及火

274

炮和弹药车）在一个十字路口相遇了，两个军都想穿过对方的行军路线，因此不可避免地造成了混乱。冯·比洛和皮尔西奉命去攻击拿破仑的右翼（在普朗斯努瓦），而冯·齐滕的部队走了更偏北的路线，以便与山岭上的威灵顿部队连成一片。

275 　　冯·齐滕将军的部下曾在利尼血战，兵力损失了将近一半。此刻，在傍晚的斜阳下，冯·齐滕率领差不多 5000 人奔向威灵顿的阵地。他们在看到战场之前很早就听到了战斗的喧嚣，尽管烟团在树梢上方飘浮，被片状闪电般的炮口焰照亮。冯·齐滕军的首次接"敌"是他的前锋抵达弗里谢蒙庄园时，这是一座相当大的建筑，位于威灵顿阵地最左端。驻守此地的是萨克森－魏玛公子伯恩哈德的拿骚部队，也就是两天前凭借极大勇气挽救了四臂村的那支部队。萨克森－魏玛激战整个下午，打退了法军对帕普洛特和拉艾的进攻；此时他的后背突然遭到攻击。他的军官之一冯·雷特堡上尉回忆道，他的步兵"被不计其数的散兵以及紧随其后的步兵纵队"逐退：

> 甚至有散兵从我后方的树篱攻击我。我打退他们之后，发现他们竟然是普军！他们也发现了自己的错误。友军的互击持续了不到十分钟，但双方都已有多人死亡和负伤。

　　冯·雷特堡没有说的是，正是他的勇敢，结束了友军之间不幸的误击。他穿过枪林弹雨去告诉普军，他们犯了错误。拿骚士兵穿的是深绿色军服，可能会被误认为是法军的深蓝色军服，而拿骚士兵的军帽也是类似法军的形状。

　　随后发生了更多混乱。山岭上急需冯·齐滕将军的部队。

威灵顿知道法军可能发动新的攻势，如果普军来增援他的左翼，他就可以将左翼部队抽去支援中路。冯·齐滕将军派遣侦察兵先行，其中一人是一名年轻军官，返回后报告称，大局已败，他看到威灵顿军队在全面撤退。就像奈伊元帅一样，他也误将威灵顿战线后方的混乱理解为战败撤退，以为英荷军在仓皇逃跑，而实际上那仅仅是被送往后方的伤员、弹药车、仆人和脱缰的马。榴弹在他们当中爆炸，而掠过山顶的实心弹在落地时激起尘土。这看上去像是法军在炮击惊慌失措的败兵，更让人以为这是英荷军在溃败。这名普鲁士军官除了山岭上的情况之外，能看得到的应当不多，因为山岭被硝烟笼罩，但透过这浓烟，他能看到法军大炮发射时的红色闪光和较小的滑膛枪枪口焰，这些火光猛然照亮了烟团，然后迅速消失。不时发生更大规模的爆炸，那就是榴弹击中了英荷军弹药箱。"乌云般"的法军散兵接近山顶，一些法军大炮也前进到那里，而在散兵后方是严阵以待的骑兵，透过烟雾可以勉强看到他们。难怪这位年轻军官相信法军已经占领威灵顿的山岭，公爵的军队在全面撤退。他骑马返回冯·齐滕身边，告诉他，大势已去，与威灵顿会合是没有意义的，因为公爵已经败了。

就在这时，布吕歇尔派遣的一名参谋军官送来了新命令。这位参谋军官是冯·沙恩霍斯特（von Scharnhorst）上尉，他找不到冯·齐滕，于是骑马到纵队前方，直接向官兵下命令：他们应当立即调转方向，向南方前进，去帮助布吕歇尔进攻普朗斯努瓦。这样似乎就不会再去援助威灵顿，而是由普军在拿破仑山岭以南打一场单独的战役。

威灵顿身边的普军联络官冯·穆弗林将军在等待冯·齐滕的到来。他原以为冯·齐滕会更早抵达，但现在冯·齐滕军终于出现在了威灵顿阵地最左翼的视线之内。然后，令冯·穆弗林大吃一惊的是，那些部队转身离去了。"由于这一次后退，"他写道，"战役可能会失败。"于是冯·穆弗林催动坐骑，奔向正在离去的普军。

与此同时，冯·赖歇（von Reiche）中校（冯·齐滕的参谋军官之一）和冯·沙恩霍斯特上尉之间发生了激烈争吵。冯·赖歇主张服从原先的命令，去援助威灵顿，尽管有报告说威灵顿已经战败。但冯·沙恩霍斯特坚持要求服从布吕歇尔的新命令。冯·赖歇回忆道：

277

　　我向他指出，我们已经和冯·穆弗林做好了安排，威灵顿指望我们很快会去援助他，但冯·沙恩霍斯特什么都不肯听。他宣称，如果我拒绝服从布吕歇尔的命令，就要负责任。我从来没遇过这样的两难困境。一方面，我军在普朗斯努瓦遇险；另一方面，威灵顿依赖我们的援助。我一筹莫展。到处都找不到冯·齐滕将军。

他们争吵的时候，部队停下了脚步，但随后指挥冯·齐滕部队前锋的施泰因梅茨（Steinmetz）将军纵马赶来，对部队的停顿非常恼怒，粗暴地告诉冯·赖歇，必须服从布吕歇尔的新命令。于是部队转向东方，寻找一条向南通往普朗斯努瓦的道路，但就在这时，冯·齐滕出现了，于是刚才的争吵又重新上演了一次。冯·齐滕听了大家的争论，做了一个勇敢的决定。他主张忽略布吕歇尔的新命令，相信冯·穆弗林的保证（公爵并未全面撤退），于是命令部队前往英荷军的山岭。普军第一军终将与威灵顿会合。

第一军拥有自己的火炮，包括 6 磅加农炮和 7 磅榴弹炮，这些火炮是冯·齐滕对法军使用的第一批武器。它们可能是沿着山岭正面射击的，可能瞄准了拉艾圣周围的炮口焰和烟雾。普军大炮开火不久之后，就遭到了法军大炮的还击。英国皇家骑炮兵部队的默瑟上尉把这个故事讲得最精彩：

> 我们向正在纵向射击的炮兵阵地刚打了几炮，就有一个身穿黑色不伦瑞克军服的高个子骑马从后方冲到我面前，喊道："啊！我的上帝！我的上帝！你干了些什么呀，先生！那是你的友军普鲁士人，你却在杀他们！"

普军大炮瞄准了默瑟的炮兵阵地，造成了一些伤亡，而默瑟不顾公爵禁止用火炮攻击敌人火炮的命令，向普军还击。这个错误很快得到纠正。友军误击的错误可能是很难避免的：联军中有太多陌生样式的军服，而且烟雾笼罩着战场，被火光照亮。现在是晚上将近 7 点，战局猛地转为对皇帝有利，但最终结果还远远没有决定。

拿破仑的帝国近卫军发挥了魔法般的神奇力量。10 个营的帝国近卫军足以阻挡普军向普朗斯努瓦的进攻，还有 11 个营担任预备队。法军在猛攻威灵顿战线，现在已经打到了接近山顶的地方，尤其是在拉艾圣上方的中路。奈伊恳求拿破仑给他更多部队，以便向威灵顿中路发动致命一击，拿破仑拒绝了他。但现在，普军力量在增长，拿破仑也觉得必须投入法国最精锐的部队（如果不是欧洲最精锐部队的话）去攻击公爵伤痕累累的战线。

约翰·克罗斯（John Cross）是第 52 团的一名上尉，该团是威灵顿最大的一个营，足以组成两个方阵，而不是一个。克罗斯是半岛战争的老兵，在这一天早些时候被严重擦伤，但留在自己的连队。该团多次前进到山顶前方，以便将法军散兵从前坡驱逐下去。他们又一次这样前进，向法军腾跃兵发出齐射火力。这时克罗斯看到敌军胸甲骑兵在烟雾中奔向乌古蒙。这本身不算特别不寻常，自法军骑兵发起冲锋而未能突破联军方阵以来，法军骑兵就一直在山谷内徘徊。但这时，克罗斯看到一名胸甲骑兵军官突然脱离了队伍。克罗斯回忆道，这个法国人全速"向第 52 团猛冲过来"，接近的时候劲头十足地呼喊"国王万岁！"他高举着剑，但剑未出鞘，这是一个信号，意思是他不是来战斗的。他是一名保王党人，带来了警示："帝国近卫军正在前进，准备发动一次总攻。"

帝国近卫军是战无不胜的长生军。

他们将会结束这场战役。

《威灵顿在滑铁卢》，Ernest Crofts 作。威灵顿表现出镇静自若的样子，但士兵们注意到他经常看表。后来公爵说，表的指针慢到了肉眼无法察觉的地步。

《滑铁卢战役，攻击普朗斯努瓦的普军》，Adolf Northen 作。最终，冯·比洛军将法军逐出了普朗斯努瓦。这是一场极其凶残的近距离肉搏战，双方用刺刀和枪托在小巷和农舍花园里厮杀。大炮向狭窄街道发射实心弹和霰弹，街上硝烟滚滚、满地血污。

Hamburger Kunsthalle, Hamburg, Germany

《英王德意志军团防守拉艾圣》，Adolf Northen 作。英王德意志军团的存在给法军制造了很大麻烦。攻击威灵顿山岭的部队必将遭到英王德意志军团的来复枪，以及农庄后方不远处与路对面沙坑内英军的火力袭击。拉艾圣阻止了法军直接攻击威灵顿山岭的中路。

akg-images / Erich Lessing.

《滑铁卢战役》，Sir William Allan 作。它描绘了大约晚上 7 点半的所谓"战役危机"，拿破仑及其参谋人员在前景，正在准备发动最后攻势。背景中激战正酣。后来威灵顿从画家手中购买了这幅画，如今它被悬挂在伦敦的阿普斯利府邸。

帝国近卫军的进攻，
晚上7：30

圣约翰山

麦尔贝布莱讷

近卫骑兵旅/联合骑兵旅
（余部）

第7骑兵旅
（阿伦特席尔特）

第6骑兵旅
（维维安）

第1汉诺威旅
（基尔曼斯埃格）

英王德意志军团第2旅
（昂普泰达）
第27团

第4骑兵旅
（范德勒）

荷军第3师
（沙塞）

不伦瑞克

第5旅
（霍尔基特）

第30和
第33和第73团
第69团

第3骑兵旅
（多恩伯格）

第1旅
（梅特兰）

第2师
（东泽洛）

第5骑兵旅
（格兰特）

第3旅
（亚当）

第1近卫步兵团 第2营和第3营

第3掷弹团
第4掷弹团

第1营

第3猎兵团第1营

拉艾圣

第95团第2营

第52团

第3猎兵团第2营

第71团

第4猎兵团

中年近卫军

第2掷弹兵团第2营

第23团

第95团第3营

第2猎兵团第2营

第1猎兵团第2营

第3汉诺威旅
（霍尔基特）

老近卫军

英王德意志军团第1旅
（杜·普拉特）

近卫军

拿骚单位

第5师
（巴舍吕）

乌古蒙

第6师
（热罗姆）

第9师
（富瓦）

佳姻庄

第1掷弹兵团第1营

第3掷弹兵团第2营

预备队

0　　　　　　500米

0　　　　　　500码

北

第十二章

除了输掉一场战役之外，最惨的
事情就是打赢

此时是晚上 7 点，影子在拉长，不过天色还很亮。天气晴朗起来，最后的阵雨转向东方，即格鲁希元帅与普军后卫在瓦夫尔厮杀的地方。圣约翰山上的天空乌云密布，太阳穿过云缝斜射，照亮了飘浮在黑麦、大麦和小麦上空的阴森森的烟团。据一位英国军官说，这些庄稼被踩踏得像印度的灯芯草垫子一样。成千上万的死尸躺在山谷内，躺在威灵顿军队坚守了 8 个小时的山岭上。战役尚未结束，但拿破仑知道自己只剩下一个机会。皇帝是一位赌徒，于是他掷出了两枚骰子。显示数字分别是 5 和 3。

5 个营的中年近卫军①和 3 个营的老近卫军将开赴那血染的山坡，向联军战线发动最后一次进攻。一共 8 个营。这一天战斗开始的时候，拿破仑拥有 21 个营②的帝国近卫军，但他被迫将其中 10 个用于阻挡攻击普朗斯努瓦的普军。有 1 个营

---

① 1815 年之前，法国近卫军掷弹兵师和猎兵师的部分团被称为老近卫军，剩余团被称为中年近卫军。但在 1815 年百日皇朝期间，这个区分已经不存在，应当全部被称为老近卫军。此处是沿袭旧的说法。

② 值得注意的是，关于法国近卫军的构成和动向，其实有很多争议。现在比较新的说法是，近卫军共有 23 个营。其中 7 个营执行第一波攻击，3 个营执行第二波攻击，10 个营在普朗斯努瓦作战，1 个营在洛索姆，2 个营在佳姻庄担任预备队。近些年也有说法认为一共是 24 个营。

286　在洛索姆，负责守卫皇帝的辎重，而且距离太远，无法赶来参
　　加最后的攻势。余下的 12 个营中，他留了 4 个作为预备队。
　　拿破仑向近卫军指挥官德鲁奥（Drouot）将军下令："近卫军
　　前进！"

　　　8 个营的总兵力顶多约有 5000 人，可能少一点。法军向
威灵顿山岭的第一轮步兵攻势动用了 1.8 万人，第二轮进攻
（由巴舍吕和富瓦指挥）有约 8000 人。埃尔隆伯爵的 1.8 万
人已经接近成功，但英军重骑兵的干预将他的部队打散了。巴
舍吕和富瓦被轻松地打败，在英军滑膛枪火力下被轰下了山
坡，所以帝国近卫军的进攻在发动之前，看上去就完全无望，
尤其是老近卫军的 3 个营被留作预备队。这 3 个营进入山谷，
停留在那里，随时准备跟进中年近卫军 5 个营的成功。这 5 个
营有约 3500 人，远远不足以进攻威灵顿公爵防守的阵地，但
这 3500 人全都是老兵，也全都是皇帝的狂热支持者。他们需
要捍卫自己的声誉，而且极度自信。他们知道只有在形势危急
的时候皇帝才会派遣他们上场，他们也自夸战无不胜。很少有
人会否认，拿破仑的帝国近卫军或许是欧洲最优秀的部队。

　　中年近卫军并非孤军奋战。拿破仑的所有剩余步兵被派上
前沿，向联军山岭施加压力。这些步兵不是以纵队前进的，而
是构成厚厚的散兵线，他们背后还有皇帝的剩余骑兵。帝国近
卫军骑炮兵的 2 个连伴随着进攻的 8 个营。在法军接近山岭之
前，大炮群一直轰击着那里。

　　拿破仑亲自率领近卫军前进。他骑马为近卫军带路，从法
军山岭走到山谷，然后将指挥权交给奈伊元帅，后者将率领部
队冲向英荷军山岭。在拿破仑的右侧，在浓烟（笼罩了埃尔
隆军的死尸）的远方，可以看见联军山岭上出现了新的部队

和新的大炮。皇帝知道普军抵达的消息会损害自己部队的士　　287
气，于是向官兵撒了谎。他让军官传播假消息，即在近卫军突
破英军中路的同时，格鲁希的部队将前来袭击威灵顿的左翼。
奉命传播假消息的军官之一是奥克塔夫·勒·瓦瓦瑟尔
（Octave Le Vavasseur）上校，他是一名炮兵军官，也是奈伊元
帅的副官之一。勒·瓦瓦瑟尔在回忆录中写道：

> 我骑马快跑，用剑尖挑着我的军帽，沿着全线呼喊：
> "皇帝万岁！士兵们，格鲁希到了！" 1000 个嗓门重复着
> 这呼喊。官兵们的激动情绪到了疯狂的程度，他们全都在
> 呼喊："前进！前进！皇帝万岁！"

勒·瓦瓦瑟尔纵马奔驰的那条线差不多就是整个战场的宽
度。每一个有能力前进的士兵都被敦促前进。占领了拉艾圣的
步兵冲上山岭，埃尔隆军的残部也上去了。巴舍吕将军的旅的
幸存者在靠近乌古蒙的地方进攻，乌古蒙农庄也再次爆发冲
突，富瓦的部下攻击那里的围墙。雷耶将军的部下在近卫军后
方推进，他们全都知道这将是当天最大的努力。奈伊向官兵们
发表了慷慨激昂的讲话。皮埃尔·罗比诺（Pierre Robinaux）
上尉是围攻乌古蒙的步兵之一，他听到红发的元帅喊道："勇
敢些！法兰西军队胜了！各处敌人都被打败！"不久之后，一
名参谋军官抵达，送来了皇帝的宣言，即格鲁希的部队抵达了
战场。拿破仑欺骗部下，是为了提高他们的士气。大多数士兵
相信他的话，但一位遇见了勒·瓦瓦瑟尔的将军知道真相。他
指了指威灵顿山岭左翼，厌恶地说："看呐！那是普军。"
　　当然，投入近卫军是一场赌博。然而，拿破仑面对着严峻

的选择。他曾说："我能收复空间，却永远不能收回时间。"
布吕歇尔向普朗斯努瓦的进攻被洛鲍的部队拖住，又被支援洛
鲍的 10 个近卫营阻挡住，但拿破仑知道普军的兵力会越来越
强。他也知道普军增援部队已经抵达威灵顿战线东端，这些新
来者分散到整个山岭只是时间问题。简而言之，他很快将面对
两支军队，后者加起来的力量将远远超过他。但还有两个小时
的日光，这足以让他歼灭其中一支敌军。如果近卫军能突破威
灵顿战线，那么法军就能潮水般涌上山岭，迫使英荷军混乱地
溃败，然后他就能转身去对付普军。普军看到自己的盟军一败
涂地，可能会选择撤退。普军也可能停留在原地。6 月 19 日
将会发生新的战役，不过那时候格鲁希就真的回来了，能够参
战。这是赌博，不过若在英军控制的山岭取得胜利，战局将重
新变为对法军有利。拿破仑曾说："先与敌交战，然后视情况
而定。"他经常发表类似将战争大大简化的说法。所以他将与
敌交战，让世界看看会发生什么情况。

　　他还有什么别的选择吗？如果他不进攻，就会被敌人攻
击。他在普朗斯努瓦已经遭到攻击，如果他将部队撤到他们在
这一天开始时占据的山岭，就可能遭到英荷军与普军的联合攻
击。理智的办法是撤退，将他的军队残部撤过桑布尔河，生存
下去，择日再战，但撤退会很困难，如果并非完全办不到的
话。如果撤退，他将不得不带领成千上万的官兵沿着沙勒罗瓦
公路南下，并在撤军过程中阻挡住敌人。在这条公路走几英
里，就是热纳普的狭窄桥梁，它只有 8 英尺宽，是他的所有大
炮、弹药车和辎重车越过较小的迪尔河的唯一通道。撤退可能
导致混乱和失败，所以他选择进攻。他派遣近卫军去做他们非
常擅长的事情：为皇帝打赢战役。皇帝曾说："命运是个女

288

人，水性杨花。"但命运需要帮助，这就是为什么要有帝国近　289
卫军，他们的使命就是确保命运给皇帝带来胜利。

　　近卫军前进！前进！皇帝万岁！战无不胜的近卫军沿着
公路向北前进，战鼓奏响了冲锋曲，引领近卫军前进的是
150 人的乐队，他们演奏着爱国主义歌曲。乐队在距离拉艾
圣较远的地方停下，皇帝和乐队一起看着 8 个营转向公路左
侧。他们到了山谷的平坦谷底，5 个营的中年近卫军组成了
攻击纵队。实心弹和榴弹嘶鸣着从他们头顶飞过，猛击英荷
军山岭。近卫军没有派遣散兵上前，因为山坡上已经有法军
散兵了。近卫军将向前推进，接近敌人后分散成横队，用滑
膛枪火力将敌人从山顶赶下去。有些历史学家感到困惑：为
什么奈伊带领近卫军向左转，而不是沿着公路径直前进？但
如果要近卫军通过拉艾圣旁边的低洼道路，更不要说农庄本
身以及外围的沙坑、被摧毁的炮车和黑麦地里的数百具尸体，
就几乎无法保持纵队队形。于是奈伊率领他们走向他曾带领骑
兵冲锋的山坡，那里的山坡也是满地死尸，但障碍物较少，地
形较为平坦。近卫军士兵头戴高高的熊皮帽，看上去简直是巨
人。他们身穿蓝色大衣，肩章是红色的，高高的熊皮帽上的羽
饰也是红色的。他们并不总是戴羽饰，如果不戴，可以将其存
放在一个硬纸板做成的圆筒内。但上级告诉他们，他们将在布
鲁塞尔的大广场以全副威仪接受检阅，所以他们在这个夏日的
晚上也佩戴了羽饰。通往布鲁塞尔的道路就是延伸至山顶的开
阔地，那里的山坡上满是死马和垂死挣扎的人。那是通向胜利
的道路。

　　军官们带领各纵队推进。他们透过浓烟可以看见前方的山
岭，看到那里除了敌军炮手之外没有敌人。近卫军各纵队刚刚

组建完毕，这些炮手就开火了。榴霰弹在近卫军头顶上爆炸，实心弹从队列中穿过。纵队迅速整队，保持密集队形，继续前进。战鼓齐鸣，鼓声间歇时，近卫军士兵们呐喊："皇帝万岁！"

他们在进攻威灵顿的右翼，最强的一翼，也是打退了巴舍吕和富瓦的那一翼。在山顶之后，法国近卫军看不到的背坡上，威灵顿拥有他的 3 个最强单位。在西面，靠近乌古蒙的地方部署着亚当将军的旅，它的每个营都是半岛战争的老兵。该旅包括第 52 团，即来自牛津郡的兵力很强的营。他们的左侧是梅特兰的近卫旅①。英国近卫军将与法兰西帝国近卫军决一雌雄。最靠近十字路口的地方是汉诺威人的一个师，得到英王德意志军团各营和霍尔基特的英国部队的支援。他们在背坡上，所以法军在攀登山坡的时候没有看到敌军步兵。他们看到熏黑的炮口发出火焰，看到滚滚浓烟，看到实心弹冲进自己阵列时战友倒下。他们接近敌人之后，英军炮手改为同时装填霰弹和实心弹，于是法军损失更加惨重，但这都不足以阻挡近卫军。他们是长生军，正在向命运开进。

拿破仑在山谷远端观战。他看到帝国近卫军分为两个纵队；没有人确切知道为什么会这样，但两个纵队爬上了远方的山坡。拿破仑有没有回想起这天早餐时他与将军们的谈话？他问将军们对威灵顿和英国军队的看法如何。将军们的回答让他很不高兴。雷耶将军说，占据了良好阵地的英国步兵是不可撼动、不可战胜的。是否果真如此，大家拭目以待。先与敌交战，然后视情况而定吧。长生军即将与不可撼动的英

---

① 即第 1 师第 1 旅。

国步兵交锋。战无不胜的法国近卫军将与不可战胜的敌人厮杀。

*　*　*

奇怪的是，帝国近卫军与威灵顿步兵的这场高潮大冲撞仍然有些不解之谜。帝国近卫军运用了何种阵型，众说纷纭。他们前进时用的是纵队还是方阵？原先的队伍为什么一分为二？我们不知道。随后发生的战斗是世界战争史上最著名的篇章之一，留下了许多目击者记述，有成千上万人参战，其中很多人后来回忆了自己的经历，但我们仍然不清楚具体发生了什么事情。就连谁应当获得胜利者的荣耀，也没有一致意见。不过这都不奇怪。在战斗过程中，双方都没有人去记录战局发展情况。幸存者对交战开始的时间也没有统一看法，不过帝国近卫军可能是在 7 点半后不久接到前进命令的。战斗到 8 点半就全部结束了。在那里的人们，那些创造历史的人，其实只能看到自己周围几码远的地方，而且浓烟遮蔽了他们的视野，滑膛枪弹飞行的嘶嘶声、大炮的轰鸣、伤员的惨叫、军官与士官们的呼喊、榴弹的爆炸、持续不断的滑膛枪齐射的声响、远方大炮的闷响、战鼓声和军号声，都冲击着他们的耳膜。这些喧嚣一刻不停，震耳欲聋。一名英国军官回忆说，他高喊着命令，但就连站在他旁边的人也听不见他的话。人们能看见的只有硝烟、鲜血和火焰，耳朵几乎被震聋，虽然内心恐惧，但要想活命就必须尽忠职守，此时人们哪里还能准确判断战场上发生的事情？训练和纪律的目的就是让官兵们尽忠职守，让他们在命运攸关的时刻、在一片混乱之中、在死神逼近之时还能坚守自己的职责。人的本能是逃离恐怖的战场，但纪律为人提供另一

291

种出路。

老近卫军的骑炮兵是第一支投入战斗的近卫军。他们分成四支队伍，各连在山坡最陡峭处的边缘摆开阵势，以便在相当平坦的山顶边缘射击。山岭一线有所弯曲，所以帝国近卫军进攻的是一个弧线的凹陷处，联军炮火可以集中射击不断前进的密集队列。现在，近卫军自己的炮兵投入了战斗，法军可以还击了。"这火力的迅猛和准确令人震惊，"默瑟上尉回忆道，

几乎每一发炮弹都发挥了杀伤力，我相信我们一定会被消灭。我们的马匹和前车位于背坡较后处，此前得到背坡的保护，避开了直接炮火轰击。但法军的炮火如今径直倾泻到它们当中，将其成地击倒，制造了恐怖的混乱。车夫还没来得及从一匹死马身下逃脱，又有一匹马中弹倒下……我看到一发榴弹在我们部队最优秀的两匹辕马之间爆炸，它们就这样倒下去。

联军的火炮并非全都可以射击。有的炮组阵亡了，有的炮车的一个轮子被打碎，还没来得及更换。但仍然有足够的火炮向法国近卫军射击，对其造成严重杀伤，不过不足以阻挡其前进。每一次开炮之后，烟团就更浓密一分。有人记得看见实心弹从近卫军的队列中穿过。法国近卫军的滑膛枪仿佛在云雾中飞行，他们迅速恢复队形，继续前进。在鼓乐伴奏下，他们向山坡推进，奔向平坦的山顶，联军步兵在那里严阵以待。掌旗官麦克莱迪（上文讲到他看到自己的军旗被送到后方）的位置在法国近卫军最东面纵队（最接近山岭中路）的对面。麦克莱迪年仅 17 岁，面对着皇帝的老兵。他回忆道：

292

法国近卫军以整齐的队列登上我们的阵地，仿佛在接受检阅。他们在我们眼前一步一步攀升，越过山脊。他们的红肩章和蓝色大衣上的交叉皮带让他们显得特别魁梧雄壮，高高的毛茸茸帽子和长长的红羽饰也让他们形同巨人。他们根据纵队中间的一面战鼓的乐声来把握节奏，羽饰在他们头顶晃动。"厮杀的时刻到了。"我低声说。我承认，当我看到这些壮汉威风凛凛地进军时，再想起他们曾赢得的极高声望，觉得自己的命运必然是被刺刀捅。我吐露了一个狂妄的希望，就是不要被戳到要害。

麦克莱迪和他的营——第 30 团，将遭到中年近卫军两个掷弹兵营的攻击。"掷弹兵"这个名号非常古旧，他们实际上已经不再携带手榴弹，但根据传统，掷弹兵是重步兵，承担突击任务。英军的一个营下辖一个轻步兵连，就是散兵；还有一个掷弹兵连，负责激烈的近距离厮杀。中年近卫军的两个掷弹兵营径直奔向科林·霍尔基特少将/爵士的旅。霍尔基特是半岛战争的老将，军旅生涯的大部分时间在英王德意志军团度过，不过在滑铁卢他指挥着英军的 4 个营。由于苗条的比利的愚蠢，这 4 个营全都在四臂村蒙受了惨重损失，所以被改编为 2 个营。麦克莱迪的第 30 团和第 73 团联合组成一个方阵，而在他们的西侧是第 33 团和第 69 团组成的一个方阵。第 69 团很不幸，在四臂村丢失了军旗。当然这 4 个营并不孤单。他们的右侧是英国近卫军，左侧是两个营的德意志和荷兰部队。进攻的两个法国近卫军掷弹兵营也不孤单，他们得到雷耶军的大群步兵支援。后者潮水般跟随在近卫军后方，登上山岭。他们还得到近距离炮火的支援，剩余的法军骑兵也做好了利用突破扩大战果的准备。历史学家马克·阿德金称："事实上，法军在滑铁卢的此次进攻几乎可算作一次总攻，由近卫军打头阵。"

　　法国近卫军前锋到了平坦的山顶。他们的阵型是纵队，还是方阵？马克·阿德金非常有说服力地证明，尽管联军的很多目击者看到了纵队，但法军实际上是方阵，可能是因为他们害怕重蹈埃尔隆的覆辙、遭遇被骑兵冲垮的灾祸。一个紧密的方阵，在遭到炮击后收拢阵列而恢复队形，四边会缩紧，看上去很像纵队。而在这个夜晚，任何阵型，不管是纵队还是方阵，都不可能是完全整齐连贯的。不仅官兵遭到了实心弹和霰弹的袭击，他们的前进路线上也到处都是死马或受伤的马匹。在这种条件下，只有最优秀的步兵才有可能保持队形紧密，帝国近卫军就是最优秀的步兵。所以，虽然障碍重重并且遭到炮火攻击，他们还是抵达了山岭的宽阔顶端。在那里，他们必须改为横队。霍尔基特将军的 4 个英国营也构成了方阵，因为法军骑兵在整个晚上都对他们构成威胁。但随着法国近卫军抵达山顶，霍尔基特将军命令部队改为四排的横队。"孩子们，"他喊道，"我所有的希望，你们都做到了。你们的表现比我希望得更优秀。但还有很多事情要做。此时此刻，我们别无选择，只能冲锋！"

　　麦克莱迪讲述了下面的故事：

　　　　敌人停下了，在距离我们大约 40 步的地方端起枪，来了一轮齐射。我们开枪还击，高声呐喊，然后端着刺刀冲锋。我们冲过正在消散的烟雾，却看到了帝国掷弹兵的后背，此时我们的惊讶简直无法用语言表达。我们停下脚步，大眼瞪小眼地看着对方，简直不敢相信自己的眼睛。我们右翼后方的一些 9 磅炮向敌群发射了葡萄弹，那残杀真是恐怖！在战场的任何地方我都不曾看到尸体这样一层层地堆积如山。

战役大约三周之后，麦克莱迪在给父亲的信中写道：

> 他们冲到 20 步距离时，我们向其发出齐射，并高声呐喊，准备发动冲锋，但他们给我们省了不少力气，因为他们自己调头逃跑了……但我在尝试不可能办到的事情，因为要描述一场战役就是不可能的；我们对战役知之甚少……我们的旅长霍尔基特将军……在战斗过程中向我们发表了一次优雅的演讲。我们的勇士们不断用呐喊回答他：“让我们冲锋吧，我们一定坚持！”

麦克莱迪的描述听起来很简单，但事实并非如此。英军左侧的一个汉诺威旅被法军击退，一名汉诺威军官称其为“极其猛烈的进攻”。这些汉诺威人的弹药不多了，他们撤退的时候，指挥官也阵亡了。与此同时，霍尔基特的旅用齐射火力和刺刀的威胁打退了法国近卫军，但随后发生了一件奇怪的事情。帝国近卫军的炮兵距离霍尔基特的旅很近，向越过山顶沿线道路的英军开炮。目前来看，法国近卫军步兵似乎被打败了，但炮兵在扫射英军的四排横队，所以霍尔基特的旅奉命调头撤退，躲在路边树篱之后。麦克莱迪记述道：

> 我们听到命令，转过身去，以完美的秩序撤退。我们

走下背坡的时候，火力大大增强了，被炮火击倒的人的惨叫以及我们四面八方伤员的哭喊，真是撕心裂肺。那些伤员以为自己被战友抛弃了。几乎一瞬间，两个团就损失了极多官兵。我们团的普伦德加斯特被榴弹炸得粉身碎骨，麦克纳布被一发葡萄弹打死。詹姆斯和布伦的双腿都被实心弹炸断，要么是在撤退过程中，要么是在撤退之前的炮火中。我不慎跌倒，爬起来的时候，一位朋友撞到我身上，他因为身上的五处伤和周围的凄惨景象而几乎发疯，他喊道："伤口深吗？麦克，深吗？"此时我们与第 33 团和第 69 团混在了一起；秩序大乱。

霍尔基特旅惊慌失措。他们打退了帝国近卫军的掷弹兵，但随后自己乱了阵脚，开始撤退，恐慌情绪迅速蔓延。军官和士官努力让大家停下，但徒劳无益。"50 名胸甲骑兵就足以把我们旅全歼。"麦克莱迪估计。一时间，该旅的纪律似乎彻底崩坏了。士兵们在拼杀，跌跌撞撞、推推搡搡地退回后方。据麦克莱迪说，就在这时有一个人呐喊起来，其他人也跟着呐喊起来，这欢呼声遏制住了恐慌。据说霍尔基特将军抓起了第 33 团的一面军旗，就像珀莱将军在普朗斯努瓦抓起一面鹰旗一样。霍尔基特举着军旗站在原地，直到官兵们在他周围聚拢。威灵顿到了现场，他的存在就是一种安定人心的力量。而且他曾是第 33 团的老长官，士兵们绝不肯辜负他、让他丢脸。一个荷兰炮兵阵地在近距离向法军开火，给法国近卫军伤痕累累的队列造成了严重杀伤。一个荷兰－比利时旅向法军齐射，后来英军的恐慌就消失了。"军官们创造了奇迹，"麦克莱迪说，"但挽救我们大家的，是那一声呐喊。我一直没有搞清楚，是谁喊了那一嗓子。"
于是，在暂时的恐惧之后，英军的 4 个营转过身，再次构成
横队，坚守阵地。亨利·杜佩里耶（Henry Duperier）是英军
第 18 骠骑兵团的军需出纳官，在他看来，霍尔基特旅的重
现出乎意料。他和英军骑兵部队停留在威灵顿山岭上的步兵
后方，观看着荷兰步兵开火射击，这时，"威灵顿大人不知
从什么地方带来了一些穿红衣的小家伙。我透过烟团能看到
他们"。

麦克莱迪在给父亲的信中说："我在尝试不可能办到的事
情，因为要描述一场战役就是不可能的。"那么，帝国近卫军
的第一个纵队或方阵攻击的时候，山顶上究竟发生了什么？双
方都发生了一些混乱。汉诺威人有些凌乱地撤退，英军也撤退
了。荷兰－比利时军队打得不错，他们的炮兵表现特别突出。
法军也撤退了，被霍尔基特将军横队的齐射火力轰下了山。法
军炮兵给对方造成了很大伤害。令霍尔基特将军旅惊慌失措
的，主要就是法军的炮火。不过这个旅的确了不起，恐慌只是
暂时的。但他们很幸运，法军没有好好利用他们的短暂混乱。
法军自己可能也接近恐慌了。他们在英军可怕的齐射火力卜退
缩，荷兰大炮向他们发射霰弹和实心弹，山岭被浓烟笼罩，法
军的前面几排非死即伤。我们唯一能确定的，就是帝国近卫军
最西端的纵队失败了，他们被从威灵顿的战线打退，一直没有
再攻上去。霍尔基特将军在战斗中负伤，但很满意地看到，他
的部下重整旗鼓，守住了阵地。

与此同时，法军第二轮规模更大的进攻攻击了霍尔基特右
侧的山顶，在那里等待他们的是英军近卫旅和亚当将军精锐的
轻步兵旅。哈里·鲍威尔（Harry Powell）是第 1 近卫步兵团

的一名上尉。和该营其他人一样，他卧倒在背坡地面上：

> 阵地的这个部分有一条供大车行驶的道路，它的一侧
> 是壕沟和堤道。在炮击期间，我们旅就掩蔽在壕沟内、堤
> 道下。炮击持续了可能有 45 分钟。若没有这堤道的掩护，
> 所有生灵都得完蛋。皇帝可能指望着这种效果，因为炮击
> 突然停止了，浓烟散尽后，我们眼前出现了一幅壮观景
> 象。一个密集的中年近卫军掷弹兵纵队（正面大约有 70
> 人），共约 6000 人，在冲锋曲伴奏下登上山坡，呼喊着：
> "皇帝万岁！"我们后来听说，指挥他们的是奈伊元帅。
> 他们继续前进，一直走到距离我们正面 50 步或 60 步的地
> 方。我们旅奉命起立。不知是因为突然间出乎意料地出现
> 了这么强大的队伍，而且距离那么近（看上去一定像是
> 从地下猛地长出来的），还是因为我们向他们发射的极其
> 猛烈的火力，从来没有在进攻时畏缩过的近卫军突然停住
> 了脚步。

鲍威尔上尉和英军整个近卫旅都相信，他们面前的法军是
中年近卫军的掷弹兵，而事实上这些法军是近卫军猎兵。就是
由于这个错误，英国今天还有一个团叫作近卫掷弹兵团。第 1
近卫步兵团被冠以敌人的名字，以资嘉奖，不过事实上与法军
掷弹兵交战的是霍尔基特的部下。鲍威尔估计敌人的兵力为
6000 人，在这个喧嚣和混乱的夜晚，这是个可以原谅的错误。
事实上法军较大的纵队不超过 2000 人。

公爵当然也在现场。他坐在备受信赖的战马"哥本哈根"
背上，观看着法国近卫军逼近。他等到敌人已经非常接近的时

候（鲍威尔估计距离为 50 步或 60 步），又一次接过了指挥
权。他向旅长喊道："现在，梅特兰！轮到你了！近卫军起
立！"他们站起身，组成横队。"预备！"沉重的滑膛枪被端到
瘀青的肩膀那里。"开火！"

　　屠戮开始了。这是英国步兵最擅长的事情。哈里·鲍威尔
称其为"极其猛烈的火力"，那是在近距离齐射的纪律严明的
滑膛枪火力。鲍威尔回忆道：

　　　　不到 1 分钟时间里，有大约 300 人倒地。他们现在动
　　摇了，后方好几个分队开始撤出，仿佛要部署阵型，而后
　　方的一些人开始越过前方士兵的脑袋射击，这清楚地表明
　　他们方寸大乱。

　　帝国近卫军尝试改为横队，但正如半岛战争中很多战例一
样，这一次他们也太晚了。近卫旅的兵力超过他们，而且战线
两端超越他们，滑膛枪弹从法军前方和两侧射来。他们尝试分
散成横队的时候，被那些稳健的、无情的齐射打退了。对前面
几排的帝国近卫军士兵来说，这一定是场可怕的意外。他们攀
上了山岭，遭到炮火重创，正当抵达山顶、准备潮水般冲过沿
着山顶的道路时，敌人突然从低矮堤道后出现。敌人的兵力超
过他们，而且距离太近，法国近卫军无法部署成横队，而且敌
人以极其恐怖的效力猛烈射击。缺乏经验、训练不足的部队常
常在过远的距离开枪，并倾向于射得太高，但近卫旅不是这
样。他们射击的距离极近，滑膛枪弹基本上百发百中。而法
军若要重新装填弹药，就必须停下，后面的一排排士兵就会
将他往前推。所以法军猎兵陷入混乱，而那些残酷无情的齐

射还在持续，更多法军士兵中弹丧命。现在法军被己方的死者和伤员严重阻碍，英军近卫旅持续射击，直到索尔顿勋爵（Lord Saltoun）亚历山大中校呼喊着命令他们前进。索尔顿曾率领一个连去乌古蒙援助麦克唐奈，在乌古蒙损失了 2/3 兵力。他率领该连剩余的 1/3 兵力，返回山岭，参加了本次战役的这些最后战斗。"时间到了，孩子们！"他喊道。英国近卫军端起刺刀，猛冲上去。里夫上尉也是半岛战争的老兵，他回忆道："就在这时，我们向敌人冲锋，他们抱头鼠窜，四散溃败。"

英国近卫军下了山坡，驱赶着惊慌失措的法国近卫军。大约就在这个时候，攻击霍尔基特旅的法国近卫军掷弹兵也撤退了。奈伊元帅的最后一匹战马在他胯下被打死，但法国近卫军的进攻还没完。有目击者称，法军的第二轮更大规模的进攻由两个纵队（或两个方阵）发起，不是一个纵队。他们看到的是近卫军第 4 猎兵团，它落后于其他单位，可能是因为它距离战场的路程最远。近卫军第 4 猎兵团现在攀上山岭，发动了自己的进攻。他们是距离乌古蒙最近的帝国近卫军单位，在英军右翼。他们井井有条的火力遏制住了英国近卫军。同时，法军骑兵出现在山谷的硝烟中。英军上级命令近卫军组成方阵。一时间有些混乱，因为有的军官在努力让士兵维持横队以抵挡第 4 猎兵团。直到英国近卫军撤回山顶，才消除了混乱。他们在山顶又一次组成了四排的横队。

人们很自然地倾向于从混乱中梳理出秩序，用最简单的话来描述一场战役，以便更容易理解混乱的战局。在关于滑铁卢战役的大多数记述中，帝国近卫军的冲锋都被认为是一个高潮，是决定当日战局的一个孤立事件。它虽然具有决定性作用，却不是孤立事件。战场上几乎所有剩下的人都在战斗。所有可用的火炮都在射击。在主路以东，埃尔隆的部下在向山坡推进，与英国、荷兰和普鲁士军队作战。战场的喧嚣震耳欲聋，以至于士兵们听不见身旁的军官或士官呼喊的命令。冲到山顶又被英荷军滑膛枪火力打退的帝国近卫军没有撤回山谷，他们而仍然在前坡上，在那里得到雷耶将军的步兵的支持，准 300 备再一次冲入恐怖的火网。他们有些混乱，但还没有被打败，而且他们的敌人也是方寸大乱。威灵顿战线的整条弯曲山岭都笼罩在浓烟中，人们看不见几步远之外发生了什么事情。我们知道，参加进攻的帝国近卫军 5 个营当中有 4 个被遏制住和打退了，但在此地以西 200 码或 300 码的亚当将军的旅却不知道此事。他们看到的只是被炮火照亮的浓烟，听到的是延续不断的大炮轰鸣、滑膛枪的脆响和呼喊。他们还听到了冲锋曲，那是法兰西武士在战鼓声中奔向荣耀的吟唱。那是第 4 猎兵团，帝国近卫军参加进攻的各营中的最后一个。他们攀上了山坡。英军第 52 团的掌旗官利克仍然看不见敌人，因为敌人还在前坡上，但他能听得见敌人：

> 鼓手们在演奏冲锋曲，据我的印象，听起来像是"噔当，噔当，噔噔噔噔，噔，噔"，然后是呐喊"皇帝万岁！"这呐喊一次又一次响起。

法军第 4 猎兵团是最后一批尝试突破威灵顿战线的勇士。但在他们的左侧山顶，亚当将军的旅严阵以待。该旅包括第 52 团，这个团来自牛津郡，兵力很强，指挥官是约翰·科尔伯恩爵士（Sir John Colborne）。约翰爵士 37 岁，经验极其丰富，参加过整个半岛战争。在那个时代，大多数军官的晋升都是买来的，用金钱为自己的攀升铺路，而科尔伯恩的每一步晋升都是凭借战功。他曾受过约翰·摩尔爵士的提携，被提升为少校。摩尔在拉科鲁尼亚战役阵亡，遗愿是让科尔伯恩晋升为中校，这个愿望得到了满足。科尔伯恩既高效又深得官兵爱戴。如今，法国近卫军第 4 猎兵团抵达了山顶高地，尝试组成横队。科尔伯恩将在此扬名立威。

　　他把第 52 团从横队中带了出去。他麾下的一半人是半岛战争的老兵，军事素养极高。约翰爵士率领他的营前进，然后调转方向，让他的部下面对近卫军猎兵的左翼。他的旅长弗雷德里克·亚当（Frederick Adam）爵士骑马过来查看他究竟在干什么。科尔伯恩后来回忆说，他当时答道，他要"让敌人的纵队感受一下我们的火力"。只有 34 岁的亚当将军明智地选择让科尔伯恩继续。他还骑马到第 71 团，命令他们跟随第 52 团。此时第 52 团已经到了前坡，侧翼暴露，很容易遭到隐藏在山谷烟雾中的敌人的袭击，但他们有能力屠戮法国近卫军，也确实做到了。他们开始向法军侧翼齐射，于是帝国近卫军的前方和左翼都遭到攻击。这攻击真是残酷。战无不胜的法国近卫军遭到不可战胜的英军的残杀。科尔伯恩的部下也损失惨重，但他们的齐射撕裂了第 4 猎兵团，而英国近卫军的正面火力也猛击第 4 猎兵团的前面几排，于是第 4 猎兵团像帝国近卫军的其他营一样，也崩溃了。他们不仅仅是后撤，而是溃散。他们被英军的齐射打垮了，拼命逃离那恐怖的滑膛枪火力。他们逃跑的时候，其他近卫军也纷纷逃窜。

　　他们溃散了，法兰西的希望也瓦解了。皇帝曾说："命运是个女人。"现在命运狠狠啐了他一脸。第 4 猎兵团溃败

了，他的大军也溃败了。法军士气瓦解，恐慌蔓延，士兵们
看到战无不胜的帝国近卫军败退逃窜，于是也抱头鼠窜。就
连拿破仑也承认：

> 好几个团……看到近卫军部分单位逃跑，以为那是老
> 近卫军，大受震动；有人呼喊："全完了！近卫军败了！"
> 士兵们甚至宣称，在某些时间，一些品行不端的人喊道：
> "大家各自逃命！"……整个战场陷入恐慌气氛；士兵们
> 凌乱地奔向我们的撤退路线。士兵、炮手、大车，全都推
> 推搡搡地逃向撤退路线。

　　这太突然了。法军猛攻威灵顿战线，激战了整个下午和晚　302
上。如今，突然间、一瞬间，法国军队就土崩瓦解了，变成了
一群张皇失措的乌合之众。

　　威灵顿骑马返回己方战线中路。在第 52 团离开横队去粉
碎皇帝的梦想之前，利克看见了威灵顿。利克说，公爵身穿
"一件蓝色大衣、克尔塞梅尔呢子马裤和黑森皮靴。他腰带上
配着剑，但没有戴绶带"。朴素的蓝色大衣和黑色三角帽特色
鲜明，让士兵们一眼就能认出威灵顿。如今，法军开始逃跑，
他在山岭中路观看了一会儿。他看到的是敌军惊恐万状地撤
退，他们即将陷入一败涂地的混乱。他观看着敌军的溃散。
有人听到他喃喃低语："既然已经开始，就干到底吧。"他脱
下了三角帽。士兵们说，就在这时，一缕斜阳透过云层，照
亮了他的身躯。他就这样站在保卫了一整天的山岭上。他向
敌人的方向挥舞帽子。他挥舞了三次，这是让联军全线推进
的信号。

并不是所有人都看到了这个信号。正如恐慌蔓延到整个法军需要时间，联军全体得知胜利喜讯也需要时间。约翰·金凯德上尉正在率领他的来复枪兵与法军散兵作战，这时：

> 突然右翼远方响起一阵欢呼，我们知道那是英军的欢呼。我们所有人都竖起了耳朵。那是威灵顿大人让我们期待已久的前进命令。欢呼声逐渐接近了，越近就越响。我们本能地也跟着欢呼起来，冲过树篱……用刺刀驱赶我们的敌人。这时威灵顿大人骑马冲到我们面前，我们的士兵开始向他欢呼。但他喊道："不要欢呼，孩子们，前进，争取彻底的胜利！"

几分钟前，第 52 团越过前坡，然后转向右侧，沿着公路向佳姻庄推进。他们误将一些英国轻骑兵当作法国骑兵，打死了一些骑兵。威灵顿在现场。他向科尔伯恩喊道："不要紧！前进！前进！"第 95 团的一些来复枪兵和科尔伯恩的营一同前进。"我从未见过这样的残杀"，第 95 团的约瑟夫·洛根（Joseph Logan）上尉写道，

> 高贵的威灵顿大人和第 95 团一同前进，不时喊道："前进，我的勇士们！"我为他的安全担忧。至于我自己，我是无所谓的。上帝呀！若他牺牲了，对英格兰来说将是多么悲惨的一天！

于是联军全线向山谷推进，不过联军已经不是一条连贯的战线，因为他们已经蒙受了太多伤亡。普军联络官冯·穆弗林

男爵回忆道：

> 步兵横队向前推进，每个队伍只是几百人的一小群，间隔极大，各处都在前进。目力所及范围之内，不计其数的红衣死者或伤员躺在地上，标示出了英国步兵曾战斗过的地方。

这是一条由死者、奄奄一息和受苦受难的人组成的红线。这是一个令人毛骨悚然的意象。在他们前方的山谷内，是更多的死伤者，以及成千上万受伤和垂死的战马。利克说：

> 有些马躺着，有些站着，无论躺着的还是站着的马都有一些在吃被踩倒的小麦或黑麦，尽管它们的腿都被炸断了……此时出现了一种特殊的气味，那是被踏平的小麦气味和火药味的混合。

联军步兵就踏过这些被踩倒的小麦和黑麦，经过垂死挣扎的马，穿过一片狼藉的战场，向前推进。"我从未见过这样的景象，"皇家骑炮兵部队的指挥官奥古斯塔斯·弗雷泽爵士回忆道，"浓烟遮天蔽日，太阳正在落山。"在这耀眼而诡异的光线下，联军开进了山谷。"任何语言都不能表达英国陆军在此刻的感受，"第 92 苏格兰高地团的罗伯逊中士回忆道，

> 他们欣喜若狂……我们没有花时间去装填子弹，现在只用刺刀……周围尽是毁灭和混乱。法军终于四散逃跑，

丢弃了他们的背包、步枪和所有笨重的东西，以及所有可能阻碍他们逃跑的东西。

英国骑兵加入了追杀，残酷无情地猛冲张皇失措的法军。第 18 骠骑兵团的亨利·杜佩里耶上尉记得自己纵马冲锋，"一瞬间，我们向法军骑兵猛扑过去，他们的反抗非常弱；他们逃跑的时候撞倒了自己的步兵"。杜佩里耶的部下很多是爱尔兰人，他们随后屠杀了一些法军炮手，然后攻击了一个混乱不堪的步兵营。法军步兵企图举手投降。"现在他们全都喊：'国王万岁！'"杜佩里耶说，"但已经太晚了，而且我们的人不懂法语，所以他们继续劈砍。"

法军皮埃尔·罗比诺上尉一整天都在徒劳无功地攻打乌古蒙，现在恐慌情绪蔓延到还在围攻乌古蒙的士兵那里。他们迅速撤退了。"我们背后遭到袭击，"罗比诺写道，

> 我们的士兵原本就战战兢兢，看到了我们的波兰枪骑兵，误以为他们是英国骑兵，喊道："我们败了！"这喊声在各处回荡，很快我们就乱作一团。大家都只想着自己逃命。满心恐惧的人是无法控制的。骑兵效仿步兵，也四散逃窜；我看到龙骑兵全速逃跑，从不幸的步兵身上踩踏过去。我有一次被撞倒了。

305　　罗比诺可能觉得"满心恐惧的人是无法控制的"，但他成功地控制了一些士兵。他举枪威胁一些龙骑兵，阻挡住他们的逃跑。他集合了约 60 人或 70 人，带领他们南下，但理智地避开了主要道路，因为联军在那里迅猛地追杀法

军败兵。他逃了出去，但在山谷内，在西沉斜阳下，杀戮还没有结束。

＊　＊　＊

法国军队死亡了，但不是一瞬间就死掉的。过了一段时间，噩耗才传到防守普朗斯努瓦的部队那里，他们一直打到晚上 9 点左右。大炮群的一些炮手在己方陆军就在他们周围崩溃的时候还在坚持射击。最后的炮弹之一从威灵顿身旁掠过，离他只有几英寸，打断了他的副将的一条腿。"上帝啊，先生，"据称阿克斯布里奇说道，"我丢了一条腿！""上帝啊，先生，"公爵答道，"你说得对。"

老近卫军还有 3 个营留在山谷内。他们还在那里，处于方阵状态，依然维持了纪律。他们在联军炮火逼迫下缓缓撤退。英军第 10 骠骑兵团的一个中队向老近卫军的一个方阵发起冲锋，被猛烈火力打退了。该团的军官弗雷德里克·霍华德（Frederick Howard）少校是卡莱尔伯爵的儿子，也是当天最晚阵亡的英国军官之一。他失去了知觉，跌落在老近卫军方阵前。一名近卫军士兵走出方阵，用枪托猛击霍华德的头部。一些惊慌失措的法军步兵企图躲进方阵内，但近卫军老兵经验丰富，不肯接纳他们。如果允许友军进入方阵，就可能为敌军骑兵打开通道，所以近卫军不加区分地向敌我都开枪射击。

皮埃尔·康布罗纳（Pierre Cambronne）将军指挥着近卫军的一个旅[①]，他就在其中一个方阵里。他们的处境已经让人绝望。英国和汉诺威的步兵追上了他们，军官们呼喊着要求近

----

① 原文有误，康布罗纳当时是老近卫军第 1 猎兵团的团长。

卫军投降。滑铁卢战役最经久不息的传奇之一就这样诞生了。

306　据说康布罗纳答道："近卫军宁死不降！"这的确是豪言壮语，但我们几乎可以肯定它是战役多年后一位法国记者虚构的。传奇的另一个版本是康布罗纳呼喊着答复："他妈的！"这两个版本都变得闻名遐迩，象征着面对不可避免失败时精彩的反抗。康布罗纳自己回忆说，他当时的答复是："我们这样的混蛋是不会投降的。"但他还是投降了。一发枪弹擦过他的头部，将他从马背上打落，失去知觉。休·霍尔基特（Hugh Halkett）中校，一个为汉诺威军队效力的英国军官，俘房了康布罗纳。康布罗纳指挥的几个方阵在滑膛枪和霰弹火力冲击下不断萎缩，变成了三角形，最后在佳姻庄附近瓦解，法国近卫军士兵也加入了惊慌失措的逃亡。

　　英军第 71 步兵团的一名军官自称打了滑铁卢战役的最后一发炮弹。第 71 团残部与约翰·科尔伯恩爵士的第 52 团一同前进。在老近卫军最后几个拼死抵抗的方阵附近，第 71 团掷弹兵连找到了一门被抛弃的法军大炮，附近还有正在燃烧的点火棒。大炮的火门伸出了一根点火管（它是用来点燃炮膛里的火药的），说明大炮已经装填完毕。托里阿诺（Torriano）中尉和他的一些士兵将大炮调转过来，对准老近卫军，用点火棒接触点火管，向老近卫军的队列开了一炮。

　　此时差不多是夜晚了。太阳已经落山，浓烟笼罩山谷，但再也没有诡异的炮口焰照亮烟团。布吕歇尔骑马经过普朗斯努瓦废墟，来到布鲁塞尔公路，在佳姻庄以南某地遇见了威灵顿。大约晚上 9 点半，两位统帅握了手。有人说他们从马背上往前探出身子，拥抱了一下。"我亲爱的战友，"布吕歇尔说，"多么厉害的一仗啊！"

战役结束一个月之后，公爵对雪莱夫人弗朗西斯说："愿上帝保佑，这是我的最后一战。"威灵顿在女人面前总是比在男人面前更直率，尤其是在和年轻貌美而聪明的女人说话时。年轻貌美而聪明的雪莱夫人成了公爵的毕生好友。"不停地打仗，是件坏事，"他告诉她，　　307

在战斗过程中，我总是非常忙碌，所以什么都感觉不到；但战斗结束之后的感觉就非常糟糕了。简直不可能想到光荣。人的头脑和情感都枯竭了。甚至在胜利的时刻，我也感觉很痛苦。我总是说，除了输掉一场战役之外，最惨的事情就是打赢。你不仅失去了曾和你同呼吸共命运的亲爱伙伴，还不得不将伤员留下。我们当然会尽可能地照料他们，但我们能做的实在太少了！在这样的时刻，胸中的每一种情感都麻木了。我现在才刚刚开始恢复自己天生的性情，但我再也不想打仗了。

战争真的结束了。

《1815 年 6 月 18 日滑铁卢战役》（细部），Nicolas Toussaint Charlet 作。
帝国近卫军的最后一个方阵。

《死战到底：康布罗纳将军的最后一战》，"近卫军宁死不降！"但他还是投降了。

《1815 年 6 月 18 日，拿破仑·波拿巴指挥的法军在滑铁卢战役全面溃败并逃跑》，英格兰画派，1816 年。

《滑铁卢战役之后，威灵顿与布吕歇尔会面》，Daniel Maclise 所作壁画的细部。威灵顿后来挥泪道："感谢上帝，我不知道打败仗是什么样子，但没有什么比打了胜仗却失去这么多朋友更痛苦的了。"

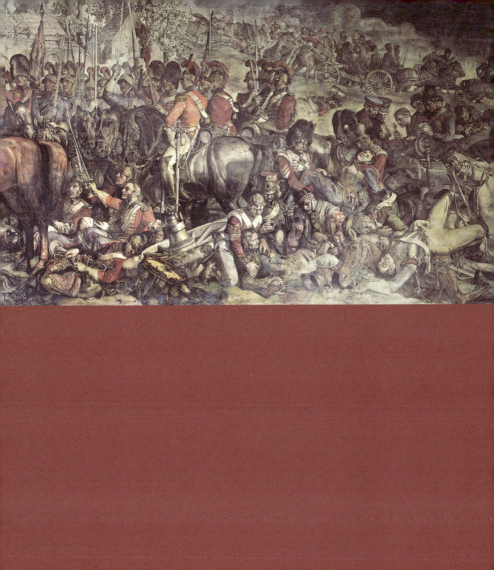

《滑铁卢战役之后》（细部），William Heath 作。

终　章

虽有千人仆倒在你旁边，万人仆倒在你右边，这灾不得临近你

　　威灵顿在夜色中骑马前往滑铁卢。他从"哥本哈根"背上下来，亲切地拍了拍它，"哥本哈根"伸出一只蹄子踢了踢。公爵非常疲惫。"头脑和情感都枯竭了。"他后来这样告诉雪莱夫人。他一定也长舒了一口气。"感谢上帝，我见过他了！"后来他曾这样说。他不仅见过了拿破仑，还在这次会面中生存下来。次日在布鲁塞尔，他告诉克里维："真是虎口脱险，我一辈子最侥幸的一次！"他还告诉克里维："上帝作证！我觉得，若不是我在那里，一定赢不了！"他这话肯定是正确的。他在给兄长威廉的信中写道. 313

　　你会读到我们绝望的鏖战和大败拿破仑的胜利!! 这是我经历过的最惊险的事情。我从来没有为一场战役费过那么多精力，也从来没有这么接近失败。我们的损失很重，尤其是最佳武器——英国步兵的损失很重。我从没见过步兵的表现这么精彩。 314

　　他在滑铁卢单独吃了晚饭。他不能睡自己的床，因为他的

一名副官躺在那张床上，奄奄一息。于是，他睡在一个草垫上。次日清晨，约翰·休姆（John Hume）医生唤醒了他，呈上伤亡清单。休姆记述道：

> 他看到清单，大受震动。我感觉到有泪水快速滴落到我手上。我抬头看他，只见他那满是灰尘的脸颊上流下一滴又一滴泪，流出一道道沟渠来。他突然用左手拭去眼泪，用充溢感情的颤抖的声音对我说："感谢上帝，我不知道打败仗是什么样子，但没有什么比打了胜仗却失去这么多朋友更痛苦的了。"

前一晚，他精疲力竭，没有洗漱便睡觉了，而公爵平素是一个对生活最为一丝不苟的人。6 月 19 日，星期一的黎明，他开始撰写给英国政府的正式报告，然后返回位于布鲁塞尔的寓所，将报告写完，然后写了几封信。其中一封信是给弗朗西斯·韦伯斯特女士的：

> 我亲爱的弗朗西斯女士……昨天，在极其艰苦和血腥的战斗之后，我大获全胜，追击法军一直到天黑之后。法军土崩瓦解，我相信我缴获了 150 门大炮，我的士兵累得要死。布吕歇尔追击了一整夜，他今天早上送来消息，说他又缴获了 60 门炮。我军损失很重。阿克斯布里奇勋爵、菲茨罗伊·萨默塞特勋爵（Lord FitzRoy Somerset）、库克将军、巴恩斯将军和伯克利上校负伤；德·兰西上校、坎宁、戈登、皮克顿将军阵亡。上帝佑护我，我毫发未伤。

关于德·兰西上校，公爵的说法是错误的。德·兰西还活 315
着，不过伤得很重。战役快结束时，一发炮弹从他后背擦过，
皮肤虽然没有破损，肋骨却被震断了。他是威灵顿的副军需
长，肯定是威灵顿的朋友之一，所以威灵顿因他的"牺牲"
而悲哀。威廉·德·兰西生于纽约，父母是保王党人，在美国
独立战争时失去了财产。他们举家迁往英格兰，威廉的军旅生
涯颇为优异，参加过半岛战争，赢得了威灵顿的信任。1815
年4月，德·兰西（此时的名号是威廉爵士）迎娶了苏格兰
姑娘玛格达莱妮·霍尔（Magdalene Hall）。公爵要求德·兰西
当他的副军需长，玛格达莱妮陪同丈夫到了佛兰德。德·兰西
夫人在战役之前去了安特卫普，但很快返回，在圣约翰山一座
农舍找到了身负重伤的丈夫。她悉心照料丈夫，他似乎能够奇
迹般地生还，但在6月26日，星期一，也就是负伤八天之后，
威廉爵士去世了。玛格达莱妮悲痛欲绝。他们结婚还不到三个
月。她后来记述了自己的爱情悲剧，题为"滑铁卢的一周"
（*A Week at Waterloo in* 1815）。

普军承担了彻夜追击法军的任务。这么安排是有道理的。
英荷军和普军之间已经发生了不少误击事故，而在月光下这种
错误更容易发生。格奈森瑙组织了追击作战，聪明地让鼓手骑
着马参加追击，让法军误以为普军步兵已经接近。普军一直追
到午夜过后，让法军愈发狼狈，将拿破仑军队的幸存者驱散，
屠杀逃亡者。布吕歇尔在热纳普（通往四臂村道路上的小镇）
过夜，于次日早晨给妻子写了一封信：

> 敌军占据兵力优势，所以我不得不在17日彻夜追击，
> 但在18日，我与我的朋友威灵顿配合，一劳永逸地彻底

316 结束了波拿巴的表演。他的军队被彻底击溃，他的全部火炮、辎重、弹药车和装备都落入我军手中；他曾佩戴的所有勋章和徽章都被送到我手里。有人在他马车的一个箱子里发现了这些东西。昨天我有两匹坐骑被打死。

"我的朋友威灵顿"的说法表现出了布吕歇尔的慷慨精神，而格奈森瑙完全没有这种慷慨，威灵顿也没有。格奈森瑙确实承认英军打得"非常勇敢"，但他对威灵顿的看法始终没有改善。

热纳普的狭窄桥梁对撤退的法军来说是一个巨大障碍。辎重车造成了严重的交通堵塞，完全堵住了街道，以至于逃跑的士兵不得不从大车底下匍匐前进，以抵达桥梁。拿破仑找到了自己的马车，但车夫无法穿过村庄，所以皇帝不得不放弃马车。几分钟后，普军骑兵赶到，缴获了他的马车。拿破仑还抛弃了大量珠宝。法军的资金被大车运到了沙勒罗瓦，又被交通堵塞阻挡住，在那里被逃跑的法军士兵大肆掳掠。败兵用剑和刺刀戳破了装金币的袋子。

拿破仑得到一匹马，在一小群帝国近卫军的护卫下，继续南下。在四臂村的月光下，皇帝看到战场上遗留的成千上万赤裸裸的死尸——死者全被当地农民剥得精光，抢走所有衣服和财物。他避开了沙勒罗瓦的拥挤人群，于星期一上午 9 点越过法国边境，停在那里。他口述了一封给自己的兄长约瑟夫（留在巴黎担任他的副手）的信。"全完了，"皇帝写道，

我估计，算上我的全部兵力，应当还剩 15 万人。国民自卫军和一些勇敢的营能有 10 万人；各新兵营有 5 万

人。那么，我现在一共有 30 万人可以面对敌人。我可以用拉车的马拖曳大炮；我可以征募 10 万新兵……我要动身去拉昂，在那里肯定可以找到一些部队。我还没有格鲁希的消息。我担心他已经被俘。如果他没有被俘，我在三天内还会有 5 万人。

317

他这是在搭建空中楼阁。格鲁希得知滑铁卢的噩耗后心惊胆寒。他在瓦夫尔取得的胜利是毫无意义的。但他秩序井然地撤退，将 2.5 万人安全地带回国境线之内。然而不管拿破仑做什么谋划，他败局已定。皇帝于 6 月 21 日（星期三）抵达巴黎，发现这座城市已经因为惨败的传闻而骚动不安。埃米尔·拉布雷托尼埃尔在星期日听到荣军院礼炮宣告胜利的假消息时欢呼雀跃，如今得知了惨败的传闻，来到爱丽舍宫，那是拿破仑的夏季官邸：

> 宫殿庭院内到处是满身尘土和汗水的马。不断有副官抵达，他们看上去精疲力竭。帝国近卫军的好几名骑兵凄凉地坐在一条长凳上，而他们的马被挂在院子里等候。其中一名骑兵的脸上包扎着一条黑色围巾。整个景象流露出羞耻和悲痛。

法国给了拿破仑最后一次机会，而这个机会在圣约翰山的山谷丧失了。议会下院再也不肯支持皇帝。布吕歇尔和威灵顿在率军南下，进军巴黎，奥军已经越过了法国东部边境，俄军也快来了。拿破仑为自己的命运暴跳如雷，然后接受了命运。巴黎于 7 月 4 日向联军投降，不过联军部队直到 7 日才入城。

此时拿破仑已经退位。他在位于马尔梅松（Malmaison）的约
瑟芬家中，考虑移民美国。他订阅关于美国的书籍，然后去了
罗什福尔（Rochefort），希望在那里找到一艘船去新大陆。然
而，他发现英国海军已经封锁了罗什福尔。他向英国皇家海军
"柏勒洛丰"号（就是特拉法尔加战役成名的"比利恶棍"）①
的梅特兰船长投降，开始了去往圣赫勒拿岛的旅程。

318　　　　在遥远北方的热纳普，泥地里还散落着数千份宣言书。这
些宣言是在巴黎印刷的，不过宣言抬头声称它是从"布鲁塞
尔的拉肯王宫"发布的。宣言书是写给比利时人民的：

> 我的敌人的短暂成功让你们在短期内脱离了我的帝
> 国，但我在海岛流亡期间听到了你们的哀叹之音。战争之
> 神已经决定了你们的美丽省份的命运：拿破仑来到你们当
> 中了！你们有资格成为法国人！崛起吧，加入我不可战胜
> 的大军，消灭与你们和我为敌的残余野蛮人；他们会满怀
> 愤怒与绝望地逃窜。

然而，满怀愤怒与绝望地逃窜的是皇帝。现在普鲁士人决
心要将他处死。格奈森瑙写信给冯·穆弗林（目前仍然在威
灵顿身边担任联络官），要求公爵同意处决皇帝。"那是永恒
正义的要求，也是 3 月 13 日宣言②所要求的，我军将士的流
血牺牲……才能得到报偿。"

---

① 柏勒洛丰（Bellerophon）为希腊神话中骑着飞马的英雄，英国水兵们不
识典故，将其误读为发音相近的"比利恶棍"（Billy Ruffian）。
② 即维也纳会议于 1815 年 3 月 13 日公布的宣言，宣布废黜拿破仑，让路
易十八复辟。

穆弗林转达了普鲁士方面的要求。普鲁士还向巴黎临时政府发布了最后通牒，称必须将拿破仑交出，"无论死活"，布吕歇尔才肯接受停战。穆弗林记载道：威灵顿公爵

> 震惊地瞪着我，首先质疑了普鲁士方面对 3 月 13 日《维也纳宣言》的解释是否正确，因为该宣言的本意绝不是用来杀掉拿破仑……这样的行为将让我们的名字在史册中被永久玷污，后世会说，我们不配成为拿破仑的征服者。

"若各国君主希望处死他，"威灵顿辛辣地写道，"那么就指定一个刽子手吧，但不能是我。"格奈森瑙总是抓住一切机会指控威灵顿有不可告人的、狡猾的动机，称威灵顿这一席话为"戏剧性的仁慈"。普鲁士人虽然不情愿，但还是在这一点上让步了。这不是反法同盟内部唯一的分歧。另一个比较小的争议是，布吕歇尔希望将 6 月 18 日战役称为"佳姻庄战役"，德国至今仍然使用这个说法；但威灵顿主张"滑铁卢战役"。法国人一般将此役称为"圣约翰山战役"。联军占领巴黎之后，普军希望炸毁耶拿桥，塞纳河上这座桥梁的名字是为了纪念 1806 年拿破仑大败普军的耶拿战役。威灵顿觉得普鲁士人在无理取闹。桥是多么有用的东西！炸桥有什么意义？雪莱夫人告诉我们，公爵挽救了这座桥：

> 他简单地在桥上部署了英国哨兵……普军企图将哨兵赶走，因为他们决心炸桥。但哨兵就是不肯离开岗位。"你们要炸就炸吧，"哨兵说，"但我不会走。"他一言既

出，驷马难追，桥就这么得救了！

拿破仑于 6 月 21 日抵达巴黎。同日，英军第 14 轻龙骑兵团的亨利·珀西少校抵达了伦敦。他到的时候已经是晚上，天气很热。他去了唐宁街 10 号，给陆军大臣巴瑟斯特伯爵（Earl Bathurst）送去威灵顿的报告。他经指点去了格罗夫纳广场，伯爵正在那里用晚餐。珀西从那里被派往圣詹姆斯广场，将捷报送给摄政王，后者正在参加舞会。珀西六天前参加了里士满公爵夫人的舞会，后来没有机会换下丝袜和舞鞋，就上了战场。此时他的丝袜和舞鞋都满是泥巴。摄政王所参加舞会的女主人是一位商人的妻子贝姆（Boehm）太太，她很富有，能够把贵族吸引到她举办的舞会和宴会。多年后，她向朱利安·杨（Julian Young）牧师描述了这个夜晚的事件，牧师记载了她的话。当晚大约 10 点，贝姆太太：

320　　　　走到摄政王面前，问殿下是否允许舞会开始。第一支夸德里尔舞①正在开始的过程中，摄政王走到他的座位所在的高台上，这时我看见所有人都丝毫不顾礼节，涌到窗户边。因为天气特别闷热，所以窗户是敞开的。音乐戛然而止，舞会中止了；因为我们满耳朵都是拥挤人群的吵闹喧嚣。这些人刚刚走进广场，在一辆四轮马车旁奔走。马车的窗户里悬挂着三面丑恶的法国鹰旗。一瞬间，马车的门被猛地打开，亨利·珀西不等梯子放下，就跳下车来，风尘仆仆！他两手各拿一面鹰旗，推开所有挡住他去路的

---

①　18 世纪末 19 世纪初在欧洲流行的一种方阵舞，由四对舞伴参加。

人，快步跑上楼梯，走进舞厅，匆匆走到摄政王面前，单
膝跪下，将鹰旗摆在他脚下，然后宣布："胜利！先生！
胜利了！"

三面鹰旗？叙述中是这么说的，威灵顿的正式报告也提及
三面鹰旗，但贝姆太太说珀西少校两手各拿一面鹰旗，说明只
有两面。第三面鹰旗其实可能是一面骑兵三角旗。贝姆太太听
到捷报应当高兴，然而她只觉得自己的舞会被毁了。杨牧师用
不无讥讽的笔调记载了贝姆太太的想法：

> 为宾客准备的山珍海味摆在餐厅，没有人碰……我们
> 所有的麻烦、焦虑和花销，全都白费了。为了什么呢？我
> 该怎么说？啊，我必须说出来！为了不合时宜的滑铁卢胜
> 利的捷报！当然，想到我们打败了那些恐怖的法国人，我
> 们应当高兴；但我始终觉得，最好还是让亨利·珀西静悄
> 悄地等到第二天早上，而不是像这样闯进来，这么匆忙太
> 不体面了。

她还说，或者亨利·珀西能懂些礼数，把捷报小声告诉摄
政王，而摄政王"一定会照顾我的感受，等到第二天早上再宣
布消息"。她的这种希望一定会落空的，因为舞会的一位客人记
载了摄政王听到捷报后的反应。这位客人在给丈夫的信中写道，
摄政王"陷入了一阵女人般的歇斯底里。我们洒水到他脸上，
希望他冷静下来。但那不管用。给他喝了点葡萄酒，效果才比
较好。他狂饮波尔多红葡萄酒，淹没了自己的情感"。

喜讯于次日抵达爱丁堡。在此之前有谣言称，英军惨败，

普军被全歼，威灵顿在四臂村被狠揍。并非所有人都相信这谣言，有人打赌看是真是假。随后，官方的消息从伦敦送来了。律师詹姆斯·泰勒在法庭上得知了喜讯：

> 送来捷报的信使很快到了法庭，法官们正在审案。外厅的欢呼声传到内厅。案子肯定是审不下去了。法官宣布休庭。法官、律师、代理人和官员们都很快跑到街上。大街小巷已经挤满了欢呼雀跃的市民。没有人待在家里。学校也没人管了。生意暂时中止，群众欢呼着决定放假一天。

爱丁堡城堡的 24 磅炮鸣了 19 响礼炮。送来伦敦报纸的邮车上装饰着花环，悬挂显眼的旗帜。打赌输掉的人向赢家付了钱。据泰勒说，这些赌资被迅速捐给抚恤滑铁卢战役伤员与孤寡的基金会。

322　　　伤员与孤寡实在太多了。

∗　∗　∗

捷报是在星期三抵达伦敦的。当夜，也就是战役结束整整三天之后，战场上仍然躺着一些没有得到救治的伤员。最后一批伤员直到星期四才得到营救。很多伤员若是及时医治，可能会活下来，然而在此期间死去了。死尸堆积如山。半岛战争的来复枪兵英雄哈里·史密斯少校在战役结束后骑马游历了战场：

> 我到过许多战场。但除了新奥尔良的一个地方和巴达

霍斯的突破战之外，我从来没见过能和我眼前景象相提并论的。在滑铁卢，整个战场从右到左到处是成堆死尸。在一个地方，拉艾圣的右侧，法国胸甲骑兵简直是一个堆在另一个身上。很多没有负伤的士兵被自己的马压在身下；有的人伤很重，有时被他们的马压着，马还在挣扎。这景象令人作呕。在战场上，到处都能看到军官和被允许离开队伍的士兵倚靠着战死或者垂死的兄弟或战友哭泣。战役是在 6 月 18 日（星期天）打的。我背诵了当天要吟诵的《诗篇》（*Psalms*）第 91 章第 7 节的诗句："虽有千人仆倒在你旁边，万人仆倒在你右边，这灾却不得临近你。"

夜间，有匪徒到战场上抢劫死者和伤员身上的财物，伤员若是反抗，就被杀害。男女匪徒用钳子摘掉死者的牙，以至于多年后假牙还被称为"滑铁卢牙"。

有些伤员被送到滑铁卢。拿骚步兵约翰·多林（Johann Doring）中士在战役次日随部队穿过这个小镇：

> 我们经过滑铁卢的最后一片房屋时，看到一座谷仓前 323 堆满了截下来的胳膊和腿，有的还带着军服的碎布。外科医生们卷着袖管，就像屠夫一样，还在忙碌。那场面看上去就像一个屠宰场。

还有一些伤员被一直送到布鲁塞尔。在那里，由于缺少床位，他们被安顿在城市广场，睡在稻草上。来复枪兵爱德华·科斯特洛看到这景象，大为震惊：

　　这景象令人难以想象，更无法描摹：数千名负伤的法国、比利时、普鲁士和英国的士兵；大车、马车和各式各样的车辆不断抵达，车上堆满了受苦受难的人们。伤员不分敌友，全被安顿在稻草上，伤员之间留出通道，城市各部分都挤满了伤员，几乎完全没有得到诊治。但布鲁塞尔的美丽女士们充满了人道精神，她们不知疲倦地辛劳，大大弥补了这一缺陷。很多妇女投身于忙碌的服务，有的包扎伤口，有的送来茶水、咖啡、汤和其他抚慰人心的饮食。

外科医生查尔斯·贝尔在英国得知了滑铁卢战役的消息，自费来到布鲁塞尔。令他震惊的是，他看到伤员还在被陆续从战场送来。最糟糕的情况发生在一家医院里，负重伤的法军士兵被带到那里，但那里没有医生。贝尔从早上 6 点开始做手术，一直工作到晚上 7 点，连续这么干了三天：

　　做外科手术的所有体面很快都被抛在脑后。有一次，我在给一个人的大腿截肢时，旁边有 13 个人在等待，都哀求我下一个给他们治；一个伤员苦苦哀求，另一个提醒我曾答应下一个轮到他，还有一个伤员在咒骂。我的衣服浸透了血，变得僵硬，我的胳膊因为不断使用手术刀而累得软弱无力，这真是一种奇怪的感觉。

我们恐怕永远没有办法知道，究竟有多少人在滑铁卢阵亡或负伤。当然各团有自己的记录，但在战役之后的混乱中，数千人下落不明，最后有机会清点人数的时候，没有办法知道这些没了踪影的人是当了逃兵，被俘了，还是已经伤亡。法军尤其是这样。我们知道，战役开始时，拿破仑有约 7 万人，大约一周之后的清点表明，有超过 4.6 万人下落不明。马克·阿德金对此役的数据做了非常仔细的研究，他给出了最佳的估计。威灵顿指挥的英荷军在战后有 1.7 万人下落不明，其中有 3500 人阵亡，1.02 万人负伤，其余的当了逃兵。大多数逃兵是荷兰 – 比利时人，他们距离家园很近；还有坎伯兰公爵骠骑兵团的人也大量逃跑，这个团虽然名字是英语的，但其实是一个汉诺威骑兵团，他们干脆溜之大吉。普军在利尼战役、撤往瓦夫尔和滑铁卢战役的三天损失惨重，共损失了 3.1 万人。其中 1 万人在撤退过程中逃跑，其余的是战场伤亡。普朗斯努瓦的战斗特别凶残，那里有约 7000 名普军伤亡。法军的损失比这多得多。在滑铁卢可能有超过 3 万法军伤亡，但这个数字只是估算。我们知道英军有 840 名步兵军官参加了四臂村和滑铁卢的作战，其中将近一半阵亡或负伤。英军骑兵有 1/3 的官兵阵亡或负伤。苏格兰皇家第 1 步兵团的 37 名军官损失了 31 人。第 27 步兵团的 19 名军官损失了 16 人。6 月 18 日夜幕降临时，战场上可能有大约 1.2 万具尸体和 3 万 ~ 4 万名伤员，全都在 3 平方英里范围内。很多伤员将在随后的一些天内死亡。英军第 32 团有 28 人阵亡，146 人负伤，但伤员中有 44 人在随后一个月内死亡。

联军雇佣当地平民清扫战场。他们挖掘了壕沟来掩埋联军 325死者，不过壕沟深度不够，一位游客说看到人脸和肢体露出了地面。法军的尸体则被火葬。战役结束十天后，参观战场的一名游客看到了乌古蒙的火葬柴堆：

> 柴堆熊熊燃烧了八天，到那时燃料完全是人体油脂。

人的大腿、胳膊和腿脚堆积如山，大约 50 名工人用手帕捂住口鼻，用长长的叉子翻动大火和骨骸。

一年后，当地仍然可以清楚地看到死人的遗迹，有些是被寻找纪念品的人挖出来的。最后，一家公司签了一个合同，去收集看得见的骨骸，将其磨碎，用作肥料。

* * *

战役结束了，但争议没有消失。战役的胜利者是谁？这个问题似乎有些可笑，但它在许多年里引发了许多激烈争吵，激起了不少怒火，如今仍然如此。但至少有一种理论可以被否定了。维克多·雨果在他的名著《悲惨世界》中满怀激情地描写了滑铁卢战役，但创造了好几个至今仍然被法国人信以为真的神话。他声称："法军胸甲骑兵消灭了英荷军 13 个方阵中的 7 个，缴获或破坏了 60 门火炮，并缴获了英军的 6 面团旗。3 名胸甲骑兵和 3 名近卫军猎兵将这些旗帜呈给了皇帝。"这是假的。英荷军没有一个方阵被突破，没有一门大炮被法军破坏，也没有一面英军旗帜被俘获。雨果还声称，乌古蒙守军将战俘活活扔下了农庄的水井：

> 这井很深，变成了一座墓穴。300 具死尸被投入井里。或许投得太匆忙了。他们全都死了吗？传说他们并没有全死。在他们被埋葬于井内的夜晚，有人听见井里传出微弱的呼喊。

考古学家勘察了这口井，没有发现任何人类的遗迹。活人在井底缓缓死去的传说是维克多·雨果虚构的。他问道："拿破仑有没有可能打赢这场战役？我们的回答是，不可能。是因为布吕歇尔吗？不，是因为上帝。"这种说法让胜利者的身份有些模糊不清了，这也是雨果有意为之。他宣称，滑铁卢战役不是一场战役，而是"宇宙的运转改变了方向"。这样的传说和抒情将滑铁卢战役提升到了神话层面，仿佛法军不是被光明正大地打败的，而是宇宙命运的牺牲品。

"苗条的比利"相信自己是本次战役的胜利者。他在给父母的信中写道："我们今天大败拿破仑……作战主力是我的军，我们赢得胜利要感谢它。"更公正的说法应当是，联军的胜利与其说要感谢他，不如去感谢那个一枪打中奥兰治亲王肩膀的法军散兵。

威廉·利克牧师提出了一种更有说服力的观点。1866 年，他出版了自己的著作《西顿勋爵团（第 52 轻步兵团）在滑铁卢战役的历史》［*The History of Lord Seaton's Regiment（The 52nd Light Infantry）at the Battle of Waterloo*］。该书的前言写道："世人越来越普遍地理解到，西顿勋爵（Lord Seaton）和第 52 轻步兵团蒙受了极大冤屈。"西顿勋爵就是约翰·科尔伯恩爵士，他在担任上加拿大副总督期间表现突出，于 1839 年获封爵位。利克抱怨称，科尔伯恩和第 52 团是打败帝国近卫军的功臣，却没有得到足够的认可。该书的广告词用粗体字印在书名页上，写道：

　　本书作者认为，西顿勋爵和第 52 团在未曾得到第 1 近卫步兵团或其他部队支援的情况下，孤军奋战，光荣地击败了正在向英军阵地发动最后总攻的部分法兰西帝国近卫军，约 1 万人。

利克声称，第52团：

> 独自从英军阵地前进了300码或400码，然后单枪匹马地攻打并击溃了法兰西帝国近卫军的两个强大纵队，共约1万人。我们还亲眼看到，法军吃了这个亏之后，全军就败退了……

利克是个肌肉发达、非常虔诚的基督徒，因为信守安息日而得到很多磨砺，他在很多年里奉行安息日的礼拜仪式。他还长期为英国陆军信奉新教的官兵"被强迫"参加"罗马天主教和希腊教会的亵渎神灵的仪式"而愤愤不平。所谓英国官兵"被强迫"，指的是克里米亚战争期间英国参战时采取的一些无伤大雅、无关紧要的临时性措施。利克牧师虽然是个教士，却激情澎湃，他的著作引起了不小的轰动。

约翰·科尔伯恩爵士在滑铁卢的行动无疑是非常勇敢的，也收到了奇效。他自行决断，率领第52团离开横队，将其带到帝国近卫军第4猎兵团侧翼，向其队列倾泻了毁天灭地的火力。有一个问题是，帝国近卫军的最后一次进攻有没有抵达山岭中路。第52团的军官帕特里克·坎贝尔（Patrick Campbell）曾经历过半岛战争中一些最艰苦的战役。他写道，第52团发动侧翼攻击的时候，法国近卫军已经"在混乱地撤退"，这说明英国近卫军已经击败了敌人，第52团只是补了一刀而已。让这个问题愈发复杂的是，第52团另一位经验丰富的军人约翰·克罗斯（John Cross）上尉相信，是科尔伯恩营的火力迫使法军纵队停止前进："法军纵队被第52团散兵的火力击中的那一瞬间，他们就止步不前，似乎出现了混乱，向第52团

猛烈射击。"克罗斯声称当时英国近卫军"静止不动，没有开　　328
枪"，这说明法军最后一个营还没有进入英国近卫军的射程。
那么，如果克罗斯和利克是正确的，第52团就是打退帝国近
卫军最后一次进攻的大功臣。但利克说第52团"单枪匹马
地"打败法国近卫军，肯定是错误的，因为英国近卫军已经
击败了法国近卫军的一次规模更大的进攻，山岭较远处的荷兰
和比利时部队也打退了法国近卫军。

利克可能根本不知道法国近卫军那些较早的进攻。战场上
有太多硝烟、噪声和混乱，所以利克极不可能知晓他所在的营
左侧上坡处发生了什么事情，也不大可能知道山坡更东方的情
况。何况他是个17岁的小角色，第一次参加实战，在第52团
横队的中央捧着团旗。该营的横队有两排，每排半个连，两排
间隔十步。我们几乎可以肯定利克在横队最后方，那里最容易
保护团旗。如果是这样，他的视野肯定更加有限。第52团也
没有像利克说的那样击败了法军两个纵队。他们攻击的是法国
近卫军的最后一个营，但另外4个营已经被打下山坡了。1万
人？在恐怖的交火中，科尔伯恩的士兵损失惨重，一定觉得敌
人非常强大，足有1万人，但法国近卫军的总人数并不到
1万。

约翰·科尔伯恩爵士本人的记载是，击败法国近卫军的功
劳应当由第52团、英国近卫军和"F.亚当爵士的旅和亨利·
克林顿爵士的师向敌人侧翼发动总攻"来分享。这些友军的
帮忙都不会减少约翰·科尔伯恩爵士的积极主动性和辉煌战绩
的光辉。他的举动非常勇敢，并且光荣。利克和第52团的其
他一些军官觉得自己的团没有在公爵的报告中得到特别嘉奖，
感到委屈。他们这么感觉，是有道理的。公爵提及了英国近卫

军，说他们"树立了榜样，受到全军的效仿"。这话让利克十分不满，他觉得自己的营理应得到同等表扬。其他团的幸存者也可能有同样的感觉。第92团以寡敌众，用刺刀遏制住了埃尔隆的纵队之一，将其击退。第27团防守着公爵战线最薄弱的环节，几乎全军覆没。这些单位都为胜利做出了贡献。公爵晚年的时候有人问他，他最遗憾的是什么。他的回答是，他遗憾自己没有多多赞扬别人。利克的抱怨肯定来源于此。利克看到公爵在报告中将主要功劳给了英国近卫军，感到委屈，于是写了一本言辞激烈的书来驳斥，但第52团并没有"单枪匹马地"击溃法军，英国近卫军也没有这样的功绩。

最激烈的争吵发生在格奈森瑙支持者与威灵顿拥护者之间。格奈森瑙对公爵的苛评和谩骂一直延续到今日。宽泛地讲，格奈森瑙对威灵顿的指控是，威灵顿没有认可普军的功劳，将胜利全部据为己有。但也有一些更具体的指控。格奈森瑙认为，威灵顿在利尼和四臂村战役之前故意欺骗盟友；没有兑现去利尼援助布吕歇尔的诺言；在战役之后，威灵顿还利用自己的名望和地位来压制"普军挽救战局"的说法。

第一项指控最严重。格奈森瑙说，早在6月15日，即利尼和四臂村战役的前一天，威灵顿就得知了法军集结的情况，但为了自己不可告人的阴险目的，假装直到当晚才知道。如果我们要相信这种指控，就要相信，给威灵顿送去消息的那名普鲁士军官在布鲁塞尔只告诉了威灵顿一人，法军即将发动进攻。我们不禁要问，公爵隐瞒这个消息，对他有什么好处呢？通常的回答是，那样的话就可以使布吕歇尔暴露在敌军面前，威灵顿就有了撤退的时间。这毫无道理。如果公爵这么害怕与法军交锋，他为何不在得知消息后立刻撤军？这个问题实在太愚蠢。还有，如果布吕歇尔被打败，对公爵有什么好处？整个战役的前提就是联军必须互相配合。联军一开始就知道，仅凭威灵顿或布吕歇尔，都不足以打败皇帝，所以他们必须合兵一处。如果公爵故意让布吕歇尔暴露在敌军兵锋下并被击败，那么等于是确保自己的军队也一定会失败。布吕歇尔的确吃了败仗，但普军并未被击溃，而是顽强生存下来再战，所以本次战役于千钧一发之际维系下来。联军最后取得胜利，是因为布吕歇尔做出了撤往瓦夫尔而非列日的勇敢决定，而他之所以能做这样的决定，是因为他坚信威灵顿做好了战斗准备。威灵顿之所以愿意死守圣约翰山，是因为他坚信布吕歇尔一定会来援助他。简言之，联军之所以打赢了本次战役，是因为布吕歇尔和威灵顿互相信任。要说威灵顿不顾盟友对自己的信任去欺骗盟友，是极不可能的，也不符合我们对威灵顿性格的了解。

　　关于第二项指控，威灵顿有没有向布吕歇尔承诺，要去利尼支援他？答案很简单，他做出了承诺，但条件是他自己没有遭到攻击。他确实遭到了攻击，所以没有机会去援助普军。他的承诺是有条件的，是在布吕歇尔与威灵顿在布里的风车会面时许下的。普鲁士方面对此次会面的记载没有提及"如果我自己没有遭到攻击的话"这样的条件，而冯·穆弗林记载了这句话。冯·多恩伯格（von Dornberg）将军是普鲁士人，但在英国陆军服役，他回忆了类似的话。他说，威灵顿的说法是："我要看看敌人的情况，我有多少兵力已经抵达，然后见机行事。"但普鲁士方面有三份记载称，公爵不仅承诺要来援助，甚至告诉了布吕歇尔，他将在何时抵达。不过其中一份资料说公爵预计自己抵达的时间是下午 2 点，第二份资料说是 3 点，第三份资料来自冯·克劳塞维茨（他根本不在现场），说

330

是下午 4 点。这些说法是非常可疑的。威灵顿已经亲眼看到位于四臂村的法军，极不可能许下一个自己知道很难兑现的诺言。他预计在四臂村必有一战，一定提醒了他的普鲁士盟友这种很大的可能性。格奈森瑙一直责怪威灵顿造成了利尼战役的结果，说此役是"我们被他害得输掉了"，但此事更能揭露格奈森瑙的心胸狭隘，而不是威灵顿不诚实。

331　　　还有一个问题是，两位统帅是面对面直接交谈的，还是借助于翻译？威灵顿的法语很流利，但不懂德语。布吕歇尔不懂英语，法语很差。滑铁卢战役结束后，布吕歇尔与威灵顿见面时说："多么厉害的一仗啊！"公爵开玩笑说，布吕歇尔只会说这么一句法语。但布吕歇尔的参谋长格奈森瑙既懂法语，也会说英语。我们怀疑，在布里，是格奈森瑙说了大部分的话。我们知道，威灵顿建议普军将步兵部署在利尼的背坡上，回答他的不是布吕歇尔，而是格奈森瑙，而且格奈森瑙的答复非常愚蠢："普鲁士人喜欢看着敌人。"格奈森瑙不是傻瓜，这个轻蔑怠慢的回答几乎到了狂妄无礼的程度。这说明格奈森瑙即便到此时仍然无法克服自己对英国人的憎恶和对威灵顿的不信任。布里的风车下可能有一次会议，但留存至今的文献表明，双方的交流并不多。对此事的讨论充满了猜疑和误解。布吕歇尔似乎对他的"朋友"威灵顿没有怨言，如果布吕歇尔觉得自己被威灵顿骗了，肯定不会默不作声的。

　　　何况格奈森瑙自己也有食言的行为。18 日，他派遣普军去援助威灵顿时，他的参谋工作可以说是粗心大意，或者是故意制造障碍。他为什么将离战场最远的军首先派去？他为什么做了那样的安排，导致两个军的行军路线在一个十字路口交叉？难道格奈森瑙坚信威灵顿一定会输，所以故意延缓了普军的行军？最有可能的真相是，这些安排是在匆忙混乱中做出的。派遣冯·比洛的军先去也是有道理的，因为它没有参加利尼血战，实力完好，而且没有人能预料到一个粗心的面包师竟然点燃了自己的房子。但如果一定要用责难来玷污联军的伟大胜利，我们必须记住，指控不应当是单方面的。

威灵顿有没有贬低普军的贡献？有证据表明他有这样的意思，不过是在战役结束很久之后。在正式报告中，他用赞美之词认可了普军的贡献：

> 我必须承认，这艰苦一日的胜利，要归功于我从布吕歇尔和普军那里得到的热情而及时的支援。若不承认这一点，就违逆了我自己的情感，对布吕歇尔和普军也不公正。比洛将军对敌军侧翼的打击是一次非常有决定性的行动。即便我没有机会发动制胜的攻击，比洛将军的行动也会迫使敌军在败阵之后撤退。即便敌军的攻势得手，比洛将军的行动也能阻止他们继续扩大战果。

332

这似乎很清楚了，普军的干预是"非常有决定性的"。格奈森瑙阵营抱怨称，公爵仍然将最终胜利归于自己的进攻。但公爵这么说肯定是有道理的。法军崩溃的直接动因是帝国近卫军被打败，而他们是被威灵顿军队打败的。公爵没有否认，如果不是普军吸引了拿破仑的预备队去保卫普朗斯努瓦，法国近卫军的进攻一定会造成更严重的后果。胜利是联军共同取得的。

随着时光流逝，公爵无疑希望独占大部分功劳。滑铁卢战役是他战功的巅峰，是打败了拿破仑的胜利，公爵由此获得了不可撼动的英国最伟大英雄的地位。他拒绝谈论滑铁卢战役，也不肯向作家们提供任何信息（他非常讨厌作家）。他说，讲述一场战役的故事是根本不可能的。但在 19 世纪 30 年代，英国陆军军官威廉·西伯恩想出了一个主意，即建造一个巨大的滑铁卢战役模型，比例尺为 9 英尺：1 英里。模型被制作出来，现存放于切尔西国家陆军博物馆。这是一座庞大的令人肃然起敬的模型，有超过 7 万个士兵模型展现了"危机"时刻（西伯恩指的是打败帝国近卫军的时刻）三支大军的状态。西伯恩在滑铁卢居住了几个月，以熟悉战场地形地貌，并在陆军的协助下，给几乎每一位仍然在世的参战军官写信，请求他们写下对战役的回忆。由此得到的回信构成了一套独特的目击者记述档案。

333　　公爵不肯撰写自己的回忆，尽管他似乎对西伯恩的工作不满意。1837 年 3 月，菲茨罗伊·萨默塞特勋爵写信给西伯恩。在滑铁卢战役期间，菲茨罗伊·萨默塞特是公爵的军事秘书［他后来的称号是拉格伦勋爵（Lord Raglan），在克里米亚战争扬名］，与公爵很亲近。他给西伯恩的信的笔调相当和蔼，但指出：

> 　　我仍然觉得，对于你希望展现的那个时刻而言，普军的位置不对。看到你的作品的人会觉得，战役胜利的原因不是英军的英勇奋战和英军统帅的卓越领导，而是普军的侧翼行动。

西伯恩表示愿意对模型进行修改，但政府已经购买了模型，所以来不及修改了，于是我们今天看到的模型仍然是菲茨罗伊·萨默塞特反对的那种样子。模型很可能是准确的。随着年龄增长，公爵可能的确贬低了普军的贡献。这是虚荣的表现，但他就是一个虚荣的人，也有很多值得虚荣的功绩。1821年，公爵得知拿破仑死讯后，对哈丽雅特·阿巴思诺特（Harriet Arbuthnot）（可能是他所有女性朋友中与他最亲近的一位）说："现在，我或许可以说，我是在世的所有将军中最成功的一位！"他对此肯定很自豪，因而讨厌看到任何可能减损他名望的事情。

滑铁卢战役的胜利是联军的胜利。联军的打算是这样，后来的结果也是这样。如果威灵顿有一瞬间觉得普军会辜负他，就绝不会留下来决战。如果布吕歇尔觉得威灵顿会临阵脱逃，也不会进军。普军抵达战场的时间确实比威灵顿希望的要晚，但可能恰恰是这一点促成了战役的胜利。如果布吕歇尔早到两三个小时，拿破仑就可能脱离接触，率军撤退。但普军发起干预的时候，法军已经几乎完全卷入战斗，无法脱离战场。皇帝不仅仅是吃了败仗，而且是一败涂地。

334

雪莱夫人弗朗西斯曾问威灵顿，他在四臂村战役之前是否感到措手不及。她指的是里士满公爵夫人举行舞会的那个夜晚，当时公爵宣称自己上了拿破仑的当。他于1820年3月回信给她："关于我是否感到措手不及……假设我的确如此，我毕竟还是打赢了。即便我没有感到措手不及，还能做得更好吗？"

公爵对所有批评者都是这么答复的："我打赢了。还要我怎么样？"

* * *

比"谁是胜利者？"更容易回答的问题是："谁是输家？"答案肯定是拿破仑。威灵顿公爵和布吕歇尔都亲临火线，他们的官兵看到他们，受到鼓舞。而拿破仑把指挥工作交给奈伊元帅，后者虽然勇冠三军，却只会一次次投入部队去迎头猛撞当时最擅长防御的将领。法军有足够的时间和兵力去突破威灵顿的战线，却失败了。一部分原因是，公爵的防御非常聪明；另一部分原因是，法军始终没有组织协调好一次多兵种配合的攻势。在威灵顿为更多时间祈祷的日子，法军却推迟了开始进攻的时间。法军在攻打乌古蒙的战斗中浪费了兵力。奈伊将法军骑兵投到一场耗时甚久（延续下午大部分时间）的进攻，白白浪费了骑兵。拿破仑为什么将战役指挥托付给奈伊，也是个未解之谜。奈伊固然是个勇士，但皇帝曾谴责他"太蠢，没有能力取得成功"，那么为什么还要依赖他？当法军取得了一个大胜利，即攻克拉艾圣，并得以占领威灵顿山岭前坡时，皇帝却拒绝向中路增兵，于是给了公爵时间来调遣他的增援部队。最后，帝国近卫军发动进攻的时候，为时已晚，兵力也不足，而且那时普军已经杀到了法军侧翼，威胁了法军的后方。

　　威灵顿公爵的话常常是正确的，他的这句话也是对的：要想讲述一场战役的故事是不可能的。因为有太多故事交织在一起，没有人能够理清这团乱麻。对有些人来说，滑铁卢战役模糊不清，是个恐怖的日子，他们只看得见硝烟。有些营只能通过硝烟中滑膛枪的枪口焰来判断敌人的位置，于是向火光的位置开枪。战后，他们努力理解他们经历过的混乱，于是写出了他们各自的故事。第 2 近卫骑兵团的下士约翰·肖（John Shaw）有自己的故事，他是个虎背熊腰的壮汉，曾是不戴手套的拳击运动员。有人说他随自己单位冲锋的时候酩酊大醉，但他仍然杀死了七名胸甲骑兵。他的剑断了，于是用自己的头盔当棍棒来打人。他最后牺牲了。还有约翰·道森（John Dawson）的故事，他是第二代波塔灵顿伯爵（Earl Portarlington），在战役前夜失踪，可能是为了与布鲁塞尔的一位女子幽会。因此，他错过了战役的开端。由于他是第23龙骑兵团的团长，所以这是奇耻大辱。于是他加入了第18骠骑兵团，与他们一起在战役末期冲锋，但他还是无法洗净耻辱，最后不得不辞去军职。《滑铁卢战役花名册》（Waterloo Roll Call）记载道："他后来沉溺于放荡生活，死在伦敦的一个贫民区。"还有一个故事是关于圣约翰山的一名农妇，她因为害怕遭到士兵抢劫，将所有家禽藏在农舍阁楼，在战役期间一直守卫自己的鸡鸭。一位年轻的普军士兵在战役之后给父母的信中写道："告诉我妹妹，我没有吓得拉一裤子屎！"战役之后，第95来复枪兵团的查尔斯·史密斯中尉承担了一个阴森的任务，即掩埋绿衣士兵们的遗体。他的工作组翻检了堆积成山的死尸，发现一具法国骑兵军官的尸体"形态和外貌纤细"。那是一个穿着军装的年轻女子。我们永远没有办法知道她是谁，只是查尔斯·史密斯觉得她很美。或许她不愿与自己的情人分离，于是女扮男装上了战场？

　　故事很多，却很少有圆满的结局。在滑铁卢战役前一天，英军第40团的少校团长写信给妻子。他34岁，是爱尔兰人，指挥萨默塞特郡的一个营。他的信是一封遗书，以防万一。在战役前夕写遗书的官兵很多。在滑铁卢前夜，法国人、荷兰人、普鲁士人、汉诺威人、苏格兰人、爱尔兰人、威尔士人和英格兰人都在写遗书。"我亲爱的玛丽，"阿瑟·黑兰（Arthur Heyland）少校写道：

　　　　我的玛丽，希望你能从我的心里话中得到慰藉：我一生中最幸福的时光是享受你的爱与温情的日子，我至死只爱你一个人，并热切希望我们的灵魂能够团聚，再也不分离。我的玛丽，我把我们可爱的孩子们，都托付给你。我的玛丽安娜，最温柔的小姑娘，愿上帝保佑你。我的安妮，我的约翰，愿上天佑护你们……我亲爱的玛丽，我必须再一次告诉你，假如命当如此，我会宁静地死去；我的爱人，我们没办法一起死。我们当中的一人必须见证我们最爱的东西逝去。让我的孩子们慰藉你，我的爱，我的玛丽。

阿瑟·黑兰少校在滑铁卢战役中阵亡。

拿破仑在"诺森伯兰"号上,前往圣赫勒拿岛。船上的一位英国军官作。

《滑铁卢战役中缴获的鹰旗被送到威灵顿手中》，Mathieu Ignace van Bree 作。

Musee de l' Armee, Brussels, Belgium

《威灵顿公爵向英王乔治四世讲解滑铁卢战场》，Benjamin Robert Haydon 作。

Royal Hospital Chelsea, London, UK

《联军进入巴黎》，F. Malek 作。

后　记

　　巴黎于 1815 年 7 月 4 日向联军投降。拿破仑于 1815 年 10 月 15 日抵达南大西洋的圣赫勒拿岛。他在那里生活了六年，大部分时间在写他那充满偏见的回忆录。这部回忆录推动了至今仍然在法国盛行的拿破仑崇拜。给皮克顿送去撤离四臂村命令的英国参谋军官巴塞尔·杰克逊是圣赫勒拿岛驻军之一，他记载了落败的皇帝如何刻意地终日抱怨"毫无必要的限制、总督的侮辱、物资的匮乏、糟糕的住宿条件、有害的气候和众多其他冤屈"。这些哀鸣当中很少是真正有道理的，但拿破仑成功抹黑了赫德森·洛爵士（Sir Hudson Lowe）的名誉，并鼓励世人同情拿破仑。赫德森·洛爵士是该岛的总督，长期以来受尽拿破仑的折磨。1821 年，拿破仑去世后被安葬在俯瞰大西洋的一座美丽的山谷内。但在 1840 年，他的遗骸被运回法国，如今安放在荣军院的奢华墓穴内。圣赫勒拿岛上为拿破仑专门建造的长木庄园于 1858 年被赠给法国政府，如今是一座博物馆。

　　战后大多数法国将军流亡海外。他们几乎全都向路易十八宣誓效忠过，因此害怕保王党的报复。但他们渐渐都回国了，

恢复了地位，重新得到很高的荣誉。例如，苏尔特元帅成为首

340 相。他在伦敦的威斯敏斯特教堂出席了维多利亚女王的加冕礼，并在那里与威灵顿公爵亲切会面。格鲁希被普遍认为是皇帝战败的罪魁祸首，流亡美国，但在 1821 年（拿破仑去世那一年）得到赦免。

　　埃尔隆伯爵在慌乱逃离滑铁卢的途中遇见了奈伊元帅，建议后者流亡。奈伊理应听从他的建议。然而他返回了法国，在王政复辟后被逮捕，以叛国罪起诉。1815 年 12 月 7 日，在寒风萧瑟的冬日早晨，奈伊元帅被一个法国行刑队枪决。他拒绝让人将他的眼睛蒙起来，拒绝下跪，穿着元帅制服死去。他理应得到更好的待遇。他激情澎湃、英勇无畏并充满英雄气概。他固然对路易十八犯下了叛国罪，但犯有同样罪行的人还有几十个，其中最重要的就是苏尔特元帅，他在滑铁卢战役之前曾是路易十八的陆军大臣。但苏尔特在巴黎有强大的政治盟友，因此逃脱了路易十八的惩罚。有一个流传很久的说法：奈伊逃到了南卡罗来纳，被枪决的是一个顶替他的人。但这似乎只是个浪漫传说。

　　路易·康莱在滑铁卢战场的早餐是用火药作调味品。他后来在法国警察队伍中担任侦探，职业生涯非常成功，之后成为警察总长。另一个后来出人头地的年轻人是普军士兵弗朗茨·利伯，他在柏林非常热情地参了军。他于 1827 年移民美国，成为南卡罗来纳学院的政治经济学教授；但在南北战争之前搬到了北方，任教于哥伦比亚大学；后来编纂了《利伯法典》（Lieber Code），这是历史上首次编纂战争法则的努力。他一直活到 1870 年。

　　冯·穆弗林将军被晋升为元帅。有一段时期，他是占领巴

黎的联军部队的指挥官，后来被任命为普鲁士军队的总参谋长。他于1851年去世。卡尔·冯·克劳塞维茨后来撰写了经典名著《战争论》，闻名遐迩，这是关于战争的政治后果的开创性著作。冯·克劳塞维茨担任过格奈森瑙的参谋长，但两人都于1831年死于霍乱。陆军元帅冯·格奈森瑙在德国被誉为伟大的爱国者，这是非常准确的。他和冯·沙恩霍斯特一起重组了普鲁士军队，将其改革为一支强大力量，做好了与拿破仑对抗的准备。他与布吕歇尔的合作是军事史上最成功的例子之一。

陆军元帅冯·布吕歇尔在战后退隐到位于西里西亚的庄园，1819年去世。滑铁卢战役结束之后不久，他访问了伦敦，受到英国政府的热烈欢迎和感谢，因为他在打败拿破仑的战役中发挥了关键作用。他在多佛登陆，途经布莱克希思去往伦敦。途中他的马车停下，让他观看向西延伸的英国首都的壮丽景色。他大感震撼，说道："这样的城市，抢劫起来该多不得了！"他是个卓越的人。

"苗条的比利"不是出色的将军，但成为一位贤君。他的父亲于1840年退位，于是他成为荷兰国王威廉二世，那时荷兰已经失去了比利时省。通常认为，他思想开明，鼓励选举改革，接受宪法对君主制的约束。他一直统治到1849年驾崩。

在滑铁卢战役中幸存的大多数英国军人都留在了军中。奈德·科斯特洛（Ned Costello）和约翰·金凯德都成为伦敦塔的卫士，而其他一些人从此默默无闻，过着贫困的生活。还有一些人，如约翰·科尔伯恩爵士，在政府中前程远大。科尔伯恩成为西顿勋爵和上加拿大副总督。弗雷德里克·庞森比（Frederick Ponsonby）虽然被剑砍、被长枪戳又被过路的步兵抢劫，但还是顽强地生存下来，后来成为马耳他总督。卡瓦利埃·默瑟（Cavalié Mercer）在皇家炮兵部队获得高位。对所有这些人，无论是名人还是默默无闻的普通人，滑铁卢战役都是决定了他们命运的大事件。此前任何事件都不曾有这样的重大意义，此后发生的事情都被人从恐怖的滑铁卢之日的角度来审视。威灵顿公爵的人生就是这样。此后，虽然他担任过很多高级职务，但大家一般都只知道他是滑铁卢的胜利者。他担任过首相，颇不成功；他的绰号"铁公爵"（the Iron Duke）不是来源于战争，而是因为他为阿普斯利府邸安装了铁制百叶窗，以防暴民用石头砸碎他的窗户。他于1852年去世，享年83岁。尽管他在政治上是失败的，但已经赢得了无与伦比的威望和名气。在滑铁卢战役之前，他被誉为自马尔伯勒公爵以来最成功的英国将领。而滑铁卢战役让他的名望再也无法撼动。

这场战役是一个转折点。18世纪下半叶，为了争夺霸权，英法进行了长期斗争。七年战争将法国人从北美逐出，但法国在美国独立战争时期报了仇，法国陆军与乔治·华盛顿的军队结盟，决定性地击败了英军，为美国赢得了独立。十年后，法国大革命爆发了，除了1802年的短暂间歇之外，这些战争将一直持续到1815年。滑铁卢战役结束了英法两国的斗争，确保英国在19世纪处于主导地位。这种主导地位是威灵顿公爵防守圣约翰山的战斗所奠定的。

《威灵顿公爵与联军官兵在滑铁卢战役结束后》，Jan Willem Pieneman 作。
前景中，负伤的奥兰治亲王威廉躺在担架上。

致　谢

不管是谁，如果要写作关于滑铁卢战役的书，必然要依赖343其他历史学家的努力。我尤其感激马克·阿德金，他的著作 *The Waterloo Companion* 真是不可或缺。这是一部非常了不起的资料汇编，囊括了关于此役的几乎全部知识。这部书的插图非常精美，地图非常讲究，研究非常全面详尽，观点也十分公正到位。我对某些问题感到糊涂的时候（一般是不同目击者的描述互相矛盾），总会发现马克·阿德金已经在分歧意见之间开辟出了一条道路。我很感激他。

今日的滑铁卢战场被巨大的狮子山俯瞰，这是"苗条的比利"的父亲在他儿子负伤的地点建造的纪念碑。威灵顿公爵看到狮子山后说："他们毁掉了我的战场。"的确如此，因为当初为了建造这庞大的土堆，从山岭顶端挖了许多吨泥土，所以今天的游客看到的地貌与当年帝国近卫军发动最后进攻时已经大不相同了。不过滑铁卢战场仍然很值得参观，最好的参观指南就是 David Buttery 的 *Waterloo Battlefield Guide*。它不仅能指引游客参观战役的主要地点，还能讲述那意义深远的四天的故事。对任何参观滑铁卢战场的人而言，这本书都是很重要的指南。

最能帮助我们了解滑铁卢战役的，就是亲历者的介绍。这些亲历者的记述能够保存至今，最大的功臣是 Gareth Glover。我在本书中引用的大部分记述都来自他编纂的书，要么是 *Letters from the Battle of Waterloo*，要么是他的三卷本 *The Waterloo Archive*。我对他的细致工作非常感激。

我非常幸运地结识了 Jac Weller（已故），有幸听取了他关于威灵顿、拿破仑和滑铁卢战役非常鲜明有力的观点。Peter Hofschröer 的观点同样有力度，他的著作引发的讨论拓宽了我们对此役的知识视野。我很感谢他，并同样感谢所有让我的工作轻松许多的作家们。Patrick McGrady 慷慨地允许我使用他关于伊丽莎白·盖尔的研究，这个五岁小女孩见证了滑铁卢战役。

我的整个写作生涯始终与同一家出版社合作，这也很幸运。我从 Susan Watt、Helen Ellis、Liz Dawson、Kate Elton、Jennifer Barth、Jonathan Burnham、Myles Archibald 和 Julia Koppitz 那里得到的帮助极大，感谢你们！还要感谢我的经纪人 Toby Eady，从我的第一本书开始他就帮助我。若没有他，或许我一本书也写不出来。

如果没有我太太的支持，我肯定一本书也写不出来。Judy 一直是我的灵感源泉。正如威灵顿对滑铁卢战役的英国步兵的评价一样，对我来说，Judy 也是"最佳的帮助"。的确如此。

参考文献

Adkin, Mark, *The Waterloo Companion: The Complete Guide to History's Most Famous Land Battle* (London, Aurum Press, 2001)

Alsop, Susan Mary, *The Congress Dances, Vienna 1814–1815* (London, Weidenfeld & Nicolson, 1984)

Asprey, Robert, *The Reign of Napoleon Bonaparte* (New York, Basic Books, 2001)

Bailey, D. W., *British Military Longarms, 1715–1815* (London, Arms and Armour Press, 1971)

Bassford, Christopher, Daniel Moran and Gregory W. Pedlow (eds and translators), *On Waterloo, Clausewitz, Wellington, and the Campaign of 1815* (Clausewitz.com, 2010)

Black, Jeremy, *The Battle of Waterloo* (New York, Random House, 2010)

Brett-James, Antony, *The Hundred Days: Napoleon's Last Campaign from Eye-Witness Accounts* (London, Macmillan, 1964)

Brett-James, Antony (ed.), *Edward Costello: The Peninsular and Waterloo Campaigns* (London, Longman, Green, 1967)

Bryant, Arthur, *Jackets of Green: a study of the history, philosophy and character of the Rifle Brigade* (London, Collins, 1972)

Buttery, David, *Waterloo Battlefield Guide* (Barnsley, Pen and Sword, 2013)

Caldwell, George and Robert Cooper, *Rifle Green at Waterloo* (Leicester, Bugle Horn Publications, 1990)

Chalfont, Lord (ed.), *Waterloo: Battle of Three Armies* (London, Sidgwick and Jackson, 1979)

Chandler, David G. (ed.), *Napoleon's Marshals* (London, Weidenfeld & Nicolson, 1987)

Chandler, David G., *On the Napoleonic Wars* (London, Greenhill Books, 1994)

——— *Waterloo: The Hundred Days* (London, Osprey Publishing, 1980)

Crowdy, T. E., *Incomparable: Napoleon's 9th Light Infantry Regiment* (London, Osprey Publishing, 2013)

Dalton, Charles, *The Waterloo Roll Call*, 2nd edition (London, Eyre and Spottiswoode, 1904)

Dobbs, Captain John, *Recollections of an Old 52nd Man* (1863; reprinted Staplehurst, Spellmount, 2000)

Elting, John R., *Swords Around a Throne: Napoleon's Grande Armée* (New York, The Free Press, 1988)

Fitchett, W. H., *Wellington's Men: Some Soldier Autobiographies* (London, Smith, Elder, 1900)

Fremont-Barnes, Gregory and Todd Fisher, *The Napoleonic Wars: The Rise and Fall of an Empire* (Oxford, Osprey Publishing, 2004)

Geyl, Pieter, *Napoleon: For and Against* (London, Jonathan Cape, 1949)

Glover, Gareth, *Letters from the Battle of Waterloo* (London, Greenhill Books, 2004)

—— *The Waterloo Archive*, vol. I, *British Sources* (Barnsley, Frontline Books, 2010)

—— *The Waterloo Archive*, vol. II, *German Sources* (Barnsley, Frontline Books, 2010)

—— *The Waterloo Archive*, vol. III, *British Sources* (Barnsley, Frontline Books, 2011)

—— *Wellington as Military Commander* (London, Batsford, 1968)

Griffith, Paddy (ed.), *Wellington Commander: The Iron Duke's Generalship* (Chichester, Antony Bird Publications, 1985)

Guedalla, Philip, *Wellington* (New York, Harper and Bros, 1931)

Hathaway, Eileen, *Costello: The True Story of a Peninsular War Rifleman* (Swanage, Shinglepicker, 1997)

Haydon, Benjamin Robert, *The Diary of Benjamin Robert Haydon, 1808–1846* (Cambridge, MA, Harvard University Press, 1960)

Haythornthwaite, Philip J., *The Napoleonic Source Book* (New York, Facts on File, 1990)

—— *Redcoats: The British Soldiers of the Napoleonic Wars* (Barnsley, Pen and Sword, 2012)

—— *The Waterloo Armies: Men, Organization & Tactics* (Barnsley, Pen and Sword, 2007)

—— *Weapons and Equipment of the Napoleonic Wars* (Poole, Blandford Press, 1979)

—— *Who Was Who in the Napoleonic Wars* (London, Arms and Armour Press, 1998)

Hibbert, Christopher, *Wellington: A Personal History* (London, HarperCollins, 1997)

Hofschröer, Peter, *1815, The Waterloo Campaign: Wellington, his German Allies and the Battles of Ligny and Quatre Bras* (London, Greenhill Books, 1998)

Holmes, Richard, *Redcoat: The British Soldier in the Age of Horse and Musket* (London, HarperCollins, 2001)

——— *Wellington: The Iron Duke* (London, HarperCollins, 2002)

Hooper, George, *Waterloo: The Downfall of the First Napoleon: A History of the Campaign of 1815* (London, Smith, Elder, 1862)

Horward, Donald D. *et al.* (eds), *The Consortium on Revolutionary Europe, 1750–1850: Selected Papers, 2000* (Tallahassee, Florida State University, 2000)

Howarth, David, *A Near Run Thing* (London, Collins, 1968)

Johnson, David, *Napoleon's Cavalry and Its Leaders* (London, Batsford Books, 1978)

Johnson, Paul, *Napoleon* (London, Weidenfeld & Nicolson, 2002)

Johnston, R. M. and Philip Haythornthwaite, *In the Words of Napoleon: The Emperor Day by Day* (London, Greenhill Books, 2002)

Keegan, John, *The Face of Battle* (London, Jonathan Cape, 1976)

——— *The Mask of Command* (New York, Viking, 1987)

Kincaid, John, *Random Shots from a Rifleman* (London, T. and W. Boone, 1847)

Leeke, Rev. William, M.A., *The History of Lord Seaton's Regiment (The 52nd Light Infantry) at the Battle of Waterloo* (2 vols, London, Hatchard, 1866)

Liddell Hart, Captain B. H. (ed.), *The Letters of Private Wheeler 1809–1828* (London, Michael Joseph, 1951)

Lieber, Francis, L.L.D., *Reminiscences, Addresses, and Essays* (vol. I of Lieber's *Miscellaneous Writings*) (Philadelphia, J. B. Lippincott, 1881)

Logie, Jacques, *Waterloo: The 1815 Campaign* (Stroud, Spellmount, 2006)

Longford, Elizabeth, *Wellington: The Years of the Sword* (London, Weidenfeld & Nicolson, 1969)

MacKenzie, Norman, *The Escape from Elba: The Fall and Flight of Napoleon 1814–1815* (New York, Oxford University Press, 1982)

McLynn, Frank, *Napoleon. A Biography* (London, Jonathan Cape, 1997)

Müffling, Baron Carl von, *The Memoirs of Baron von Müffling: A Prussian Officer in the Napoleonic Wars* (London, Greenhill Books, 1997)

Naylor, John, *Waterloo* (London, Batsford, 1960)

Newark, Tim, *Highlander: The History of the Legendary Highland Soldier* (London, Constable and Robinson, 2009)

Palmer, Alan, *An Encyclopaedia of Napoleon's Europe* (London, Weidenfeld & Nicolson, 1984)

Park, S. J. and G. F. Nafziger, *The British Military, Its System and Organization, 1803–1815* (Cambridge, Ontario, Rafm, 1983)

Parkinson, Roger, *The Hussar General: The Life of Blücher, Man of Waterloo* (London, Peter Davies, 1975)

Richardson, Robert G., *Larrey: Surgeon to Napoleon's Imperial Guard* (London, John Murray, 1974)

Roberts, Andrew, *Napoleon and Wellington* (London, Weidenfeld & Nicolson, 2001)

——— *Waterloo: Napoleon's Last Gamble* (London, HarperCollins, 2005)

Robinaux, Pierre, *Journal de Route du Capitaine Robinaux, 1803–1832* (Paris, Gustave Schlumberger, 1908)

Rogers, Colonel H. C. B., *Napoleon's Army* (Shepperton, Ian Allan, 1974)

Rothenberg, Gunther E., *The Art of Warfare in the Age of Napoleon* (London, Batsford, 1977)

Schom, Alan, *One Hundred Days: Napoleon's Road to Waterloo* (London, Penguin, 1993)

Severn, John Kenneth, *A Wellesley Affair: Richard Marquess Wellesley and the Conduct of Anglo-Spanish Diplomacy, 1809–1812* (Tallahassee, Florida State University, 1981)

Shelley, Lady Frances, *The Diary of Frances Lady Shelley*, vol. I, *1787–1817*, ed. Richard Edgcumbe (New York, Charles Scribner's Sons, 1912); vol. II, *1818–1873*, ed. Richard Edgcumbe (London, John Murray, 1913)

Strawson, John, *The Duke and the Emperor: Wellington and Napoleon* (London, Constable, 1994)

Uffindell, Andrew and Michael Corum, *On the Fields of Glory: The Battlefields of the 1815 Campaign* (London, Greenhill Books, 1996)

Urban, Mark, *Rifles: Six Years with Wellington's Legendary Sharpshooters* (London, Faber and Faber, 2003)

Weller, Jac, *Wellington at Waterloo* (London, Longmans, Green, 1967)

Wise, Terence, *Artillery Equipments of the Napoleonic Wars* (London, Osprey, 1979)

The Waterloo Journal, ed. Ian Fletcher. *The Waterloo Journal* is published three times yearly by The Association of Friends of the Waterloo Committee (www.waterloocommittee.org.uk) and by *A.S.B.L. Pour Les Études Historiques de la Bataille de Waterloo*. I am indebted to the *Journal* for many thought-provoking articles over the years.

索 引